北京市哲学社会科学规划办公室
北京市教育委员会 资助出版

产业安全研究
——理论、方法与实证

马文军 卜 伟 易 倩 著

中国社会科学出版社

图书在版编目（CIP）数据

产业安全研究：理论、方法与实证／马文军，卜伟，易倩著．—北京：中国社会科学出版社，2018.12
ISBN 978 – 7 – 5203 – 2902 – 6

Ⅰ.①产… Ⅱ.①马…②卜…③易… Ⅲ.①产业—安全—研究—中国 Ⅳ.①F12

中国版本图书馆 CIP 数据核字（2018）第 172965 号

出 版 人	赵剑英
责任编辑	卢小生
责任校对	周晓东
责任印制	王 超
出 版	中国社会科学出版社
社 址	北京鼓楼西大街甲 158 号
邮 编	100720
网 址	http://www.csspw.cn
发 行 部	010 – 84083685
门 市 部	010 – 84029450
经 销	新华书店及其他书店
印 刷	北京明恒达印务有限公司
装 订	廊坊市广阳区广增装订厂
版 次	2018 年 12 月第 1 版
印 次	2018 年 12 月第 1 次印刷
开 本	710×1000 1/16
印 张	14.75
插 页	2
字 数	230 千字
定 价	68.00 元

凡购买中国社会科学出版社图书，如有质量问题请与本社营销中心联系调换
电话：010 – 84083683
版权所有　侵权必究

前　言

产业安全是一个十分重要的问题。20世纪90年代中期以来，特别是加入世界贸易组织以来，我国与世界经济交往水平快速提升，货物、服务和资金大规模地在国内和国际两个市场间流动，对我国国民经济各行各业的安全都造成了不同程度的影响，产业安全问题变得日益突出。

伴随着我国产业安全问题的出现和加剧，我国有关产业安全问题的相关研究也得到了广泛而深入的推进，但仍然存在诸多问题，特别是在产业安全基本范式和测评方法上难以达成共识和规范的问题非常突出，极大地影响了研究的科学水平和应用价值。

本书的研究就是在这种背景下开展的，研究的愿景是：通过对当前产业安全难以达成共识和规范的问题进行系统梳理，尝试挖掘产业安全的内在核心并达成共识，规范性地构建包括基本范式和基本方法在内的产业安全研究基本逻辑体系，助推"科学适用、共识规范"的产业安全研究态势早日形成。

本书首先聚焦于产业安全观这个内核，就斯密以来有关经济理论和经济实践的发展演变，进行系统性梳理，明晰了产业安全观发展演变的历史脉络和基本范式。这种基于大历史跨度进行系统性梳理的分析视角，以及由此得出的中心国—外围国、开放—保护和竞争力—控制力产业安全基本范式，对明晰产业安全的核心本质，廓清产业安全基本范式研究领域存在的难以达成共识和规范的困境，是一次积极的尝试。

本书进而对当前产业安全水平测评方法，特别是对当前常用的指标体系定量测评方法，进行了系统性梳理和评估，揭示了其在指标选择、指标赋权等方面存在的难以达共识和规范的困境，以及对所有指标一视同仁而不进行投入产出性质区别的缺陷。基于梳理得出的产业安全基本范式，从产业竞争力安全和产业控制力安全两个基本视角，分别进行了产业安全水平测评方法的规范性构建。

研究认为，基于竞争力的产业安全水平测评，应该围绕产业在全球范围内的国际竞争力相对优势这一核心内容，基于 DEA 模型中的 CCR 模型和马姆奎斯特指数模型，并结合 AHP 赋权分析法和 EWM 赋权分析法，从生产效率及其相对比较的竞争力优势角度进行研究，并由此构建相对于自身、相对于同类产业、相对于整个国民经济的完整的产业安全水平测度模型体系。本书认为，基于控制力的产业安全水平测评，应该借鉴发达国家的经验，围绕外资对本国产业控制权比例是否超过安全门限标准，运用定性判别方法进行。显然，这种有关产业安全水平测评方法的规范性构建具有很好的规范性和科学性。

基于产业安全基本范式和测评方法的系统性梳理和规范性构建，形成了一个"体系完整、共识规范"的产业安全研究基本逻辑体系。立足这个逻辑体系，进一步选择装备制造产业、高技术产业、电子信息产业和汽车产业四个产业，进行了产业安全的实际应用分析，实现了从理论到方法再到实证的完整演绎。

由于国外资料数据的缺乏和国内外指标数据的口径差异，我国产业相对于发达国家同类产业的竞争力优势和产业安全水平实证测度没能实现，甚是遗憾！但总体而言，本书以产业安全"基本范式、基本方法"为重点，突出"系统性梳理、核心性共识、规范性构建、科学性应用"这个主题，构建了由"基本理论—基本方法—实证应用"有机组成的产业安全研究完整逻辑体系，当可以为之后产业安全研究提供参考！

本书得到了北京市社会科学基金项目"产业安全研究——理论、方法与实证"（16JDYJB043）资助。研究过程中，得到了北京交通大学博士研究生魏丽和硕士研究生赵冰同学在数据收集、整理与分析、文字录入和校对方面的大力帮助，在此致以诚挚的谢意。

助推"科学适用、共识规范"的产业安全研究态势早日形成，是一个值得深入探讨的重要问题。希望本书的出版，能在此方面起到抛砖引玉的作用。当然，由于笔者水平有限，研究中还存在诸多不当之处，恳请得到各位专家学者的批评斧正。让我们共同努力，为构建具有中国特色的经济科学而努力奋斗！

笔　者

2018 年 1 月 20 日

目　　录

第一章　导论 …………………………………………………………… 1
　　第一节　研究问题与意义 …………………………………………… 1
　　第二节　研究方法 …………………………………………………… 2
　　第三节　研究思路 …………………………………………………… 3
　　第四节　创新点 ……………………………………………………… 4
第二章　产业安全的基本范式梳理与规范 …………………………… 7
　　第一节　当前中国产业安全观研究述评 …………………………… 7
　　第二节　早期产业安全观"中心—外围"范式的形成 ……… 12
　　第三节　战后"外围"国家产业安全观对"控制力"的
　　　　　　重视 ……………………………………………………… 16
　　第四节　战后"中心"国家产业安全观对"竞争力"的
　　　　　　扩展 ……………………………………………………… 18
　　第五节　产业安全观发展演变的基本范式 ……………………… 21
　　第六节　产业安全观发展范式的中国映射 ……………………… 23
第三章　产业安全水平测评方法梳理与规范 ………………………… 26
　　第一节　产业安全水平指标体系定量测评方法梳理 ………… 27
　　第二节　产业安全水平其他定量测评方法梳理 ……………… 34
　　第三节　产业安全观演变脉络与基本逻辑 ……………………… 37
　　第四节　基于竞争力的产业安全水平测评方法科学性
　　　　　　遴选 ……………………………………………………… 39

第五节　基于控制力的产业安全水平测评方法科学性
　　　　遴选 ·· 47
第六节　基于竞争力的产业安全水平测评模型规范性
　　　　构建 ·· 50
第七节　基于控制力的产业安全水平测评模型规范性
　　　　构建 ·· 59

第四章　中国装备制造业安全实证研究 ························· 62
第一节　装备制造业的基本内涵和产业特征 ···················· 62
第二节　装备制造业发展成就 ·· 70
第三节　装备制造业发展中存在的问题 ··························· 74
第四节　基于竞争力的装备制造业安全水平测度评估 ······ 80
第五节　基于控制力的装备制造业安全水平测度评估 ······ 97
第六节　基本结论与对策建议 ·· 104

第五章　中国高技术产业安全实证研究 ····························· 110
第一节　高技术产业的基本内涵和产业特征 ····················· 110
第二节　高技术产业发展成就 ·· 115
第三节　高技术产业发展中存在的问题 ··························· 117
第四节　基于竞争力的高技术产业安全水平测度评估 ······ 120
第五节　基于控制力的高技术产业安全水平测度评估 ······ 133
第六节　基本结论与对策建议 ·· 140

第六章　中国电子信息产业安全实证研究 ························· 144
第一节　电子信息产业的基本内涵和产业特征 ················· 144
第二节　电子信息产业发展成就 ···································· 152
第三节　电子信息产业发展中存在的问题 ························ 155
第四节　基于竞争力的电子信息产业安全水平测度评估 ··· 160
第五节　基于控制力的电子信息产业安全水平测度评估 ··· 173
第六节　基本结论与对策建议 ·· 175

第七章　中国汽车产业安全实证研究 …………………… 182
　第一节　汽车产业的基本内涵和产业特征 ………………… 182
　第二节　汽车产业发展成就 ………………………………… 187
　第三节　汽车产业发展中存在的问题 ……………………… 190
　第四节　基于竞争力的汽车产业安全水平测度评估 ……… 194
　第五节　基于控制力的汽车产业安全水平测度评估 ……… 208
　第六节　基本结论与对策建议 ……………………………… 215

参考文献 ………………………………………………………… 219

第一章 导论

第一节 研究问题与意义

我国产业安全问题发端于20世纪90年代中期。进入21世纪以来，特别是加入世界贸易组织以来，随着我国与世界经济交往水平的快速提升，货物、服务和资金开始大规模地在国内和国际两个市场间流动，对我国国民经济各行各业的安全造成了不同程度的影响，产业安全问题开始日益突出。

我国学者有关产业安全问题的研究，正是伴随着我国产业安全问题的出现和发展而推进的。目前，相关研究已经得到了广泛而深入的开展，内容涉及产业安全的基本内涵、外资并购对产业安全的影响、国外经验借鉴与比较、中国实证与对策建议等领域。

然而，目前的相关研究存在诸多明显的不足，导致在产业安全基本认识、研究方法、研究内容、研究结论、政策建议等方面出现了一种难以达成共识和规范的问题，极大地制约了研究的理论价值和应用价值。

从表面上看，这种情况的出现似乎是不同行业发展特点和不同时期发展形势需要所致，实际上，是对产业安全基本概念、基本逻辑、基本方法缺乏共识和难以规范的直接反映。究其根本，则是对产业安全基本概念、基本逻辑、基本方法方面的认识不够清晰，界定不够科学。

因此，本书直面这个现实问题，基于梳理、共识、规范、应用的基本理念，以"产业安全研究——理论、方法与实证"为题进行探索。

显然，本书对于梳理当前产业安全研究在基本理念和主要方法方面诸多流派的认识，结合内在逻辑进行基本范式和基本方法的必要规范，推进中国产业安全研究基本范式体系的科学构建，具有一定的理论价值。本书结合中国装备制造业等行业进行产业安全实证测度分析和对策研究，具有较好的政策价值。

第二节　研究方法

一　历史和思辨分析方法

经济学研究已经进入了精确的数量工具研究时代，然而，基于历史逻辑思辨的研究方法仍然必不可少。本书研究中的"产业安全的基本范式梳理与规范"，从斯密以来近300年的大历史发展跨度视角进行审视思辨，以探讨产业安全发展范式的基本内涵和历史逻辑，为整体产业安全发展研究奠定一个历史性根基。并创新性地构建了"DEA—CCR模型＋马姆奎斯特指数模型＋AHP赋权"的研究方法，以及相对于自身、相对于同类产业和相对于整个国民经济的产业安全水平测评模型体系，研究还借鉴了发达国家产业安全维护经验，提出了外资对本国产业控制力安全的绝对门限标准和定性判别分析法。

二　"DEA—CCR模型＋AHP赋权"分析方法

本书基于历史逻辑的审视得出的基本结论是，竞争力是产业安全研究的基本内容之一。而产业安全水平测评所依赖的产业竞争力，应该基于国内国际的比较视角，从生产效率及其相对比较的竞争力优势方面进行。由此，基于竞争力视角的产业安全水平测评，从投入产出效率分析视角，选择DEA—CCR模型进行。特别地，本书创新性地将AHP赋权分析法与DEA—CCR模型结合起来，形成了"DEA—CCR模型＋AHP赋权"分析法，分别构建了相对于自身、相对于同类产业和相对于整个国民经济的产业安全水平测评模型体系。其可以不受指标数量限制，尽可能多地将有关联的因素置于考虑之中，从而能够有效地克服 DEA 模型运用时因对指标选择数量的限制而遗漏一些重要指标，进而导致测度结果失信的缺陷，使结果更具信度。

三 定性判别方法

本书基于历史逻辑审视得出的基本结论是，控制力是产业安全研究的另一个基本内容。本书分析了当前基于控制力变化趋势进行产业安全判断的缺陷，并借鉴发达国家产业安全维护的经验，提出了外资对本国产业控制力绝对门限标准，界定其科学性的测评方法应该是定性判别分析法。进而构建了基于控制力视角的产业安全水平测评基本思路和流程：首先区分产业类型，规定相应门限标准。其次与实际进行比较，判断产业安全水平。外资实际控股超出这个门限标准，产业就处于不安全状态；没有超出这个门限标准，产业就处于安全状态。

第三节 研究思路

本书直面当前产业安全研究在基本认识、研究方法、研究内容、研究结论、政策建议等方面出现的问题，首先致力于评析当前产业安全研究在基本理念和主要方法方面诸多流派的认识，进而从大历史跨度视角，梳理自斯密以来产业安全发展演变的历史逻辑，进行产业安全基本范式和基本方法的必要规范，构建包括基本范式和基本方法在内的产业安全研究基本逻辑体系。最后结合中国装备制造业等行业进行产业安全实证测度分析。本书的研究思路大致概括如图 1-1 所示。

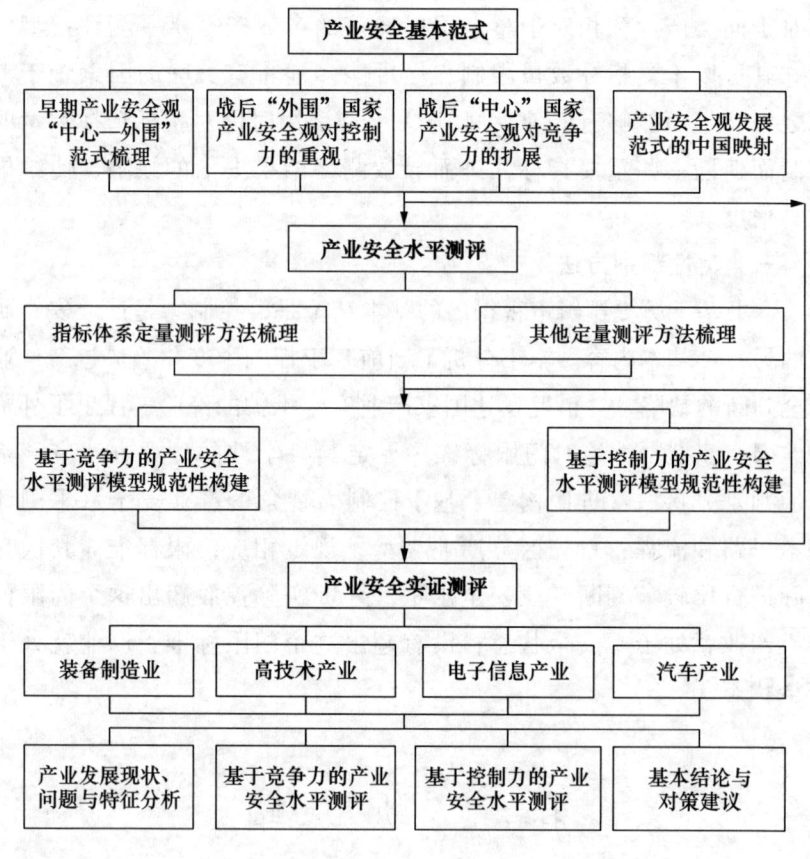

图 1-1 本书的研究思路

第四节 创新点

一 产业安全基本范式的梳理与规范

基于大历史跨度的系统梳理发现，产业安全观的发展演变，总体上呈现出一种"中心—外围""开放—保护"和"竞争力—控制力"的基本范式。就目前而言，中心优势国家一般基于自身领先优势，推行偏重自由开放、辅以政府保护的、以竞争力为主目标、以控制力为辅目标的产业安全范式，而外围落后国家则一般立足于自身落后的现实，推行偏重政府保护、辅以自由开放的、以控制力为主目标、以竞争力为辅目标的产业安全范式。其中，产业竞争力和产业控制力是产业安全范式的两大基本取向。前者侧重产业在全球范围内的国际竞争力，后者则侧重于外资对本国产业控制比例是否超过安全门限标准。中国产业安全观的发展演变和流派区别，实际上是世界产业安全观发展演变基本范式在当代中国的具体映射和有机综合。

二 产业安全研究方法的梳理与规范

本书梳理当前产业安全水平测评方法发现，现行主流的指标体系和DEA模型均存在问题，难以达成共识和规范，映射出学术界在产业安全基本概念和基本逻辑方面认识不够清晰、科学。产业竞争力和产业控制力是产业安全研究的两大基本内容，有关产业安全水平测评方法的规范性构建，应该从这两个基本视角进行。如前所述，基于竞争力视角的产业安全水平测评，应该选择DEA模型中的CCR模型和马姆奎斯特指数模型，重点从投入产出效率分析视角进行，并有机地结合AHP赋权分析法和EWM赋权分析法，从生产效率及其相对比较的竞争力优势角度进行；基于控制力视角的产业安全水平测评，应该借鉴发达国家经验，围绕外资对本国产业控制权比例是否超过安全门限标准，运用定性判别方法进行。

三 竞争力安全水平测评的"DEA—CCR模型+AHP赋权"分析方法构建

本书基于竞争力视角的产业安全水平测评，从投入产出效率分析视角，具体选择DEA—CCR模型进行。鉴于DEA模型运用时，因对指标选择数量的限制而往往会遗漏一些重要指标，从而导致测度结果失信的缺陷，本书创新性地将AHP赋权分析法与DEA—CCR模型效率测度方法结合起来，形成了"DEA—CCR模型+AHP赋权"的研究方法，这种方法可以不受指标数量限制，尽可能多地将有关联的因素置于其中考虑，使结果信度更高。

四 控制力安全水平测评的定性判别方法构建

本书借鉴发达国家产业安全维护经验，提出了外资对本国产业控制力绝对门限标准，用定性判别分析法界定产业安全水平，并构建了具体的应用架构，可以有效地克服当前基于控制力变化趋势进行产业安全判断的缺陷。

综合而言，包括基于竞争力的 DEA 模型中的 CCR 模型超效率分析方法和马姆奎斯特生产率指数法以及基于控制力的外资控制安全门限标准法在内的产业安全水平测评方法的科学遴选和规范构建，既体现了定量测评方法固有的客观性和科学性优势，也保留了定性评估方法特有的经验性和直观性优势。与传统的测评方法相比，既克服了指标体系定量测评方法在指标选择、指标赋权、安全等级映射体系构建等方面的不足，也克服了 DEA 模型定量测评方法在指标数量与决策单元匹配、产业不同时段自我比较等方面的技术性失误和逻辑性缺陷。

第二章 产业安全的基本范式梳理与规范

产业安全观的发展演变，总体上呈现出一种"中心—外围""开放—保护"和"竞争力—控制力"的基本范式。就当前而言，中心优势国家一般基于自身领先优势，推行偏重自由开放、辅以政府保护的、以竞争力为主目标、以控制力为辅目标的产业安全范式，而外围落后国家一般立足于自身落后的现实，推行偏重政府保护、辅以自由开放的、以控制力为主目标、以竞争力为辅目标的产业安全范式。其中，产业竞争力和产业控制力是产业安全范式的两大基本取向，前者侧重于产业在全球范围内的国际竞争力，后者则侧重于外资对本国产业控制权比例是否超过安全门限标准。

第一节 当前中国产业安全观研究述评

国内有关产业安全问题的研究，发端于20世纪90年代中期。[①] 进入21世纪，特别是加入世界贸易组织以来，产业安全问题开始得到高度关注，相关研究开始大量出现。研究内容涉及产业安全的基本内涵、外资并购对产业安全的影响、国外经验借鉴与比较、中国实证与对策等方面。

有关产业安全观问题的研究，一开始就呈现出多种流派并立的局

[①] 王晓蓉：《外资流入与产业安全》，《中国投资与建设》1996年第2期；童志军：《利用外资和国家产业安全——美、日、韩、墨四国的政策及借鉴》，《中国软科学》1997年第2期。

面。何维达、李冬梅①和景玉琴②认为，中国学者的研究形成了四种不同类型的产业安全观，分别是强调控制力的产业安全观、强调竞争能力的产业安全观、强调发展能力的产业安全观和强调国民权益的产业安全观。李孟刚③则将中国学者的产业安全观区分为五类，分别是强调外资的产业安全观、强调控制权的产业安全观、强调制造业的产业安全观、强调民族产业的产业安全观和强调能力的产业安全观。

首先，强调国民权益的产业安全观。赵世洪认为，国民作为产业安全的权益主体，在国界之内有明确的排他性经济主权。研究产业安全归根结底是要以国民为主体的产业权益，在国际竞争中得到保证并不受侵害。④后来学者的研究视角得到了拓展，但产业权益仍被看作重要组成，而其所谓的产业权益在本质上就是国民权益。⑤

其次，强调自由开放的产业安全观。在这方面，张维迎的观点最有代表性。张维迎早在20世纪80年代就认为："只有通过市场经济，一个国家才能提高资源配置效率，才能走上繁荣富裕的道路。"⑥其近期更是从市场的基本逻辑角度进行分析，认为正是市场这一逻辑把个人对财富和幸福的追求转化为创造社会财富和推动社会进步的动力。解决中国当前面临的问题（包括产业安全问题）需要遵循的是市场逻辑，而不是凯恩斯主义的刺激政策。应该回归斯密的纯粹自由市场，告别凯恩斯的政府干预，全面减少政府对资源的控制。⑦

再次，强调控制力的产业安全观。张碧琼认为，国家产业安全问

---

① 何维达、李冬梅：《我国产业安全理论研究综述》，《经济纵横》2006年第8期。
② 景玉琴：《产业安全概念探析》，《当代经济研究》2004年第3期。
③ 李孟刚：《产业安全理论研究》，《管理现代化》2006年第3期。
④ 赵世洪：《国民产业安全若干理论问题研究》，《中央财经大学学报》1998年第5期。
⑤ 仲伟周、刘聪粉、郭彬：《我国零售产业安全的区域差异性研究——基于外资冲击的视角》，《北京工商大学学报》（社会科学版）2014年第1期。
⑥ 张维迎：《我治学为人的楷模——茅于轼先生》，《中国市场》2010年第16期。
⑦ 张维迎：《回归亚当·斯密，告别凯恩斯》，《当代财经》2011年第1期；张维迎：《市场的逻辑与中国的变革》，《探索与争鸣》2011年第2期。

题主要是由于外商直接投资控制国内企业甚至控制某些重要产业，而对国家经济构成威胁。[①] 也有学者认为，一国对某一产业的调整和发展拥有相应的自主权或者控制权，即可认定该产业在该国是安全的。[②] 还有学者认为，产业安全是指本国资本对影响国计民生的国内重要经济部门的控制权。[③] 此外，有学者强调要防止我国战略产业被外资控制，进而维护我国产业安全。[④] 可见，这种产业安全观的核心，是强调本国资本对本国重要产业的控制和预防外国资本对本国重要产业的控制。

最后，强调竞争能力的产业安全观。这种观点主要从产业竞争力优势的角度，认为产业安全是"一国对国内重要产业的控制能力及该产业抵御外部威胁的能力，主要体现为产业的国际竞争力"[⑤]，或者是"一国产业对来自国内外不利因素具有足够的抵御和抗衡能力，能够保持各产业部门的均衡协调发展"。[⑥]

进入21世纪以来，国内有关产业安全研究体现出来的产业安全观得到了进一步发展。如何维达[⑦]构建的产业安全评价指标体系包括产业国内环境、产业国际竞争力、产业对外依存度和产业控制力4个一级指标；景玉琴[⑧]的研究包括产业国内环境、产业竞争力和产业控制力3个一级指标；李孟刚[⑨]构建的产业安全评价指标体系包括产业国内环境、产业国际竞争力、产业对外依存度和产业控制力4个一级指标。具体见表2-1。

---

① 张碧琼：《国际资本扩张与经济安全》，《中国经贸导刊》2003年第6期。
② 于新东：《产业保护和产业安全的理论分析》，《上海经济研究》1999年第11期。
③ 王允贵：《产业安全问题与政策建议》，《开放导报》1997年第1期。
④ 卜伟：《我国产业外资控制与对策研究》，《管理世界》2011年第5期。
⑤ 杨公朴、王玉、朱舟：《中国汽车产业安全性研究》，《财经研究》2000年第1期。
⑥ 夏兴园、王瑛：《国际投资自由化对我国产业安全的影响》，《中南财经大学学报》2001年第2期。
⑦ 何维达：《中国"入世"后产业安全与政府规制研究》，《经济学动态》2001年第11期。
⑧ 景玉琴：《产业安全评价指标体系研究》，《经济学家》2006年第2期。
⑨ 李孟刚：《产业安全理论研究》，《管理现代化》2006年第3期。

表 2-1 加入世界贸易组织前后国内几种代表性产业安全测评指标体系分析

学者	一级评价指标	分析
何维达（2001）	产业国内环境、产业国际竞争力、产业对外依存度和产业控制力	产业对外依存度实质上是产业控制力的延伸，产业国内环境实质上是产业竞争力和控制力的影响因素
景玉琴（2006）	产业国内环境、产业竞争力和产业控制力	
李孟刚（2006）	产业国内环境、产业国际竞争力、产业对外依存度和产业控制力	

自 2010 年以来，国内有关产业安全研究体现出来的产业安全观，内涵表现得更加丰富。如朱建民、魏大鹏构建的产业安全测评指标体系，包含产业竞争力生成能力、产业控制力、产业生态环境、产业国际竞争力和产业对外依存度 5 个一级指标。[①] 王腊芳和文雯等、苏睿先、仲伟周和刘聪粉等的研究亦然[②]，具体见表 2-2。

表 2-2 2010 年以来国内几种代表性产业安全测评指标体系分析

学者	一级评价指标	分析
王腊芳等（2010）	产业国内生存环境、国际竞争力、产业对外依存度和产业控制力	产业对外依存度实质上是产业控制力的延伸，国内生存环境实质上是产业竞争力和控制力的影响因素
苏睿先（2012）	产业结构、产业活力和产业依存度	产业结构和产业活力反映的实质是产业竞争力，产业依存度反映的实质是产业控制力

---

① 朱建民、魏大鹏：《我国产业安全评价指标体系的再构建与实证研究》，《科研管理》2013 年第 7 期。

② 王腊芳、文雯、赖明勇：《中国铁矿石产业面临的安全威胁及其产业安全度的测算》，《财经理论与实践》2010 年第 5 期；苏睿先：《基于可持续发展理念的区域产业安全评估——以天津滨海新区为例》，《经济地理》2012 年第 10 期；仲伟周、刘聪粉、郭彬：《我国零售产业安全的区域差异性研究——基于外资冲击的视角》，《北京工商大学学报》（社会科学版）2014 年第 1 期。

续表

学者	一级评价指标	分析
朱建民等（2013）	产业竞争力生成能力、产业控制力、产业生态环境、产业国际竞争力和产业对外依存度	产业对外依存度实质上是产业控制力的延伸，产业竞争力生成能力和产业生态环境是产业竞争力的影响因素
仲伟周等（2014）	产业控制力、产业竞争力、产业发展力和产业权益	产业发展力实质上是动态的产业竞争力，产业权益实质上是国民权益

此外，谭飞燕、张力、李孟刚[1]基于低碳经济视角构建了产业安全评价的"五因素模型"指标体系，包含产业整体生态环境、产业可持续发展力、产业自身控制力、产业比较竞争力和产业对外依存度5个一级指标。吴爱玲等[2]以中国海洋产业安全为研究对象，基于海洋产业安全的内涵，从海洋产业竞争力、承载力等方面构建了海洋产业安全评价指标体系。韩港[3]在经济新常态背景下，按照调结构、转方式、靠创新的逻辑思路，从产能、产业集中度、开采方式、行业秩序、技术与专利水平的角度，探究了影响稀土产业安全的关键问题。孙宇[4]基于"一带一路"倡议，从国际产能合作、国际能源合作、对外直接投资、区域经济一体化、均衡国土空间开发、国际金融合作以及拓展国际市场等方面对影响我国产业安全的因素进行了探讨。史欣向等[5]以产业安全的基石是市场和创新、产业安全的核心是生存和发展为指导思想，创新性地重构了产业安全的理论框架，并设计了一个

---

[1] 谭飞燕、张力、李孟刚：《低碳经济视角下我国产业安全指标体系构建》，《统计与决策》2016年第16期。
[2] 吴爱玲、韩增林、彭飞、袁莹莹、丁申锐：《基于集对分析的中国海洋产业安全评价研究》，《资源开发与市场》2016年第11期。
[3] 韩港：《经济新常态下我国稀土产业安全研究》，《经济问题》2016年第9期。
[4] 孙宇：《"一带一路"战略与我国产业安全：机理、因素与路径》，《国际贸易》2016年第8期。
[5] 史欣向、李善民、王满四、李昶：《"新常态"下的产业安全评价体系重构与实证研究——以中国高技术产业为例》，《中国软科学》2015年第7期。

新的产业安全评价体系。董银果、梁根、尚慧琴[①]采用熵权法实证测量加入世界贸易组织以来大豆、玉米和棉花三类敏感性农产品产业安全水平的演变,进而从进口来源地和进口依赖性两方面探寻了产业安全的威胁源头。李富[②]基于中国生产性服务业发展的视角,通过采用数据包络分析方法,对中国制造业产业安全状况进行了评价。

综上所述,虽然自改革开放以来,随着产业安全问题的日益突出,相关研究得到了深入推进。不过,就目前而言,相关文献在产业安全观的基本认识方面,并进而导致了在研究方法、研究内容、研究结论、政策建议等方面,出现了一种难以达成共识和规范的特殊现象。其从表面上看似乎是不同行业发展特点和不同时期发展形势需要所致,实际上是在产业安全基本概念和基本逻辑方面缺乏共识和难以规范的直接映射。究其根本,则是对产业安全基本概念和基本逻辑方面认识不够清晰,界定不够科学。而要想对产业安全的基本概念和基本逻辑有一个清晰而科学的认识,就必须对产业安全思想发展演变的基本脉络进行一次全面的梳理。

第二节 早期产业安全观"中心—外围"范式的形成

产业安全思想源远流长,在早期的经济学思想中就有不同程度的体现,并初步形成了产业安全观发展演变的"中心—外围"基本范式。

15 世纪至 17 世纪中期,伴随着欧洲资本主义市场经济的萌芽,重商主义在英国应运而生。重商主义的代表人物托马斯·孟提出:财富的唯一种类是金银形态的货币,对外贸易是一国财富的主要来源。

---

① 董银果、梁根、尚慧琴:《加入 WTO 以来中国农业产业安全分析》,《西北农林科技大学学报》(社会科学版)2015 年第 2 期。

② 李富:《中国制造业产业安全研究——基于生产性服务业发展视角》,《技术经济与管理研究》2015 年第 2 期。

为了保护国家利益，应该在商贸流通领域加强国家干预，用国家的力量促进出口和限制进口。①

作为现代经济学的萌芽，重商主义已经体现出了初步的产业安全思想。概言之，其体现出来的产业安全思想，具有五个方面的典型特征：一是产业安全重点是商贸流通行业特别是国际贸易行业，基本没有涉及国民经济其他行业。二是产业安全主要是基于国民权益视角的产业安全，不同于之后基于竞争力、控制力等视角的产业安全思想。三是产业安全的实现需要动用政府强制保护手段来实现，不同于之后基于完全自由开放市场经济手段的产业安全思想。四是这种产业安全思想从本质上讲是一种早期的以贸易保护为核心的产业安全思想。五是重商主义只提出了一些简单的政策主张，并没有形成一个完整的经济学说体系，因此，往往被称作现代经济学思想的早期萌芽。与此相应，重商主义体现出的产业安全思想也只是现代产业安全思想的萌芽，还很难称作系统和完善。

17世纪中期到19世纪70年代出现的以亚当·斯密②为代表的古典经济学派，以及19世纪70年代到20世纪30年代出现的以马歇尔③为代表的新古典经济学派，基于"经济人模式"的研究原点，提出了"看不见的手"的市场理论，认为市场在"看不见的手"的价格指导下，每个人都追求自己的私利，却必定会同时增进社会整体利益。其政策主张是消除国家对所有经济活动的一切管制和干预，废除对自由运用资本获利的所有限制。

表面上看，这种对内自由放任和对外自由开放的自由市场经济理论，完全放弃了对产业安全的担心，在某种程度上似乎将产业安全问题置于伪命题的尴尬境地，实质则不然。这是因为，当时亚当·斯密和马歇尔等所在的英国，正处于强盛并冠于全球的"日不落"时代，其国家工业的发展水平和竞争能力可谓全球无可匹敌。在这种强大且

---

① 托马斯·孟：《英国得自对外贸易的财富》，商务印书馆2009年版。
② 亚当·斯密：《国富论》，商务印书馆2014年版。
③ 马歇尔：《经济学原理》，商务印书馆1965年版。

全面竞争优势背景下推行自由放任，不仅不会对本国产业安全造成危害，反而有利于打开其他国家国门，进一步促进本国产业的利益扩展。所以，亚当·斯密和马歇尔自由放任理论的本质，从产业安全角度而言，是一种绝对优势中心国家推行的通过自由放任手段拓展国际市场和扩展本国产业利益空间的产业安全思想，可以称为"绝对优势国家—完全自由开放—拓展国际市场—扩展利益空间—产业安全实现"的产业安全模式，也可简称为"自由开放—产业安全"的产业安全模式。

概括而言，古典和新古典经济学派体现出来的产业安全思想，也呈现出五个典型特点：一是涉及的产业扩展到包括农业、工业、商贸流通业在内的国民经济全部行业，而不再仅仅限于商贸流通业特别是国际贸易业。二是产业安全的核心是产业竞争力。不过，由于英国当时拥有全面而绝对的工业发展优势，这个核心问题已经得到了天然的解决，并不需要予以专门的明确和强调，所以，其只论述了分工等因素在产业发展中的重要作用，产业竞争力的培育和提升问题没有也不需要专门探讨，从而有意无意地被忽视了。三是产业安全完全可以通过自由开放的市场经济手段实现，不需要动用政府强制手段，甚至提出政府的角色定位是"守夜人"，管得越少的政府就是越好的政府。四是这种产业安全思想，从本质上讲，是一种自由开放性质的产业安全思想。五是古典和新古典经济学的出现标志着现代经济学说体系的正式形成，其虽然没有直接就产业安全问题进行论述，但其体现出的产业安全思想已经相当完备，因此可以称为现代意义上的第一种产业安全思想。

相比于英国，美国、德国等国的工商业在18世纪末19世纪初刚刚开始发展，尚处于幼稚发展阶段。英国高度发达的工业的明显优势和激烈竞争，对这些国家工商业的安全发展形成了巨大威胁。在这种背景下，幼稚产业保护理论应运而生。幼稚产业保护理论最早由美国汉密尔顿在《关于制造业的报告》中提出，但真正对此进行系统论述的是德国的李斯特。①

幼稚产业保护理论的基本出发点,就是对后发国家某些工业发展提供过渡性扶植保护,消除或减弱中心优势国家发达的工业激烈竞争带来的安全威胁,最终获得产业安全发展所必需的竞争能力。在某种程度上说,其可以称为第一种真正的产业安全保护理论。概言之,幼稚产业保护理论体现出来的产业安全思想,呈现出以下六个方面的典型特点:一是产业安全保护只适用于特定的经济发展阶段。经济发展的历程可分为原始未开化阶段、畜牧阶段、农业阶段、农工业阶段和农工商业阶段。当国家处于落后的农工业阶段时,其工业发展程度和国际竞争力都不足以与处于先进农工商业阶段国家的产品形成有效竞争。如果采用自由贸易政策,会对经济产生巨大冲击,因此,需要采取贸易保护政策维护产业安全发展。二是产业安全保护的重点是幼稚产业。幼稚产业是指关联性强、发展潜力大但尚未发展成熟的新兴产业,暂时不具备能力与发达国家同类产业进行竞争。三是产业安全保护的核心是产业生产力。"财富的生产力比之财富本身,不晓得要重要多少倍;它不但可以使已有和已经创造的财富获得保障,而且可以使已经消灭的财富获得补偿。"所以,一个国家追求的重点和核心,不应该仅仅是财富本身,而应该是创造财富的生产力。按照亚当·斯密的绝对优势说和李嘉图的比较优势说进行自由贸易,落后国家虽然在短期内能够获得一些表面的贸易利益,但却不能使长远的财富生产能力得到应有发展,因此不应该成为落后国家贸易自由化的依据。四是产业安全保护的主体是国家和政府。国家和政府的角色定位要从"守夜人"向"植树人"转变,积极制定实施有效的产业政策和关税政策来保护国内市场。五是产业安全保护的手段是关税制度。主要包括向与本国幼稚工业相竞争的进口产品征收高关税,同时减免关税鼓励不能自行生产的机械设备进口;重点保护那些通过保护可以成长起来和获得国际竞争力的幼稚产业,不保护那些通过保护也不能成长起来的产业;保护要有限期,超过限期即便没有成长起来也要解除对它

---

① 李斯特:《政治经济学的国民体系》,商务印书馆1961年版。

的保护。六是这种产业安全思想从本质上讲是一种贸易保护主义的产业安全思想。

李斯特和汉密尔顿提出的幼稚产业保护理论,从产业安全角度而言,可以认为是一种外围落后国家在面对中心优势国家激烈竞争背景下推行的通过政府保护手段来巩固国内市场和维护本国产业利益空间的产业安全思想,可以称为"外围落后国家—政府保护手段—巩固国内市场—维护利益空间—产业安全实现"的产业安全模式,也可以简称为"政府保护—产业安全"的产业安全模式。

需要指出的是,李斯特和汉密尔顿幼稚产业保护理论着重保护的"产业生产力",用现代眼光来看,可以认为是制造业的产业竞争力,初步体现了产业安全重在相比于中心优势国家的产业竞争力优势的理念。

第三节 战后"外围"国家产业安全观对"控制力"的重视

第二次世界大战后,一些经济发展水平落后的发展中国家在发展本国工业过程中,同样受到了西方发达国家的激烈竞争和安全威胁。为了保护本国产业安全发展,外围落后发展中国家的经济学家,提出了一系列旨在保护本国经济产业安全发展的新理论,"中心—外围"理论是其中的典型代表。

"中心—外围"理论由阿根廷经济学家劳尔·普雷维什提出,其将资本主义世界划分成两个部分:一个是"中心",由发达国家组成,生产结构呈现同质性和多样化的特征;另一个是"外围",由广大发展中国家组成,生产结构呈现异质性和专业化的特征。中心国家提供工业产品和先进技术,外围国家则提供粮食和工业原材料。"中心"与"外围"之间呈现出一种严重的不平等关系,且这种不平等关系将会固化下来,"落到拉丁美洲这个世界经济体系外围部分的专门任务是为大的工业中心生产粮食和原材料。"为改变这种不利境地,该理论面向外围国家提出了采取保护贸易政策，加大本国工业发展的政策主张，以及采取出口导向战略，提升工业品出口比重，从而增加外围国家工业在世界上的竞争力的政策主张。①

"中心—外围"理论体现出的产业安全思想，与李斯特和汉密尔顿提出的基于幼稚产业保护理论的产业安全思想在本质上具有相似之处，都是一种外围落后国家工业在受到中心优势国家激烈竞争背景下，推行的通过政府保护手段来巩固国内市场和维护本国产业利益空间的产业安全思想，即"外围落后国家—政府保护手段—巩固国内市场—维护利益空间—产业安全实现"的产业安全模式，或者"政府保护—产业安全"的产业安全模式。不过，这个时期的中心优势国家已经包括德国、美国、日本等国家，而外围落后国家则变成了亚非拉等广大发展中国家。

"中心—外围"理论保护和提升的着重点，仍然是外围国家工业相比于中心优势国家的竞争能力，同样体现了一种产业安全重在相比于中心优势国家的产业竞争力优势理念。

不过，20世纪下半叶特别是90年代后，全球跨国并购浪潮风起云涌。中心优势国家的跨国公司通过投资新建、兼并重组等方式，在世界范围内迅速扩展。中心优势国家的资本输出，一方面推动了战后外围发展中国家的经济发展和结构变化，另一方面又使外围发展中国家在世界资本积累中处于不平等的地位，而部分积累通过利润回流、交换渠道、金融渠道等形式又回流至中心优势国家，进一步加剧了不平等的程度，危害了外围发展中国家的经济和产业安全。② 伯内尔（Burnell）等就跨国公司直接投资对东道主国家产业安全的影响进行研究认为，"中心优势国家试图将落后的和发展中的外围国家变为自己附庸的时候，跨国公司也正忙于将这些国家中的经济或产业变成自

---

① Raúl Prebisch, The Economic Development of Latin America and its Principal Problems [J]. *Economic Bulletin for Latin America*, Vol. 7, No. 1, 1962.

② 萨米尔·阿明：《不平等的发展：论外围资本主义的社会形态》，商务印书馆1990年版。

己的产业附庸"。①

特别地,中心优势国家跨国公司在外围发展中国家各行各业迅速扩张,甚至控制了外围发展中国家相当部分事关国计民生的支柱产业,严重影响到了东道主国家经济和产业的安全,从而引起了东道主国家对外资控制国家经济产业安全的忧虑。

受这种形势变化影响,外围发展中国家的产业安全维护重点,开始倾向于预防外国资本对本国重要产业的控制操纵和降低本国产业对外国市场的过度依赖等方面,而相比于中心优势国家的本国产业竞争力优势培育和提升,则在一定程度上被弱化了。也就是说,战后"外围"国家的产业安全思想,虽然仍然属于"政府保护—产业安全"的产业安全模式,但政府保护的重点则不仅仅在于相比于中心优势国家的本国产业竞争力优势培育和提升,还包括对外资控制力的预防,后者甚至成为首位考虑目标。

第四节 战后"中心"国家产业安全观对"竞争力"的扩展

第二次世界大战后,以美国为代表的中心优势国家,仍然推崇中心优势国家所特有的通过自由放任手段,拓展国际市场和扩展本国产业利益空间的产业安全思想,即"自由开放—拓展国际市场—扩展利益空间—产业安全实现"的产业安全模式,或者"自由开放—产业安全"的产业安全模式。然而,随着发展形势的变化,中心优势国家的产业安全观发生了三个方面的变化。

一 更加突出了产业国际竞争力在维护本国产业安全中的核心地位

与最初英国在世界上的一枝独秀相比,第二次世界大战后,中心

---

① Burnell, *Economic Nationalism in the Third World*, Sussex, Wheatsheaf Book Ltd., 1986; 赵惟:《国家经济安全与产业安全研究综述》,《首都经济贸易大学学报》2005 年第 3 期。

优势国家内部格局发生了重大变化。美国取代英国成为世界头号工业强国，但英国、德国、日本等国工业发展很快得到了恢复，中心优势国家内部的多元中心格局日益成型。一国一枝独秀式地拥有全部绝对优势地位的时代已经过去，不同中心优势国家各在不同领域和范围内占据相对领先地位。而且在科技进步日新月异的当代，即使某一个中心优势国家在某领域内拥有相对优势地位，也必然会面临着其他中心优势国家激烈的竞争和挑战，稍有迟滞就会被追赶甚至超越。于是，产业竞争力的培育和提升这个原本产业安全的核心，就从原来的幕后走到了前台，主动提升本国产业的国际竞争力也就成为中心优势国家的共识。在这方面，波特的产业国际竞争力理论最为典型，其直接提出，如果产业面临国外更高生产率的竞争对手，其产业发展与安全将受到威胁。[1]

二　补充修正了产业控制力在维护本国产业安全中的重要地位

在全球跨国并购快速发展的当代，中心优势国家同样会面临着外国资本大规模进入对本国产业发展带来的安全威胁，特别是外国资本控制本国国计民生支柱产业带来的现实和潜在安全威胁。在这种现实背景下，传统的完全自由放任，从而实现产业安全的观点已经难以成立，国家重要产业的政府干预保护显得日益必要，成为新时期中心优势国家产业安全思想的重要内容。最典型的例子是美国1988年设立的外国投资委员会（the Committee on Foreign Investment in the United States），专司监督与评估外资并购对美国国家安全的影响，预防外国并购特别是外国政府控制的并购威胁或削弱美国国家安全。

三　突出强调了政府手段在维护本国产业安全中的必要性

在维护本国产业安全的过程中，无论是产业国际竞争力核心因素的培育和提升，还是产业控制力重要因素的预防和保证，都需要政府有形是之手的强力介入，早期亚当·斯密倡导的基于完全自由放任理念下的政府无所作为模式已经不再适用。在产业国际竞争力的培育和提升方面，波特强调一个国家能否在某种产业的国际竞争中崭露头

---

[1] 迈克尔·波特：《国家竞争优势》，中信出版社2012年版。

角，取决于由四项关键因素和两项辅助变数共同构成的"钻石体系"。[①] 因此，政府在全球化过程中应该准确把握经济发展方向，创造出有利的经济环境，不断培育和提升本国产业的国际竞争力，以在国际经济竞争中立于不败之地。

在预防外国并购特别是外国政府控制的并购威胁或削弱国家安全方面，中心优势国家大都构建了由"产业限入政策—配套法律体系—审查执行机构"构成的三位一体的产业安全维护体系。产业限入政策旨在明确外资并购的产业控股权门限。一般根据产业对本国安全的重要程度和自身竞争力强度，将产业区分为禁止外资并购（外资控股权为0%）、限制外资并购（外资控股权低于50%）和完全对外开放（外资控股权可达100%）三类。配套法律体系旨在从消除对产业和经济安全的影响角度就产业并购诸项要件予以明确的法律条文规定。审查执行机构则与相应法律体系配套，专司外资并购审查。不同国家由于国情不同，具体实施也各有不同，具体见表2-3。

表2-3 主要发达国家预防外资并购威胁国家安全的产业安全维护体系

国家	限入政策	配套法律	实施机构	审查制度
美国	禁止进入原子能、矿藏挖掘、水力发电等行业；限制进入航空、海运、通信、金融等产业；其他产业完全开放	艾克森—弗洛里奥修正案	外国投资委员会	事前申报
德国	禁止进入国防工业；限制进入金融服务业；其他产业完全开放	对外经济法	联邦经济部	视情况区别设置
日本	禁止进入农林水产、石油矿业等产业；限制进入汽车制造、医药品生产等产业；完全开放造船、钢铁、计算机等产业	外国投资法	外资审议会	事前申报

注：禁制进入是指严禁外资并购，限制进入是指外资控股权低于50%，完全开放是指外资控股权可以达到100%。

资料来源：笔者根据相关资料整理而成。

[①] 迈克尔·波特：《国家竞争优势》，中信出版社2012年版。

特别地，产业是否安全是一种相对概念，需要在比较中确定。波特提出的产业国际竞争力优势理论，其比较的参照标准是国际同类产业的竞争力。相比之下，俄罗斯经济学家 B. K. 先恰戈夫提出的经济安全阈值，则是一种相对标准和绝对标准的结合。其经济安全的第一类重要阈值是国民经济生产阈值，即俄罗斯在最低依赖外部世界的情况下，GDP 应是"七强"平均指标的 75%，人均 GDP 应是"七强"平均指标的 50% 和世界平均指标的 100% 等。第二类重要阈值是居民生活水平阈值，包括人均寿命为 70 岁、收入最高和最低的 10% 人口之间差距为 8 倍等。第三类重要阈值是财政收支状况阈值，包括内债额为 GDP 的 30%、外债额为 GDP 的 25%、预算赤字为 GDP 的 5%、外汇现金额为卢布现金额的 25%、货币量（M2）为 GDP 的 50% 等。另外，经济安全指标不是单一含义的阈值，而是标明安全地带的走廊。[1] 显然，先恰戈夫为产业安全标准的研究提供了有益的启示。

第五节 产业安全观发展演变的基本范式

就重商主义强调国民权益的产业安全观而言，产业内的企业特别是龙头企业拥有国民权益属性，但就某一种产业而言，并不具有国民权益属性。因此，基于国民权益观念的产业安全观在某种程度上并不科学。还有学者认为，在外资进入过程中，"本国让渡的产业权益与所得到的收益是不同质的"，"无法直接比较"和"无法判断"，则"相关研究也失去了意义"。[2] 特别地，国民权益视角的产业安全观与控制力视角的产业安全观相比，前者从内在角度强调保护本国国民在产业中的基本权益，后者从外在角度强调本国对产业特别是重要产业的控制，从本质上讲，两者具有一致性，实际上，可以归类为同一种产业安全观，而不必作为两类区别对待。正是由于不尽科学、缺乏意

---

[1] B. K. 先恰戈夫：《经济安全——生产、财政、银行》，中国税务出版社 2003 年版。
[2] 景玉琴：《产业安全概念探析》，《当代经济研究》2004 年第 3 期。

义和没有必要，国民权益视角的产业安全观自重商主义之后，便日渐式微，没有再进入产业安全观发展演变的主流行列。

在资本主义早期，中心优势国家基于自己全面而绝对的工业发展优势，推行一种"绝对优势国家—完全自由开放—拓展国际市场—扩展利益空间—产业安全实现"的产业安全模式，即"自由开放—产业安全"的产业安全模式。而外围落后国家则在面对中心优势国家激烈竞争的背景下，推行一种"外围落后国家—政府保护手段—巩固国内市场—维护利益空间—产业安全实现"的产业安全模式，即"政府保护—产业安全"的产业安全模式。这一时期，产业安全维护的核心在于以制造业为重点的产业国际竞争力优势的培育和提升。

第二次世界大战后，外围发展中国家仍然推行着"政府保护—产业安全"的产业安全模式，但受全球跨国并购浪潮风起云涌影响，产业安全维护的重点，不仅在相比于中心优势国家的本国产业竞争力优势的培育和提升，还包括对外资控制力的预防，后者甚至成为首位考虑目标。

与此同时，由于全面绝对领先的优势不再存在和赶超竞争日益激烈以及跨国并购潜在威胁，第二次世界大战后，以美国为代表的中心优势国家的产业安全观发生了三个方面的变化，亚当·斯密时代"自由开放—产业安全"的产业安全模式被以"开放+保护—产业安全"的新模式替代，产业竞争力和产业控制力成为产业安全维护的两大基本内容，而政府则从原来默默无闻的"守夜人"角色，转变为提高产业竞争力和保证产业控制力的主体角色。

综上所述，在产业安全观的发展演变过程中，始终存在中心优势国家和外围落后国家两种基本国家主体，始终存在着重强调竞争力和着重强调控制力的两大基本取向，始终存在着重强调自由开放和着重强调政府保护的两大基本政策取向，即产业安全观的发展演变总体呈现出了一种"中心—外围""开放—保护"和"竞争力—控制力"的基本范式。就目前而言，中心优势国家一般基于自身领先优势，推行偏重自由开放辅以政府保护的以竞争力为主目标和以控制力为辅目标的产业安全范式，而外围落后国家一般立足于自身落后的现实，推行偏重政府保护辅以自由开放的以控制力为主目标和以竞争力为辅目标的产业安全范式。

产业竞争力和产业控制力是产业安全研究的两大基本取向。从哲学的角度讲，产业竞争力是产业安全的基本前提和内在核心，是指产业在全球范围内的国际竞争力。产业控制力是国民权益意义上的安全观，是产业安全的最终归宿和外因保证。

第六节 产业安全观发展范式的中国映射

中国学者对产业安全问题的研究始于20世纪90年代，到目前为止，形成了诸多流派。如前面所述，有学者认为，中国学者的研究形成了四种不同类型的产业安全观，分别是强调控制力的产业安全观和强调竞争能力的产业安全观、强调发展能力的产业安全观和强调国民权益的产业安全观。也有学者认为，中国学者的产业安全观可以区分为是强调外资的产业安全观、强调控制权的产业安全观、强调制造业的产业安全观、强调民族产业的产业安全观和强调能力的产业安全观五类。

事实上，中国是一个外围国性质的发展中国家，中国市场取向的改革又是在借鉴英国、美国等西方国家成熟的市场经济发展经验基础上推进的。受这种特殊身份和时代背景的影响，世界不同时期发展出现过的不同类型产业安全观，都在中国有所映射体现。从另一个角度说，中国学者研究的产业安全观流派分类，可以也应该从世界不同时期发展出现过的不同类型产业安全观在中国的映射角度进行。

首先，强调国民权益的产业安全观。以赵世洪（1998）和仲伟周、刘聪粉、郭彬（2014）等为代表，重点关注产业安全的国民权益。这种直接着眼国民权益的产业安全观，实际上是重商主义的国民权益产业安全观在当代中国的具体映射。

其次。强调自由开放的产业安全观。以张维迎（2010）等为代表，认为解决中国当前面临的问题（包括产业安全问题）需要遵循的是市场逻辑，应该回归亚当·斯密的纯粹自由市场，告别凯恩斯的政府干预。正如张维迎所言，这种强调自由开放的产业安全观，实际上是早期亚当·斯密自由开放产业安全观在当代中国的具体映射。

再次，强调控制力的产业安全观。以张碧琼（2003）、于新东（1999）、王允贵（1997）等为代表，强调本国资本对本国重要产业的控制和预防外国资本对本国重要产业的控制。这种强调产业控制力的产业安全观，实际上是在中国改革开放和世界跨国并购两大时代潮流耦合背景下的必然反应，是第二次世界大战后外围国家面对跨国并购大潮出现的基于控制力视角的产业安全观的具体映射。

最后，强调竞争能力的产业安全观。以杨公朴、王玉、朱舟（2000）以及夏兴园、王瑛（2001）等为代表，重点着眼于产业竞争力，可以认为是世界产业安全观发展演变历程中始终处于主流地位的基于竞争力视角的产业安全观的具体映射。

虽然世界不同时期的产业安全观在早期国内的产业安全研究中都有体现和映射，但进入21世纪，特别是加入世界贸易组织以来，国内学者在有关产业安全的研究中，产业竞争力和产业控制力两大基本视角得到了强调，而国民权益和自由开放视角或者逐渐式微，或者趋向宏观。这一时期，何维达（2001）和李孟刚（2006）各自构建的产业安全评价指标体系中，产业国际竞争力和产业控制力均被列为一级指标，而在其余两个一级指标中，产业对外依存度实际上是产业控制力的外向延伸，产业国内环境实际上是产业国际竞争力和产业控制力等诸因素的背景因素。景玉琴（2006）的研究亦然。

2010年以来，国内有关产业安全研究体现出来的产业安全观，虽然内涵表现得更加丰富，但究其实质，仍然可以归属于竞争力和控制力两个基本视角。如朱建民、魏大鹏（2013）构建的产业安全测评指标体系，虽然包含产业竞争力生成能力、产业控制力、产业生态环境、产业国际竞争力和产业对外依存度5个一级指标，但产业对外依存度实质上是产业控制力的延伸，产业竞争力生成能力和产业生态环境实质上是产业竞争力的影响因素。

总之，世界不同时期的产业安全观在当今特殊身份和时代背景下的中国均有所体现。进入 21 世纪以来，中国产业安全观的研究也主要是从控制力和竞争力两个基本视角进行的。从世界产业安全观发展演变的"中心—外围""开放—保护"和"控制力—竞争力"基本范式视角审视，基于控制力视角的研究实际上是外围发展中国家产业安全观基本范式在中国这个发展中外围国家的映射，基于竞争力视角的研究则是中心优势国家产业安全观基本范式在中国市场取向改革开放时代的映射。一句话，中国产业安全观的发展演变和流派区别，实际上是世界产业安全观发展演变基本范式在当代中国的具体映射和有机综合。

第三章　产业安全水平测评方法梳理与规范

当前,产业安全水平测评指标体系方法和 DEA 模型均存在问题,难以达成共识和规范,映射出学术界在产业安全基本概念和基本逻辑方面认识不够清晰、科学。梳理产业安全思想发展演变的基本脉络,总体呈现出一种"中心—外围""开放—保护"和"竞争力—控制力"的基本范式。产业竞争力和产业控制力是产业安全研究的两大基本取向,有关产业安全水平测评方法的规范性构建,应该从这两个基本视角进行。其中,基于产业竞争力视角的产业安全水平测评,应该基于 DEA 模型中的 CCR 模型和马姆奎斯特指数模型,并有机结合 AHP 赋权分析法和 EWM 赋权分析法,从生产效率及其相对比较的竞争力优势角度进行;基于控制力视角的产业安全水平测评,应该借鉴发达国家经验,围绕外资对本国产业控制权比例是否超过安全门限标准这一核心内容,运用定性判别方法进行。

如前所述,国内有关产业安全问题的研究,发端于 20 世纪 90 年代中期。进入 21 世纪以来,相关研究开始大量出现。期间,作为整体理论体系的基础支撑,产业安全水平测评的研究也得到了深入推进。总体来看,目前,有关产业安全水平测评的研究,其所用的方法大致可以分为定性评估方法、指标体系定量测评方法和其他定量测评方法三类。

定性评估曾经是产业安全水平测评的重要方法。自 21 世纪以来到现在,该方法虽然仍时有应用[1],有的则将定性评估方法与指标体

---

[1] 黄志勇、王玉宝:《FDI 与我国产业安全的辩证分析》,《世界经济研究》2004 年第 6 期;樊秀峰、苏玉珠:《产业安全视角:中西零售业政策比较》,《西北大学学报》(哲学社会科学版) 2013 年第 5 期。

系定量测评方法进行了结合使用①，但总体而言，该方法已经不再是产业安全研究的主流方法。当前，以指标体系测评方法为代表的定量研究方法成为产业安全研究的主流方法。不过，这些定量研究方法在具体应用时却又都不同程度地存在问题，难以达成共识和规范。如何在透彻理解和把握产业安全本质内涵的基础上，构建一套共识和规范的产业安全水平测评方法体系，已经成为当前产业安全研究迫切需要解决的问题。

第一节 产业安全水平指标体系定量测评方法梳理

指标体系定量测评方法，是当前产业安全水平测评的主流方法。在这方面，俄罗斯学者先恰戈夫构建的经济安全"阈值"标准，对产业安全有所涉及。但整体来看，其所设置的指标体系不够系统，难以应用于产业安全水平的测评。②

在国内，学者先后构建了两套具有代表性的产业安全水平测评指标体系。一是"经济安全论坛"构建的制造业安全模型体系；二是何维达构建的产业安全评价指标体系。"经济安全论坛"认为，产业安全属于半结构性的复杂问题，一个完整的制造业安全整体评价模型应该包括显性状态描述和诱发因素分析两个部分，某些阶段的问题可以基于明确的算法和规则量化分析，而另一些阶段的问题则需要结合经验和直觉判断。③何维达构建的产业安全评价指标体系，包括国际竞争力、控制力等 4 个一级评价指标，并将产业安全区分为安全、基本

---

① 黄建军：《中国的产业安全问题》，《财经科学》2001 年第 6 期；杨国亮：《新时期产业安全评价指标体系构建研究》，《马克思主义研究》2010 年第 6 期。
② B. K. 先恰戈夫：《经济安全——生产、财政、银行》，中国税务出版社 2003 年版。
③ 经济安全论坛：《中国国家经济安全态势——观察与研究报告（2001—2002）》，经济科学出版社 2002 年版。

安全等四种状态。①

由于何维达的指标体系简洁直观，学者后续构建的产业安全测评指标体系大都参照了该指标体系的基本框架，并进行了各自角度的完善补充。② 2010 年以前构建的几个代表性产业安全水平测评指标体系如表 3-1 所示。

表 3-1　2010 年以前构建的几个代表性产业安全水平测评指标体系

学者（机构）及构建年份	一级评价指标
B. K. 先恰戈夫（2003）	对外依存程度阈值、居民生活水平阈值和财政状况阈值
经济安全论坛（2002）	显性安全、国际经济关系、国内科技水平和国内经济条件
何维达（2001）	产业国内环境、产业国际竞争力、产业对外依存度和产业控制力
景玉琴（2006）	产业国内环境、产业竞争力和产业控制力
李孟刚（2006）	产业国内环境、产业国际竞争力、产业对外依存度和产业控制力
许铭（2005）	产业国内运行效率、产业国际竞争力、产业对外依存度和产业控制力

注：2003 年为先恰戈夫著作翻译出版年份。

截至目前，指标体系定量测评方法在产业安全研究中的具体应用以及在指标选择、指标赋权、安全等级映射体系构建等方面，均鲜明地呈现出难以达成共识和规范的特点：

第一，指标选择难以达成共识和规范。2010 年以来，学者构建的产业安全水平指标体系，有的包括产业竞争力生成能力、产业控制力、产业生态环境、产业国际竞争力和产业对外依存度 5 个一级指

---

① 何维达：《中国"入世"后产业安全与政府规制研究》，《经济学动态》2001 年第 11 期。
② 许铭：《浅析韩国维护产业安全的成败与得失》，《亚太经济》2005 年第 5 期；景玉琴：《产业安全评价指标体系研究》，《经济学家》2006 年第 2 期；李孟刚：《产业安全理论研究》，《管理现代化》2006 年第 3 期。

标、19个二级指标和39个三级指标①,有的包括生产、贸易、加工和品质健康4个一级指标和11个二级指标②,有的重点从产业控制力角度设置了外资市场控制率等4个指标③,还有的重点从产业结构等角度构建了3个评价方面和12个二级指标④,等等,不一而足,具体见表3-2。

表3-2 2010年以后不同产业安全水平测评指标体系比较

学者及构建年份	测评指标构成	赋权方法	产业安全等级映射体系
朱建民等(2013)	面向整体产业,包括产业竞争力生成能力、产业控制力、产业生态环境、产业国际竞争力和产业对外依存度5个一级指标、19个二级指标和39个三级指标	层次分析方法和熵权法结合	产业安全评价状态分为很安全、相对安全、临界状态、不安全和危机五种,相应的分数范围为[80,100]、[60,80]、[40,60]、[20,40]、[0,20],分数越小,危险性越大
鲍韵等(2013)	面向大豆产业,包括生产、贸易、加工、品质健康4个一级指标和11个二级指标	专家打分法	大于1为安全状态,0.75—1为相对安全状态,0.5—0.75为不安全状态,0.25—0.5为危机状态,0—0.25为完全危机状态
苏睿先(2012)	面向天津滨海新区,重点从可持续发展视角,包括产业结构、产业活力和产业依存度3个一级指标及12个二级指标	层次分析法	产业安全度综合指数不低于0.8为很安全,不低于0.65为安全,不低于0.5为基本安全,不低于0.4为危险,低于0.4为很危险

---

① 朱建民、魏大鹏:《我国产业安全评价指标体系的再构建与实证研究》,《科研管理》2013年第7期。
② 鲍韵、吴昌南:《我国大豆产业安全预警系统构建》,《江西社会科学》2013年第4期。
③ 卜伟、谢敏华、蔡慧芬:《基于产业控制力分析的我国装备制造业产业安全问题研究》,《中央财经大学学报》2011年第3期。
④ 苏睿先:《基于可持续发展理念的区域产业安全评估——以天津滨海新区为例》,《经济地理》2012年第10期。

续表

学者及构建年份	测评指标构成	赋权方法	产业安全等级映射体系
仲伟周等(2014)	面向零售产业，从区域差异角度，包括产业控制力、产业竞争力、产业发展力和产业权益4个一级指标以及10个二级指标	因子分析法	基于测量的F值判定产业安全状态，F值大于0且小于全国平均水平为安全形势较为严峻，F值大于全国平均水平为安全形势严峻，F值小于0为安全
李冬梅等(2012)	面向粮食产业，重点从国际比较的视角，包括潜在威胁、产业竞争力和宏观保障力3个一级指标和13个二级指标	灰色关联分析方法	
王腊芳等(2010)	面向铁矿石产业，包括产业国内生存环境、国际竞争力、产业对外依存度和产业控制力4个一级指标和15个二级指标	直接主观赋权方法	产业安全状态分为安全、一般安全、不安全和危机四种状态，分数范围分别为[0, 20]、[20, 50]、[50, 80]、[80, 100]，分数越大，安全程度越低
卜伟等(2011)	面向装备制造业，重点从控制力视角，包括外资市场控制率、外资股权控制率、外资技术控制率和主要企业外资控制率4个一级指标		

由于不同指标体系的指标选择和构成各不相同，进一步导致了对部分指标选择的科学性、必要性和一致性的争议。如景玉琴针对产业安全水平测评指标体系中常见的产业控制力类指标的科学性提出了质疑，认为"强调控制力的产业安全观未抓住问题的实质"，因为"这种不从培养自身核心竞争力入手，片面强调控制权的做法，在开放的条件下很快就会出现有控制之名而无控制之实的现象"，从而从本质上说产业仍然是不安全的。[①] 杨国亮则批评了与控制力相关的产业进

---

① 景玉琴：《产业安全概念探析》，《当代经济研究》2004年第3期。

出口依存度上升会威胁到产业安全的观点，认为在某些情况下对外依存度的提高，恰恰是该国产业安全程度提高的表现，而不是相反，没有保留的必要，并建议将"产业对外依存度评价指标"从产业安全测评指标体系中剔除。① 景玉琴还提出，现有研究中设置的反映产业国际竞争力的"产业世界市场份额"指标，在一定程度上与"产业出口对外依存度"指标相冲突，不具有一致性。② 还有学者认为，现有测评指标体系对产业安全内涵界定不清楚，过分强调产业竞争力，对国际投资过度关注和警惕。③

第二，指标赋权难以达成共识和规范。王腊芳、文雯、赖明勇直接采用主观赋权法，将测评指标体系中的一级指标产业国内生存环境、产业国际竞争力、对外依存度和产业控制力分别赋权35、10、40、15，同时假定二级指标权重相同。④ 鲍韵、吴昌南⑤和苏睿先⑥分别采用专家打分法和层次分析法赋权，朱建民、魏大鹏⑦将层次分析和熵权法结合起来进行赋权，而仲伟周、刘聪粉、郭彬⑧和李冬梅、刘春泓、王竹玲⑨则分别采用因子分析法和灰色关联分析法赋权。具体见表3-2。

第三，安全等级映射体系构建难以达成共识和规范。鲍韵、吴昌

---

① 杨国亮：《新时期产业安全评价指标体系构建研究》，《马克思主义研究》2010年第6期。

② 景玉琴：《产业安全评价指标体系研究》，《经济学家》2006年第2期。

③ 朱建民、魏大鹏：《我国产业安全评价指标体系的再构建与实证研究》，《科研管理》2013年第7期。

④ 王腊芳、文雯、赖明勇：《中国铁矿石产业面临的安全威胁及其产业安全度的测算》，《财经理论与实践》2010年第5期。

⑤ 鲍韵、吴昌南：《我国大豆产业安全预警系统构建》，《江西社会科学》2013年第4期。

⑥ 苏睿先：《基于可持续发展理念的区域产业安全评估——以天津滨海新区为例》，《经济地理》2012年第10期。

⑦ 朱建民、魏大鹏：《我国产业安全评价指标体系的再构建与实证研究》，《科研管理》2013年第7期。

⑧ 仲伟周、刘聪粉、郭彬：《我国零售产业安全的区域差异性研究——基于外资冲击的视角》，《北京工商大学学报》（社会科学版）2014年第1期。

⑨ 李冬梅、刘春泓、王竹玲：《基于灰色关联分析的粮食产业安全评价与比较》，《科技管理研究》2012年第12期。

南的界定是，大于1为安全状态，0.75—1为相对安全状态，0.5—0.75为不安全状态，0.25—0.5为危机状态，0—0.25为完全危机状态。① 王腊芳、文雯、赖明勇将产业安全状态分为安全、一般安全、不安全和危机四个状态，分数范围分别为[0,20]、[20,50]、[50,80]、[80,100]，分数越大，安全程度越低。② 仲伟周、刘聪粉、郭彬则基于测量的F值来判定产业安全状态，F值大于0为不安全，其中，F值大于0且小于全国平均水平为安全形势较为严峻，F值大于全国平均水平为安全形势严峻，F值小于0为安全。③ 显然，各分值区间与安全等级区间的对应映射，均是直接主观给定。两者之间为什么可以如此对应映射，其内在机理是什么？均缺乏应有的分析和说明。

第四，即使同一位学者，其不同时期、不同场合构建的测评指标体系，在指标选择、指标赋权、安全等级映射体系等方面也前后不同。如何维达2002年面向农业、工业和服务业3大产业，构建了由产业国际竞争力、产业对外依存度和产业控制力3大指标组成的测评指标体系，4项指标直接赋权40、15、15、30。对一般产业，安全测评值分别落在区间[85,100]、[65,85]、[45,65]、[25,45]和[0,25]时为很安全、安全、基本安全、不安全和很不安全。对农业和金融业，安全测评值分别落在区间[90,100]、[75,90]、[60,75]、[40,60]和[0,40]时为很安全、安全、基本安全、不安全和很不安全。④ 2003年，其对安全等级映射体系进行了调整，分为安全、基本安全、不安全和危机四种状态，基相应的分数范围变

---

① 鲍韵、吴昌南：《我国大豆产业安全预警系统构建》，《江西社会科学》2013年第4期。
② 王腊芳、文雯、赖明勇：《中国铁矿石产业面临的安全威胁及其产业安全度的测算》，《财经理论与实践》2010年第5期。
③ 仲伟周、刘聪粉、郭彬：《我国零售产业安全的区域差异性研究——基于外资冲击的视角》，《北京工商大学学报》（社会科学版）2014年第1期。
④ 何维达、何昌：《当前中国三大产业安全的初步估算》，《中国工业经济》2002年第2期。

为［0，20］、［20，50］、［50，80］、［80，100］。① 2007 年，其面向农业，选择农业产业发展速度、农业产业国际竞争力指数、粮食自给率、农业产业进口对外依存度和农业产业出口对外依存度5个一级指标，构建了安全状态预警体系，指标赋权方法也调整为平均赋权法。② 2013 年，其面向战略性新兴产业，构建了包括产业国内环境、产业国际竞争力、产业对外依存度和产业关联性4个一级指标以及8个二级指标、18个三级指标在内的产业安全测评指标体系，指标赋权方法又调整为层次分析法。③ 具体见表3-3。

表3-3 何维达不同时期的产业安全水平测评指标体系演变比较

年份	指标体系	赋权方法	安全等级映射体系
何维达等（2002）	面向农业、工业和服务业三大产业，包括产业国际竞争力、产业对外依存度和产业控制力3个一级指标	直接赋权	对一般产业，安全测评值分别落在区间［85，100］、［65，85］、［45，65］、［25，45］和［0，25］时为很安全、安全、基本安全、不安全和很不安全。对农业和金融业，安全测评值分别落在区间［90，100］、［75，90］、［60，75］、［40，60］和［0，40］时为很安全、安全、基本安全、不安全和很不安全
何维达等（2003）		直接赋权	安全、基本安全、不安全和危机四种状态，其相应的分数范围为［0，20］、［20，50］、［50，80］、［80，100］，分数越大，危险性越大

---

① 何维达、宋胜洲：《开放市场下的产业安全与政府规制》，江西人民出版社 2003 年版。
② 何维达、何丹、朱丽萌：《加入世界贸易组织后我国农业产业安全估算及对策》，《经济与管理研究》2007 年第 2 期。
③ 何维达、杜鹏娇：《战略性新兴产业安全评价指标体系研究》，《管理现代化》2013 年第 4 期。

续表

年份	指标体系	赋权方法	安全等级映射体系
何维达等（2007）	面向农业，包括农业产业发展速度、农业产业国际竞争力指数、粮食自给率、农业产业进口对外依存度和农业产业出口对外依存度5个一级指标	平均赋权	产业安全状态分安全、基本安全、不安全和危机四种等级，其相应的分值范围为［0，20］、［20，50］、［50，80］、［80，100］，分数越大，危险性越大
何维达等（2013）	面向战略性新兴产业，包括产业国内环境、产业国际竞争力和产业对外依存度和产业关联性4个一级指标、8个二级指标和18个三级指标	层次分析	

综上所述，在产业安全水平定量测评方面，指标体系方法相比于传统的定性评估方法，在研究的客观性和科学性方面有明显提升。然而，其方法在具体应用中呈现出的难以达成共识和规范的现象，又在相当程度上制约了其客观性和科学性。特别地，这种指标体系定量测评方法，将所有测评指标均同等地作为投入性质的指标对待，而没有进行投入指标与产出指标的基本区分，必然会进一步影响到测评的客观性和科学性。

第二节 产业安全水平其他定量测评方法梳理

除了指标体系方法，其他定量测评方法也在产业安全水平研究中得到了不同程度的运用。2006年，李孟刚，基于产业经济学理论框架的产业安全路径分析，构建了非线性关系的产业安全理论模型，但遗憾的是，没有进行实证研究检验。① 2012年，陈洪涛和潘素昆基于溢

---

① 李孟刚：《产业安全理论研究》，《管理现代化》2006年第3期。

出效应视角,利用费德(Feder)模型就外商直接投资(FDI)对我国三大产业安全影响进行的分析[1];2013年,王耀中和陈洁利用联立方程,就全国和东部、中部、西部三大地区FDI对中国商贸服务业安全影响进行的分析[2],分别研究的是(FDI)对相关产业国内投资、产出和就业产生的正负挤入挤出效应,在本质上不属于产业安全分析范畴。

相比之下,2008年,何维达、贾立杰和吴玉萍根据纺织工业特点,从投入产出角度建立了产业安全分析的DEA模型,对加入世界贸易组织六年来我国纺织产业的安全度进行了测评,开辟了产业安全定量测评分析的一个新路径。[3]此后,段一群从国内运行绩效等4个方面,创建了包括进口依存度等4个投入指标和综合经济效益指数等2项产出指标在内的产业安全评价指标体系,然后运用DEA模型对1999—2009年共11个年份中国装备制造业安全度进行了测算,可以看作是传统的指标体系方法与DEA模型的结合性应用,具有创新意义。[4]然而,这两篇论文对DEA方法的具体应用,却存在一些不足。

第一,投入产出指标的分析选择。前文根据测评目的,选择外资市场控制率、进口依存度和出口依存度为投入指标,选择国际竞争力指数和产业发展速度为产出指标。后文首先构建了包括4个一级指标和12个二级指标在内的产业安全测评指标体系,然后基于数据可得性原则舍弃了内部市场需求量、国际市场份额等5个指标,最后确定了进口依存度等4个投入指标和综合经济效益指数2个产出指标。那么,为什么选择这些指标。为什么不选择其他可选的指标?均是基于经验判断进行的,需要开展科学的判别检验,提高客观性、科学性。

---

[1] 陈洪涛、潘素昆:《外商直接投资对中国产业安全的影响研究——基于溢出效应视角》,《中国管理科学》2012年第S1期。

[2] 王耀中、陈洁:《外商直接投资对中国商贸服务业产业安全的影响——基于面板联立方程模型》,《经济经纬》2013年第4期。

[3] 何维达、贾立杰、吴玉萍:《基于DEA模型的中国纺织产业安全评价与分析》,《统计与决策》2008年第13期。

[4] 段一群:《国内装备制造业产业安全评价指标与实证测度》,《科技管理研究》2012年第12期。

第二，投入指标之间的多重共线性消除。前文基于 DEA 模型进行分析时，要求检验并尽可能消除全部投入指标之间有可能存在的多重共线性。其实，多重共线性的检验消除，准确地说，应该是在同质投入指标之间进行，而不是在全部投入指标之间进行。比如，基于就业人员、固定资产投资等投入指标就某产业发展的相对效率进行分析，即使就业人员与固定资产投资之间存在多重共线性问题，因为两者性质完全不同，不具有相互替代干扰性，所以，就不必进行多重共线性消除处理。

第三，指标数量与决策单元数量的匹配。DEA 方法应用有一个基本要求，即决策单元数量应该不低于投入产出指标数量之和的 5 倍，否则将会严重影响研究的效度和信度。然而，两篇文章的投入产出指标数量和对应的决策单元数量，前文分别为 5 个和 6 个（2001—2006 共 6 个年份），后文分别为 6 个和 11 个（1999—2009 年共 11 个年份），均不符合 DEA 方法应用的基本要求，必然会影响到分析的效度和信度。

第四，DEA 模型具体方法的选用和安全水平判定的效率优势标准。DEA 模型是一类线性规划的效率方法，由多种具体的方法组成，而上述两篇文章主要是选用 CCR 模型、BBC 模型进行产业生产效率和产业安全水平测评的。其中，CCR 模型适用于规模效率不变情况下的总体效率分析，包括一般模型和超效率模型两种类型。基于 CCR 一般模型对系列决策单元进行相对效率分析，可能会有不止一个决策单元的相对效率值并列为 1。相比之下，CCR 超效率模型则能对 CCR 一般模型分析的相对效率同为 1 的决策单元，进行更加有效的相对效率值区分。BBC 模型则适用于在规模效率可变情况下就规模效率和技术效率进行测评。总体而言，这两种方法虽然有所不同，但其主要用于产业自身不同时段的相对生产效率及其动态变化的测度。然而，根据波特所言，如果产业面临国外更高生产率的竞争对手，其产业发展与安全将受到威胁。[①] 这说明，产业安全水平判定所依赖的效率优势，

---

① 迈克尔·波特：《国家竞争优势》，中信出版社 2012 年版。

从本质上说，应该是本产业相对于国外同类产业的相对效率优势，以及本产业相对于国民经济全部产业的相对效率优势，而不应仅仅是本产业内部不同时期比较的相对效率优势。从这一点来说，现有研究对DEA模型具体方法和安全水平判定效率优势标准的选用并不合理。

第五，DEA模型效率值与安全水平的映射。现有文献基于CCR模型、BBC模型测度的产业发展DEA效率值，构建了产业安全水平映射体系。当DEA模型效率值为不存在松弛变量的1即DEA模型有效时，界定为产业安全；当DEA模型效率值小于1即非DEA模型有效时，界定为产业不安全。这实际上是基于本系列所有决策单元之间效率比较进行的安全测评，反映的只是本产业内部时段比较态势的效率优势和安全水平，或者说是一种产业自身不同时段的相对效率与产业安全水平之间的映射体系，显然并不科学。

综上所述，在产业安全水平其他定量测评方面，非线性关系的产业安全理论模型只是略有涉及，并未深入。基于费德模型和联立方程的产业安全分析，实质上并不属于产业安全范畴。而基于DEA模型，将指标区分为投入和产出两种不同类型对待，从生产效率角度就产业安全水平进行测评分析，不但在研究方法上更具科学性，而且抓住了产业安全测评分析中的产业竞争力这一核心关键，从而推动了产业安全研究的创新性深入。不过，现有文献在具体运用该方法进行分析时，在投入产出指标分析选择、投入指标之间多重共线性消除、指标数量与决策单元数量匹配、DEA模型具体方法的选用和安全水平判定的效率优势标准、DEA模型效率值与安全水平的映射等诸多方面，均存在一些不正确的认识和运用，影响了研究的效度和信度。

第三节 产业安全观演变脉络与基本逻辑

根据上述分析可知，在当前的产业安全水平测评中，定性评估已经不再是主流方法，而主流指标体系定量测评方法和新兴的DEA模型等测评方法各自都存在诸多问题，难以形成共识和规范，影响了研究的效度和信度。特别地，产业安全水平测评诸方法应用之所以呈现出难以达成共识和规范的现象，表面上可以理解为不同行业发展特点和不同时期发展形势所致，实际上是当前学术界在产业安全基本概念和基本逻辑方面缺乏共识和难以规范的直接映射，而究其根本，则在于学术界在产业安全基本概念和基本逻辑方面认识不够清晰，界定不够科学。

由此，如何在清晰而科学地认识和把握产业安全基本概念和基本逻辑的基础上，构建一套共识和规范的产业安全水平测评方法体系，已经成为当前产业安全研究需要解决的问题。而要想对产业安全的基本概念和基本逻辑有一个清晰而科学的认识把握，就必须对产业安全思想发展演变的基本脉络进行一次全面的梳理。

在上一章对产业安全基本范式进行的梳理分析中，得出的基本结论是：在产业安全观的发展演变过程中，始终存在中心优势国家和外围落后国家两种基本国家类型，始终存在重强调竞争力和着重强调控制力的两大基本取向，始终存在着重强调自由开放和着重强调政府保护两大基本政策取向，即产业安全观的发展演变总体上呈现出了一种"中心—外围""开放—保护"和"竞争力—控制力"的基本范式。就当前而言，中心优势国家一般基于自身领先优势，推行偏重自由开放辅以政府保护的以竞争力为主目标和以控制力为辅目标的产业安全范式，而外围落后国家一般立足于自身落后的现实，推行偏重政府保护辅以自由开放的以控制力为主目标和以竞争力为辅目标的产业安全范式。特别地，中国产业安全观的发展演变和流派区别，实际上，可以认为是世界产业安全观发展演变基本范式在当代特殊身份和时代背景下中国的具体映射和有机综合。

如前所述，在产业安全观发展演变的基本范式中，产业竞争力和产业控制力是两大基本内容。从哲学角度来讲，产业竞争力是产业安全的基本前提和内在核心，产业控制力是产业安全的最终归宿和外因保证。由此，下面有关产业安全水平测评方法的规范性构建，就应该从产业竞争力和产业控制力两个基本视角进行。

第四节 基于竞争力的产业安全水平测评方法科学性遴选

一 竞争力视角产业安全的响应

产业竞争力安全是产业安全研究的基本内容的观点，得到了许多学者的响应。波特在研究国家竞争力优势时提出，如果产业面临国外更高生产率的竞争对手时，其产业发展与安全将受到威胁。[①] 国内学者景玉琴认为，产业安全是本国产业具有生存和发展的能力，可分为宏观、中观和微观三个层次，其核心均与产业竞争力不可分割。如中观层次的产业安全是指在开放竞争中本国的重要产业具有竞争力，绝大多数产业能够生存并持续发展。[②] 许铭认为，产业安全作为国家经济安全的重要组成部分，是指"在开放条件下一国产业抵御外来干扰或威胁并不断获得持续发展的状态"。"产业安全很大程度上体现了本国产业的主导地位及竞争力，是一国产业综合素质在不同发展阶段的集中反映"。[③] 杨国亮则将控制力与竞争力比较后指出，只有被控制产业具有竞争力，才能对该产业拥有持续的控制力。[④]

根据上面学者的论述，由于竞争的国际化，新时期产业安全竞争力，不仅是产业在国内的竞争力，还应该是在全球范围内的国际竞争力。由此，产业安全水平测评所依赖的产业竞争力，就应该基于国内国际的比较视角，从生产效率及其相对比较的竞争力优势视角进行。

二 基础方法选择

如上所述，产业竞争力首先体现为生产效率。低投入高产出，往

[①] 迈克尔·波特：《国家竞争优势》，中信出版社 2012 年版。
[②] 景玉琴：《开放、保护与产业安全》，《财经问题研究》2005 年第 5 期。
[③] 许铭：《浅析韩国维护产业安全的成败与得失》，《亚太经济》2005 年第 5 期。
[④] 杨国亮：《新时期产业安全评价指标体系构建研究》，《马克思主义研究》2010 年第 6 期。

往往意味着产业发展富有效率,更能有效地抵御各种威胁,从而更能保障产业安全的实现。由此,基于竞争力视角的产业安全水平测评,应该重点从投入产出的效率分析进行。

在投入产出效率分析方面,数据包络分析方法具有很好的效度。[①] DEA 模型是一种非参数分析方法,其原理可以参照图 3–1 进行说明。在某行业生产中,各生产单位都以两项投入(x_1,x_2)获得一项产出(y),SS 表示生产完全有效的公司或单位的产出等高线,代表生产前沿面。P 点表示一个公司用相应数量投入生产一单位产出,显然其是技术非有效的。其技术非有效可以用距离 QP 来表示,即在不减少产出的前提下,该公司所有投入可以成比例缩减的数量,通常用百分比 QP/OP 表示。这样,该公司的技术效率通常表达如式(3–1)所示。

$$TE = OQ/OP = 1 - QP/OP \qquad (3-1)$$

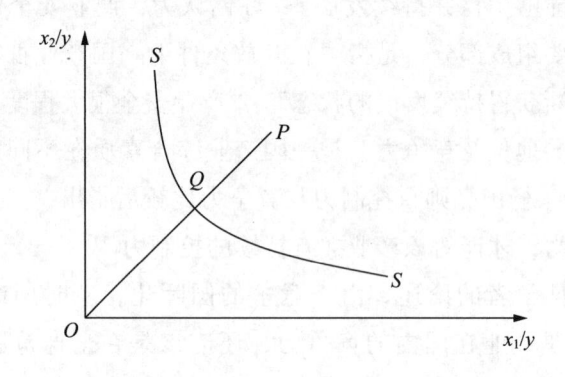

图 3–1 DEA 分析模型的原理示意

显然,TE 取值范围为 0—1。如果等于 1,则表示这个公司是完全有效率的,图中 Q 点就是技术效率点。技术效率的所有点构成了生产前沿面,即图中的 SS 线。

DEA 模型在评价效率方面具有明显的优点:

---

① 唐启义:《DPS 数据处理系统——实验设计、统计分析及数据挖掘》(第 2 版),科学出版社 2010 年版。

（1）DEA模型以相对效率概念为基础，以凸分析和线性规划为工具，应用数学规划模型计算比较决策单元之间的相对效率，对评价对象做出评价，能充分考虑决策单元本身最优的投入产出方案，因而能够理想地反映评价对象自身的信息和特点。

（2）模型对于评价复杂系统的多投入多产出分析有独到之处，适合于多输出—多输入的有效性综合评价问题，在处理此类问题的有效性评价方面具有绝对优势。

（3）一般的综合评价问题都将输入输出指标都作为输入指标，即评价指标，体现不出指标的不同性质和相对的有效性，而DEA模型提供了基于多输入—多输出指标比较的有效性综合评价方法，即将相关指标区分为投入指标和产出指标进行有效性综合评价，更为科学。

（4）DEA模型中决策单元的最优效率指标与投入指标值和产出指标值的量纲选取无关，应用该方法建立模型前也无须对数据进行无量纲化处理。

由此，基于竞争力视角的产业安全水平测评，就重点从投入产出效率分析的视角选择DEA模型进行。DEA模型有多种具体的应用模型，CCR模型和马姆奎斯特指数模型是其中适用于本问题的两种重要模型。

三 CCR模型

唐启义2010年在《DPS数据处理系统》第12章对CCR模型有较详细介绍。[①] 根据其介绍，若有N个决策单元（公司或单位），每一个决策单元都有M项投入和S项产出，分别用向量x_{ij}和y_{rj}表示决策单元的投入和产出，记为：

x_{ij}：表示第j决策单元i项输入指标的投入量，$x_{ij} > 0$，$i = 1$，2，$\cdots$，M；$j = 1$，2，$\cdots$，N。

v_i：表示第i项投入指标的权系数，$i = 1$，2，$\cdots$，M。

y_{rj}：表示第j决策单元r项输出指标的产出量，$y_{rj} > 0$，$r = 1$，

---

① 唐启义：《DPS数据处理系统——实验设计、统计分析及数据挖掘》（第2版），科学出版社2010年版。

2, …, S；j = 1, 2, …, N。

u_r：第 r 项输出指标的权系数，r = 1, 2, …, S。

x_{ij} 和 y_{rj} 为样本已知数据，v_i 和 u_r 为待求的未知参数，可得 DEA 模型投入和产出信息如图 3-2 所示。

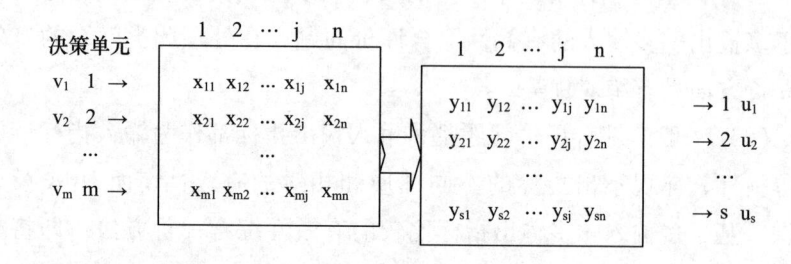

图 3-2　DEA 模型投入和产出信息

CCR 模型建立在各决策单元相互比较的基础上，具有相对有效性，且各决策单元的效率评价指数依赖于它的输出综合和输入综合之比 Z_j，如式（3-2）所示。

$$Z_j = \frac{\sum_{r=1}^{S} u_r y_{rj}}{\sum_{i=1}^{M} v_i x_{ij}}, \quad j = 1, 2, 3, \cdots, M \tag{3-2}$$

式中，分子是第 j 个决策单元输出的总和，分母是输入的总和，效率评价指数 Z_j 即是相对有效性评价值，等价于"综合评价值"。

对第 $j_0(1 \leq j_0 \leq N)$ 个决策单元进行有效性评价的模型是：以第 j_0 个决策单元的有效评价值为目标函数并且求最大值（使有效评价值最优），以所有决策单元的有效评价值（包括第 j_0 个决策单元）小于或等于 1 为约束。为了简便起见，将下标 j_0 记为 0，将 y_{rj_0} 记为 y_{r0}，将 x_{ij_0} 记为 x_{i0}，得到第 j_0 个决策单元的相对有效评价模型：

$$\max Z_0 = \frac{\sum_{r=1}^{S} u_r y_{r0}}{\sum_{i=1}^{M} v_i x_{i0}}$$

s. t.

$$\frac{\sum_{r=1}^{S} u_r y_{rj}}{\sum_{i=1}^{M} v_i x_{ij}} \leq 1$$

$v_i \geq 0, u_r \geq 0, j = 1,2,3,\cdots,M, i = 1,2,3,\cdots,M, r = 1,2,3,\cdots,S$

如令：

$x_j = (x_{1i}, x_{2i}, \cdots, x_{MI})^T, j = 1, 2, 3, \cdots, N$

$y_j = (y_{1i}, y_{2i}, \cdots, y_{SI})^T, j = 1, 2, 3, \cdots, N$

$v' = (v_i, v_2, \cdots, v_M)^T, u' = (u_1, u_2, \cdots, u_S)^T$

则可用矩阵形式表达如下：

$\max_{u,v}(u'y_i/v'x_i)$

s.t. $u'y_j/v'x_j \leq 1$, $u \geq 0$, $v \geq 0$, $j = 1, 2, 3, \cdots, M$

找出 u 和 v 的值，使第 i 个决策单元的效率测度值达到最大，其受限于所有的效率测度值都小于或等于 1，求这个特殊的比值公式的一个问题是在于它有无穷多个解，为了避免这个问题，限定：

$v'x_i = 1$

这时有：

$\max_{\mu,v}(\mu'y_i)$

s.t. $v'x_i = 1$, $\mu'y_j - v'x_j \leq 0$, $\mu \geq 0$, $v \geq 0$, $j = 1, 2, 3, \cdots, N$

式中，从 u 和 v 到 μ 和 v 的符号变化反映了它的转变，这种形式通常称为线性规划问题的乘数形式。利用线性规划中的对偶性质，可以得到这个问题的一个相同的包络形式：

$\max_{\theta,\lambda}\theta$

s.t. $-y_i + Y\lambda \geq 0$, $\theta x_i - X\lambda \geq 0$, $\lambda \geq 0$

式中，θ 是一个标量，λ 是一个 $N \times 1$ 常数向量。这种包络形式要比乘数形式少一些约束条件（$M \times S \leq N \times 1$），所以，它通常是首选的解题形式，获得的 θ 值就是第 i 个决策单元的效率值，它满足 $\theta \leq 1$。当取值为 1 时，表示该点在前沿面上，即该决策单元是技术有效的。

CCR 一般模型在进行效率评价时，往往有很多决策单元的效率均为 1，因此，无法进行有效区分和排序。后来，安德森和彼得森

（Andersen and Petersen）提出了如下式所示的 CCR 超效率模型，能对 CCR 一般模型评价效率均为 1 的多个决策单元，进一步区分为不同的效率值，因而具有更好的区分度。[①]

$$\beta_d^E = \max \frac{\sum_{r=1}^{s} u_r y_{rd}}{\sum_{i=1}^{m} v_i x_{id}}$$

$$\text{s.t.} \quad \frac{\sum_{r=1}^{s} u_r y_{rd}}{\sum_{i=1}^{m} v_i x_{ij}} \leq 1, j = 1, 2, \cdots, n, j \neq d$$

$$u_r \geq 0, v_i \geq 0, \forall r, i$$

四 马姆奎斯特指数模型

马姆奎斯特指数最初由马姆奎斯特于 1953 年提出，凯维斯、克里斯腾森和迪沃特（Caves, Christensen and Diewert）于 1982 年开始将这一指数应用于生产效率变化的测算，引起了极大的反响。但随后很长一段时间内，有关这一理论的实证研究几乎销声匿迹。直到 1994 年，罗尔夫·法雷（Rolf Färe）等将这一理论的一种非参数线性规划法与数据包络分析法（DEA）相结合，才使马姆奎斯特指数得到了广泛应用。现在，这一方法主要应用于全要素生产率（TFP）改变的测量，并且将全要素生产率的改变分解为技术变化和技术效率变化（包括纯效率和规模效率变化）。其目前在金融、工业、医疗等部门的全要素生产率测算以及国际比较方面已经得到了非常广泛的应用。

马姆奎斯特指数法是运用谢泼德（Shephard）提出的距离函数定义，用来描述不需要说明具体行为标准（例如成本最小化和利润最大化）的多个输入变量和输出变量生产技术。运用面向产出的方法或面向投入的方法，能够定义距离函数。给定投入变量矩阵，一个产出的距离函数定义为产出指标变量矩阵的最优比例项。同样，给定产出变量矩阵，产出变量距离函数可以看作是投入指标变量矩阵的最小比

[①] Andersen, P., Petersen, N. C., "A Procedure for Ranking Efficient Units in Data Envelopment Analysis" [J]. *Management Science*, Vol. 39, No. 10, 1993.

例项。

一般来说，运用面向产出的方法来测度各决策单元的效率。根据谢泼德和法雷的方法，产出指标变量的距离函数定义如式（3-3）所示。

$$D_0(x, y) = \inf\{\delta: (x, y/\delta) \in P(x)\} \qquad (3-3)$$

式中，x 和 y 分别表示输入变量和输入变量矩阵，δ 表示法雷尔（Farrell）的面向输出的效率指标，$P(x)$ 定义为可能生产集合。如果 y 是 $P(x)$ 的组成部分，则函数的值将小于或等于 1。如果 y 位于可能生产集合的外部前沿面上，则函数值将等于 1。反之，如果 y 位于 $P(x)$ 外部，则函数值将大于 1。

凯维斯、克里斯腾森和迪沃特 1982 年第一次定义了一个投入、一个产出，基于产出指标变量的马姆奎斯特生产率指数，见式（3-4）和式（3-5）。

$$M_0^t = \frac{D_0^t(x_{t+1}, y_{t+1})}{D_0^t(x_t, y_t)} \qquad (3-4)$$

$$M_0^{t+1} = \frac{D_0^{t+1}(x_{t+1}, y_{t+1})}{D_0^{t+1}(x_t, y_t)} \qquad (3-5)$$

式中，$D_0^t(x_t, y_t)$ 和 $D_0^{t+1}(x_{t+1}, y_{t+1})$ 是分别根据生产点在相同时间阶段（t 和 $t+1$）同前沿面技术相比得到的输出距离函数，$D_0^t(x_{t+1}, y_{t+1})$ 和 $D_0^{t+1}(x_t, y_t)$ 是分别根据生产点在混合期间同前沿面技术相比得到的输出距离函数。

为了避免随意选择一种参照技术，法雷等运用两个前面所定义的马姆奎斯特生产率指数的几何平均值来计算定向输出马姆奎斯特指数，见式（3-6）。

$$M_0(x_t, y_t, x_{t+1}, y_{t+1}) = \frac{D_0^{t+1}(x_{t+1}, y_{t+1})}{D_0^{t+1}(x_t, y_t)} \sqrt{\frac{D_0^{t+1}(x_{t+1}, y_{t+1})}{D_0^{t+1}(x_t, y_t)} \times \frac{D_0^t(x_{t+1}, y_{t+1})}{D_0^t(x_t, y_t)}}$$

$$(3-6)$$

式中，根号前的第一项测算技术效率的面向产出指标在区间 t 和 $t+1$ 的（逐渐趋近于生产前沿面）变化，而根号里面的项作为技术变化（创新）指标，它是前沿面在区间 t 和 $t+1$ 变化的几何平均值。

根据法雷等的研究，上面方程中的马姆奎斯特指数元技术效率变化部分能够进一步分解为纯效率变化和规模效率变化，见式（3-7）。

$$M_0(x_t, y_t, x_{t+1}, y_{t+1}) = \frac{S_0^t(x_t, y_t)}{S_0^t(x_{t+1}, y_{t+1})} \times \frac{D_0^t(x_{t+1}, y_{t+1}/VRS)}{D_0^t(x_t, y_t/VRS)} \times$$

$$\sqrt{\frac{D_0^t(x_{t+1}, y_{t+1})}{D_0^{t+1}(x_{t+1}, y_{t+1})} \times \frac{D_0^t(x_t, y_t)}{D_0^{t+1}(x_t, y_t)}} \quad (3-7)$$

式中，第一项表示规模效率变化，第二项表示纯技术效率变化，最后一项表示技术变化。生产率变化，即 M_0 分解为纯技术变化、规模效率变化和技术变化，其可能等于1、大于1和小于1，分别表示没有变化、有改进和倒退了。

五 CCR模型和马姆奎斯特指数模型的具体运用及比较

在相对于同类产业的产业安全水平静态和动态测评模型构建中，以及在相对于整个国民经济的产业安全水平静态和动态测评模型构建中，DEA模型中的CCR模型分析方法和马姆奎斯特指数分析方法均具有适用性，但两种模型的具体运用方法并不相同，也各自具有不同的优势。

就具体运用方法而言，运用CCR模型进行测度分析时，将标杆产业的各年度（决策单元）指标数据，与待测度产业的各年度（决策单元）指标数据进行并列，形成一组完整的时间序列（决策单元）数据，直接进行CCR模型测度分析。进而将测度的各年度（决策单元）的待测度产业CCR模型效率值与标杆产业的CCR模型效率值进行比较，如果待测度产业的CCR模型效率值高于标杆产业，则具有产业竞争力比较优势，基于效率指标的产业发展相对安全；如果待测度产业的CCR模型效率值低于标杆产业，则具有产业竞争力比较劣势，基于效率指标的产业发展相对不安全。

需要说明的是，由于将标杆产业的各年度（决策单元）指标数据与待测度产业的各年度（决策单元）指标数据进行并列，形成一组完整的时间序列，测度时两个产业的各个决策单元将均会以其中CCR模型效率值最高的一个决策单元为共同一致比较标杆。这样，即使测度的各年度（决策单元）的待测度产业具体CCR模型效率值与标杆产业具体CCR模型效率值可能并不稳定，但两者的比值将具有良好的稳定性和可靠性。

运用CCR模型进行测度拥有一个明显的优势，即如果测度的待测度产业的CCR模型效率值没有达到DEA模型有效水平（CCR模型效率值≥1且不存在松弛变量），或者处于相对劣势，还可以明确地测度得出待测度产业投入项各指标中，究竟有多少比例投入量是无效的并可以节省且不影响产出水平的，从而能够为制订改善方案提供坚实的数据支撑。

相比之下，运用马姆奎斯特指数模型进行测度分析时，直接按要求将标杆产业的各年度（决策单元）指标数据，与待测度产业的各年度（决策单元）指标数据置入进行测度，即可得出待测度产业与标杆产业各决策单元以及总体的全要素生产率（TFP）以及技术变化和技术效率变化（包括纯效率和规模效率变化）的具体值。两者比较，如果待测度产业的TFP高于标杆产业，则具有产业竞争力比较优势，基于效率指标的产业发展相对安全；如果待测度产业的TFP低于标杆产业，则具有产业竞争力比较劣势，基于效率指标的产业发展相对不安全。

显然，运用马姆奎斯特指数模型进行测度的明显优势是，测度过程直接、简洁，测度结果一目了然。特别地，这种模型测度除测度TFP外，还可以将TFP的变化分解为技术改变和技术效率变化，包括纯效率变化和规模效率变化，有助于促进表面问题的深层次症结分析，更有助于改善方案的路径选择。

第五节　基于控制力的产业安全水平测评方法科学性遴选

产业控制力安全是产业安全研究的基本内容的观点，也得到了许多学者的响应①，并且形成了基于产业控制力指标的基本分析思路：如果外资对本国产业或市场的占有份额（或者本国产业对外依存度）上升，产业安全就会受到威胁。显然，其判断安全与否的核心标准是外资对本国产业控制力或本国产业对外依存度的变化趋势。

然而，这种基于控制力变化趋势进行产业安全判断的做法，争议颇大。具体内容请参见第五章第一节，此处不赘述。实际上，在产业安全维护经验比较丰富的发达国家，其基于控制力视角的产业安全水平判断，依赖的并不是控制力变化趋势标准（包括外资对本国产业控制力和本国产业对外依存度等变化趋势），而是外资对本国产业控制力绝对门限标准。其基本原则是：根据产业对本国安全的重要程度和自身竞争力强度，对不同的产业制定不同的外资并购控制门限标准。外资并购超出这个门限标准，产业安全就会受到威胁。没有超出这个门限标准，产业安全就不存在问题。

在具体实践中，发达国家一般将产业分为三大类，分别规定以不同的外资并购控制门限标准。一是禁止外资并购的产业。这类产业在美国包括原子能、矿藏挖掘、水力发电等行业，在德国包括国防工业，在日本包括农林水产业、石油矿业等产业。二是限制外资并购的产业（外资控股权低于50%）。这类产业在美国包括航空、通信、金融等产业，在德国包括金融服务业，在日本包括汽车制造、医药品生产等产业。三是完全对外开放的产业（外资控股权可达100%）。这类产业在美国、德国包括除前两类限制进入之外的全部其他产业，在日本包括造船、计算机等其他产业。②

显然，与控制力变化趋势标准相比，控制力门限标准对判别产业安全水平更为科学合理。由此，借鉴发达国家经验，基于控制力视角的产业安全水平测评基本思路是：根据产业对国家安全的重要程度和自身竞争力强度，将本国产业区分为禁止外资并购的产业、限制外资

---

① 何维达：《中国"入世"后产业安全与政府规制研究》，《经济学动态》2001年第11期；李孟刚：《产业安全理论研究》，《管理现代化》2006年第3期。

② 高伟凯、徐力行：《外资并购下发达国家产业安全防范体系的比较研究——对我国装备制造产业安全防范的启示》，《国际贸易问题》2008年第1期。

并购的产业和完全对外开放的产业三种基本类型,并分别规定相应的外资控股权门限标准,具体见表 3-4。

表 3-4 基于控制力的不同类型产业安全维护外资控股门限标准

序号	产业类型	典型行业	外资控股权安全下限
1	禁止外资并购的产业	军事、国防、航天、媒体等产业	100%
2	限制外资并购的产业	石油、铁路等产业	50%
3	完全对外开放的产业	服装、餐饮等产业	0%

资料来源:笔者根据相关资料整理而成。

基于此思路,基于产业控制力视角的产业安全水平测评流程,首先应该区分产业类型,并规定相应的门限标准,然后与实际进行比较,判断产业安全水平。外资实际控股超出这个门限标准,产业就处于控制力视角的不安全状态;没有超出这个门限标准,产业就处于控制力视角的安全状态。其科学性的测评方法,应该是定性判别分析法。具体见图 3-3。

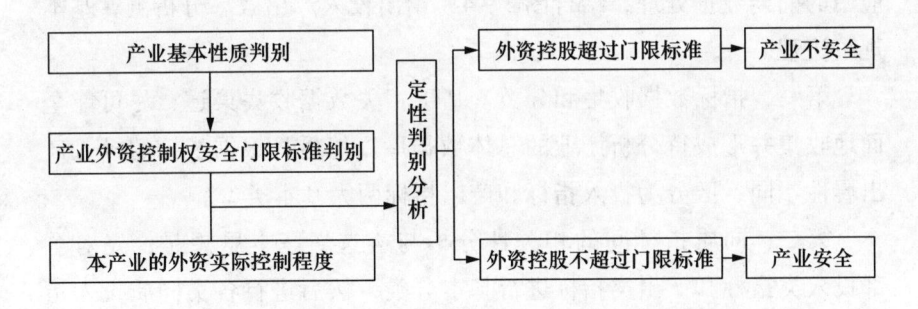

图 3-3 基于控制力视角的产业安全程度判别逻辑示意

在具体实践环节,发达国家有关产业控制力安全的维护,主要是从外资并购立法和行政两个方面进行的。在审查外资并购外资法方面,美国有《艾克森—弗洛里奥修正案》,德国有《对外经济法》,日本有《外国投资法》和《外汇管理法》,韩国有《外资引进促进法》等。在审查外资并购的专门机构方面,美国有外国投资委员会,德国有联邦卡特尔局和联邦经济部,日本有外资审议会等。参照美国、德国等发达国家经验,基于产业控制力安全视角的外资控股权比例下限确定,以及相应的执行落实,还需要相应的《外国投资法》等规范外资并购的法律体系以及外国投资审查委员会等审查外资并购的专门机构体系予以配套支持。此处不再赘述。

第六节 基于竞争力的产业安全水平测评模型规范性构建

如上面所述,基于竞争力视角的产业安全水平测评,应该选择DEA模型中的CCR超效率模型和马姆奎斯特指数模型,重点从投入产出效率分析视角进行。下面就具体运用DEA模型进行基于竞争力视角的产业安全水平测评,进行一般规范性构建。

一 前期数据处理

鉴于相关文献对前期数据处理缺乏科学规范,这里就DEA模型应用的前期数据处理,结合图3-4,给出投入产出效率分析测算基本规范流程。

第一,指标数据收集和分类。基于相关数据收集渠道,尽可能全面地收集并形成待分析产业的总体数据库。然后,根据指标的投入产出属性不同,区分为投入指标和产出指标两大基本类型。

第二,同质指标间的相关性分析与遴选。基本思想是:先对全部投入类指标和产出类指标进行基本分类,然后进行各类同质投入指标间的相关性分析,以及各类同质产出指标间的相关性分析,在同类高相关指标中遴选出代表性指标,形成待分析产业的有效指标数据库。

第三,全部有效指标的投入产出效率综合分析。如果DEA模型的决策单元数量等于或大于所选投入产出指标数之和的5倍,则直接进行全部有效指标的投入产出效率综合直接分析测算。

第四,全部有效指标的投入产出效率批量分析。如果DEA模型分析的决策单元数量小于所选投入产出指标数之和的 5 倍，则不可直接进行全部有效指标的投入产出综合效率直接分析测算，而需要将投入产出指标分类拆开进行投入产出效率批量分析测算。在特殊情况下，如果决策单元数量只有 10 个，则每次只允许进行一个投入指标和一个产出指标逐对组合效率分析。

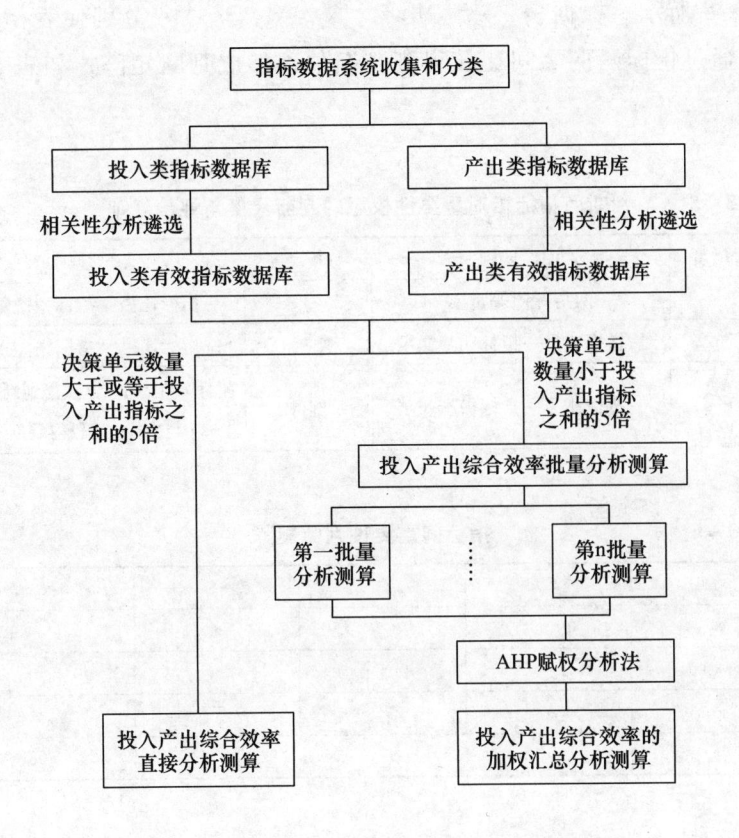

图 3-4　投入产出效率分析测算基本流程示意

二　投入产出效率批量分析的赋权汇总

投入产出效率批量分析甚至逐对分析之后，需要进行赋权汇总以得出最终综合效率测评值。具体的赋权方法有多种，其中常用的定量化赋权方法有 AHP 赋权分析法和 EWM 法（熵权法）两种。熵权法是一种完全客观的基于指标无序变化程度对指标进行赋权的方法，AHP

赋权分析法则是一种主观和客观有机结合的赋权方法。两者各有优劣,相对而言,AHP 赋权分析法更具有适用性,本书选择 AHP 赋权分析法进行指标赋权。

运用 AHP 赋权分析法确定各指标权重的一般流程是:

首先,引入判断两指标相对重要程度的判断尺度和评价规则,如表 3-5 所示。根据表 3-5,用 x_1、x_2、x_3、…、x_n 分别代表相关指标,通过指标两两之间比较得到判断值,形成判断矩阵,如表 3-6 所示。

表 3-5　判断两指标相对重要性权重的判断尺度与评价规则

判断尺度	评价规则	判断尺度	评价规则
1	两指标同等重要	3	一指标比另一指标稍微重要
5	一指标比另一指标明显重要	7	一指标比另一指标强烈重要
9	一指标比另一指标极端重要	倒数	指标 i 与指标 j 比较得到判断 a,指标 j 与指标 i 比较得到判断 1/a

表 3-6　指标间重要性判断矩阵

	x_1	x_2	…	x_n
x_1				
x_2				
…				
x_n				

其次,计算判断矩阵的最大特征根及对应的特征向量,并进行必要的一致性调整,求出已正则化特征向量值,就是要求的权重值。进而可构建产业综合投入产出效率计量模型,具体规模如下:

$$TE_T = TE_1 w_1 + TE_2 w_2 + TE_3 w_3 + \cdots + TE_n w_n \tag{3-8}$$

式中,TE_T 代表产业综合投入产出效率,TE_1、TE_2、TE_3、…、TE_n 分别代表基于各有关投入产出指标批量测度的投入产出效率值,w_1、w_2、w_3、…、w_n 分别代表各批量分析的权重。

这样，将 AHP 赋权分析法与 DEA 模型批量处理方法结合起来，形成了 DEA 模型背景下的 CCR—AHP 模型测度法。这种方法可以不受指标数量限制，尽可能多地将有关联的因素置于考虑之中，从而使结果更具信度。

从另一个角度讲，这种方法能够有效地克服 DEA 模型运用的"决策单元数量应该在指标选择数量的 5 倍以上，否则会导致测度出现失信"的特别限制，从而能够有效克服 DEA 模型独立运用时因对指标选择数量的限制，而往往会遗漏一些重要指标从而导致测度结果失信的缺陷。

三 测评模型构建

产业竞争力不仅仅是一种生产效率概念，更是一种生产效率相对比较的竞争力优势概念。这种竞争力优势，具体来说，包括三种情况：一是某一产业某个时点相比于其他时点该产业的竞争力优势情况，其可以用来衡量该产业相对于自身的竞争力优势和安全水平变化态势。二是某区域某产业相比于其他区域该产业的竞争力优势情况，其可以用来衡量该产业相对于区外同类产业的竞争力优势和安全水平态势。三是某产业相对于国民经济全部产业平均水平的竞争力优势情况，其可以用来衡量该产业在国民经济全部产业中的竞争力优势和安全水平态势。显然，这种竞争力优势和安全水平态势分析，既包括某个具体时点的静态分析，也包括不同时点比较的动态趋势分析。

由此，可以具体构建基于竞争力视角的产业安全水平测评模型体系。

（一）相对于自身的产业安全水平测评模型构建

基本思路是：基于 DEA 模型中的 CCR 模型超效率分析所得的相对效率 $TE_T = 1$ 且不存在松弛变量时，表示相对富有效率，产业处于安全与不安全界点或安全水平界限；相对效率 $TE_T > 1$ 时，表示相对超有效率，产业处于安全水平区间；相对效率 $TE_T < 1$ 时，表示相对缺乏效率，产业处于不安全水平区间，且高出或低出 1 越多，则越安全或越不安全。具体情况见表 3-7。

表3-7　某产业基于自身投入产出效率比较的产业竞争力与安全态势

序号	投入产出效率比较类型	产业竞争力态势	安全水平态势
1	$TE_T > 1$	竞争力优势	安全区间
2	$TE_T = 1$	竞争力均势	安全与不安全界点
3	$TE_T < 1$	竞争力劣势	不安全区间

注：TE_T 为本产业批量综合的投入产出效率。

借鉴相关研究经验，规定当投入产出效率指标等于1即产业相对富有效率和处于安全界点时，对应得分100分，并进而可以构建基于生产效率的相对于自身的产业安全指数模型，如式（3-9）所示。

$$\psi = TE_T \times 100 \qquad (3-9)$$

式中，ψ 和 TE_T 分别为相对于自身的产业安全指数、基于CCR模型进行超效率批量分析的产业生产效率。

借鉴相关研究经验，可以构建基于此产业安全指数的产业安全区间分级对应体系，如表3-8所示。

表3-8　某产业相对于自身的产业安全指数与产业安全区间分级

安全等级概分			安全等级细分		
符号	含义	安全指数区间	符号	含义	安全指数区间
A	很安全	$150 < \psi$	A^+	很安全偏正面	$200 < \psi$
			A	很安全	$180 \leq \psi \leq 200$
			A^-	很安全偏负面	$150 < \psi < 180$
B	比较安全	$110 < \psi \leq 150$	B^+	比较安全偏正面	$135 < \psi \leq 150$
			B	比较安全	$125 \leq \psi \leq 135$
			B^-	比较安全偏负面	$110 < \psi < 125$
C	基本安全	$90 \leq \psi \leq 110$	C^+	基本安全偏正面	$105 < \psi \leq 110$
			C	基本安全	$95 \leq \psi \leq 105$
			C^-	基本安全偏负面	$90 < \psi < 95$
D	不太安全	$70 \leq \psi < 90$	D^+	不太安全偏正面	$85 < \psi \leq 90$
			D	不太安全	$75 \leq \psi \leq 85$
			D^-	不太安全偏负面	$70 < \psi < 75$

续表

安全等级概分			安全等级细分		
符号	含义	安全指数区间	符号	含义	安全指数区间
E	不安全	$\psi < 70$	E^+	不安全偏正面	$60 < \psi \leq 70$
			E	不安全	$50 \leq \psi \leq 60$
			E^-	不安全偏负面	$\psi < 50$

当然，将不同年份的相对效率按上述思路转换成相应的安全水平指数和等级，然后进行比较，就可以分析产业在不同年份的安全水平波动趋势。

显然，相对于自身的产业安全水平测评模型构建，适用的方法为DEA—CCR模型超效率分析方法。

（二）相对于同类产业的产业安全水平测评模型构建

基本思路是：首先，收集区外国外同类产业相同指标相同年份数据，并与待分析产业数据糅合到一起，进行CCR模型超效率分析，并进行必要的权重汇总，得出本产业和同类产业的投入产出综合效率。其次，将某产业与同类产业各年份综合效率值进行比较，当产业自身的投入产出效率正好等于同类产业的投入产出效率模型即两者比值等于1时，表示竞争力优势持平，认为该产业处于安全与不安全界点。产业自身的投入产出效率超出同类产业的投入产出效率，即两者比值大于1时，表示具有竞争力优势，认为该产业处于安全区间。产业自身的投入产出效率低于同类产业的投入产出效率，即两者比值小于1时，表示具有竞争力劣势，认为该产业处于不安全区间。具体见表3-9。

表3-9　某产业相比于同类产业或国民经济总体发展的产业竞争力与安全态势

序号	投入产出效率比较类型	产业竞争力态势	安全水平态势
1	$TE_1 > TE_2$（TE_T）	竞争力优势	安全区间
2	$TE_1 = TE_2$（TE_T）	竞争力均势	安全与不安全界点
3	$TE_1 < TE_2$（TE_T）	竞争力劣势	不安全区间

注：TE_1、TE_2、TE_T分别为某产业、同类产业、国民经济总体发展的投入产出效率。

借鉴相关研究经验，规定当某产业自身投入产出效率正好等于同类产业时，即该产业处于安全界点时，对应得分为 100 分。由此可以构建基于投入产出效率的相对于同类产业的产业安全指数模型，如式（3-10）所示。

$$\alpha = \frac{TE_1}{TE_2} \times 100 \tag{3-10}$$

式中，α 为某产业相对于同类产业的产业安全指数，TE_1、TE_2 分别代表同一时期某产业和同类产业基于 CCR 模型进行超效率分析的产业生产效率。

借鉴相关研究经验，可以构建某产业相对于同类产业的产业安全区间分级对应体系，如表 3-10 所示。

表 3-10　某产业相对于同类产业或国民经济总体发展的产业安全指数与产业安全区间分级

安全等级概分			安全等级细分		
符号	含义	安全指数区间	符号	含义	安全指数区间
A	很安全	$150 < \alpha(\beta, \mu, \omega)$	A⁺	很安全偏正面	$200 < \alpha(\beta, \mu, \omega)$
			A	很安全	$180 \leq \alpha(\beta, \mu, \omega) \leq 200$
			A⁻	很安全偏负面	$150 < \alpha(\beta, \mu, \omega) < 180$
B	比较安全	$110 < \alpha(\beta, \mu, \omega) \leq 150$	B⁺	比较安全偏正面	$135 < \alpha(\beta, \mu, \omega) \leq 150$
			B	比较安全	$125 \leq \alpha(\beta, \mu, \omega) \leq 135$
			B⁻	比较安全偏负面	$110 < \alpha(\beta, \mu, \omega) < 125$
C	基本安全	$90 \leq \alpha(\beta, \mu, \omega) \leq 110$	C⁺	基本安全偏正面	$105 < \alpha(\beta, \mu, \omega) \leq 110$
			C	基本安全	$95 \leq \alpha(\beta, \mu, \omega) \leq 105$
			C⁻	基本安全偏负面	$90 \leq \alpha(\beta, \mu, \omega) < 95$
D	不太安全	$70 \leq \alpha(\beta, \mu, \omega) < 90$	D⁺	不太安全偏正面	$85 < \alpha(\beta, \mu, \omega) \leq 90$
			D	不太安全	$75 \leq \alpha(\beta, \mu, \omega) \leq 85$
			D⁻	不太安全偏负面	$70 \leq \alpha(\beta, \mu, \omega) < 75$
E	不安全	$\alpha(\beta, \mu, \omega) < 70$	E⁺	不安全偏正面	$60 < \alpha(\beta, \mu, \omega) \leq 70$
			E	不安全	$50 \leq \alpha(\beta, \mu, \omega) \leq 60$
			E⁻	不安全偏负面	$\alpha(\beta, \mu, \omega) < 50$

注：α 为基于投入产出效率测度的某产业相对于同类产业的产业安全指数，β 为基于投入产出效率测度的某产业相对于国民经济总体发展的产业安全指数，μ 为基于全要素生产率测度的某产业相对于同类产业的产业安全指数，ω 为基于全要素生产率测度的某产业相对于国民经济总体发展的产业安全指数。

当然，将不同年份某产业相对于同类产业的竞争力优势和安全水平进行动态比较，可以分析该产业在不同年份相对于同类产业的安全水平波动趋势。

显然，上述相对于同类产业的产业安全水平测评模型构建，适用的方法为 DEA—CCR 模型超效率分析方法。

（三）相对于整体国民经济的产业安全水平测评模型构建

基本思路是：首先，收集国民经济总体发展相同指标相同年份数据，并与待分析产业数据糅合到一起，进行 CCR 模型超效率分析，并进行必要权重汇总，得出某产业和国民经济各产业的投入产出综合效率。其次，将某产业与国民经济总体发展每年份的综合效率值进行比较，并根据产业自身的投入产出效率等于、大于、低于国民经济总体的投入产出效率，界定为竞争力持平、优势、劣势，该产业处于安全水平界点、安全区间、不安全区间具体见表 3-9。可见，相对于整体国民经济的产业安全水平测评模型构建，其分析测评的核心本质是某产业相对于国民经济各产业平均水平的效率优势和产业安全水平，在某种程度上可以认为，是取国民经济各产业发展的平均水平作为标杆的一种分析。显然，DEA 模型中的 CCR 模型超效率分析方法同样具有适用性，分析流程、效率测评与安全态势关联、产业安全水平区间界定也基本相似。

同理，规定当某产业自身与国民经济总体的投入产出效率正好相等时，该产业处于安全界点，对应得 100 分，可以构建基于投入产出效率的某产业相对于国民经济总体发展的产业安全指数模型，如式（3-11）所示。

$$\beta = \frac{TE_1}{TE_T} \times 100 \quad (3-11)$$

式中，β 为某产业相对于国民经济总体的产业安全指数，TE_1、TE_T 分别代表同一时期某产业和国民经济总体的基于 CCR 模型进行超效率分析的产业生产效率。

因此，构建某产业相对于国民经济总体发展的产业安全区间分级对应体系。

特别地，相对于同类产业的产业安全水平测评模型构建，以及相对于整体国民经济的产业安全水平测评模型构建，同样，可以基于马姆奎斯特指数分析方法进行。

基本思路是：首先，收集同类产业（或国民经济总体发展）相同指标相同年份数据，并与待分析产业数据糅合到一起形成面板数据，基于马姆奎斯特指数方法进行全要素生产率测算。其次，将某产业与同类产业（或国民经济总体发展）每年份的全要素生产率值进行比较。某产业的全要素生产率正好等于同类产业（或国民经济总体发展），即两者比值等于 1 时，表示竞争力优势持平，认为该产业处于安全水平界点。某产业的全要素生产率值超出同类产业（或国民经济总体发展），即两者比值大于 1 时，表示具有竞争力优势，认为该产业处于安全水平区间。某产业的全要素生产率值低于同类产业（或国民经济总体发展），即两者比值小于 1 时，表示具有竞争力劣势，认为该产业处于不安全水平区间。具体见表 3 – 11。

表 3 – 11　　　　基于全要素生产率比较的产业竞争力与安全态势对应

序号	全要素生产率比较类型	产业竞争力态势	安全水平态势
1	$TFP_1 > TFP_2$（TFP_T）	竞争力优势	安全区间
2	$TFP_1 = TFP_2$（TFP_T）	竞争力均势	安全与不安全界点
3	$TFP_1 < TFP_2$（TFP_T）	竞争力劣势	不安全区间

注：TFP_1、TFP_2、TFP_T 分别为某产业、同类产业、国民经济总体发展的全要素生产率。

同理，规定当某产业自身全要素生产率值正好等于同类产业（或国民经济总体发展）时，即该产业处于安全界点时，对应得分为 100 分，可以构建基于全要素生产率比较的产业安全指数模型，见式（3 – 12）和式（3 – 13）。

$$\mu = \frac{TFP_1}{TFP_2} \times 100 \tag{3-12}$$

$$\omega = \frac{TFP_1}{TFP_T} \times 100 \tag{3-13}$$

式中，μ 和 ω 分别为某产业相对于同类产业和国民经济总体发展的产业安全指数，TFP_1、TFP_2、TFP_T 分别为某一时期某产业、同类产业和国民经济总体发展的全要素生产率。

因此，可以构建相对于同类产业或国民经济总体发展的产业安全区间分级对应体系。

显然，基于全要素生产率值，将不同年份某产业相对于同类产业（或国民经济总体发展）的竞争力优势和安全水平进行动态比较，可以分析某产业在不同年份相对于同类产业（或国民经济总体发展）的安全水平波动趋势。

第七节 基于控制力的产业安全水平测评模型规范性构建

如上所述，基于控制力视角的产业安全水平测评，控制力变化趋势标准并不科学，控制力安全门限标准更为科学合理，其规范性测评方法应该是定性判别分析法。

特别地，基于定性判别分析法进行产业控制力安全的判别分析，其核心是外资对某产业的实际控股是否超出安全门限标准。而就外资对某产业的实际控制而言，具体衡量指标有许多，比如产业中外资企业的单位数占比、流动资产占比、固定资产占比、总资产占比、主营业务收入占比、营业利润占比、利润总额占比、工业销售产值占比、出口交货值占比等。相比之下，产业中外资企业固定资产占比、总资产占比、营业利润占比和利润总额占比4个指标最有典型代表性。其中，产业中外资企业固定资产占比和总资产占比2个指标可以有效反映外资内在控股态势，而产业中外资企业营业利润占比和利润总额占比则可以有效地反映外资实际控制态势。由此，本书将重点基于这4个代表性指标进行外资控制的产业安全分析，具体见表3-12和图3-5。

表3-12　　　　　　基于控制力的产业安全维护外资
控制具体指标选用及权重赋予

一级指标	二级指标	权重
外资内在控股态势	产业中外资企业固定资产占比	0.25
	产业中外资企业总资产占比	0.25
外资实际控制态势	产业中外资企业营业利润占比	0.25
	产业中外资企业利润总额占比	0.25

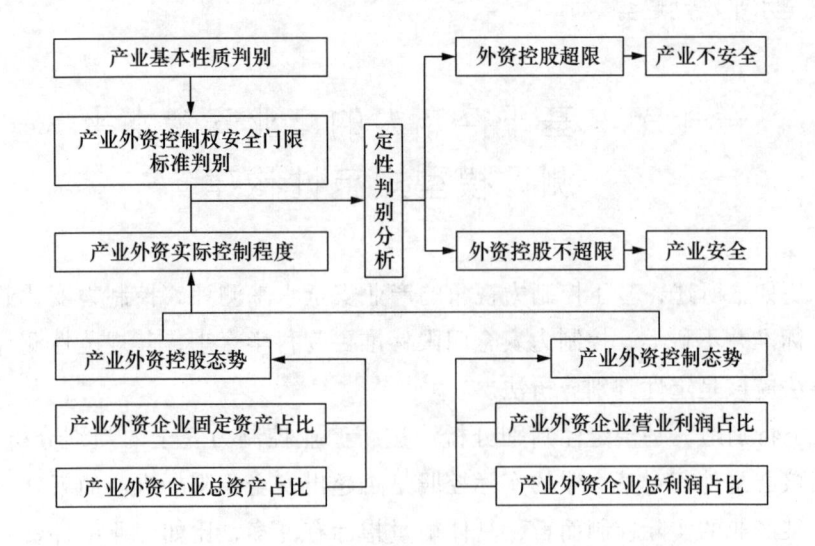

图3-5　基于控制力视角的产业安全程度判别逻辑示意

现在运用赋权分析法 AHP 来确定各指标的权重。首先引入判断两指标相对重要程度的判断尺度和评价规则。根据表3-5，用 x_1、x_2、x_3、x_4 分别代表产业中外资企业固定资产占比、总资产占比、营业利润占比和利润总额占比4个外资控股指标，通过对这4个外资控股指标两两之间比较得到判断值，形成判断矩阵如表3-13所示。据此测算得出基于外资控制4个指标的产业控制力安全评价体系即外资控制4个指标重要性判矩阵如表3-12所示。

表3-13 基于产业控制力安全的外资控制4个指标重要性判断矩阵

	x_1	x_2	x_3	x_4
x_1	1			
x_2	1	1		
x_3	1	1	1	
x_4	1	1	1	1

由此,可以构建产业外资控制程度计量模型,如式(3-14)所示。

$$r_T = r_1 w_1 + r_2 w_2 + r_3 w_3 + r_4 w_4 \quad (3-14)$$

式中,r_T代表产业外资控制程度,r_1、r_2、r_3和r_4分别代表产业中外资企业固定资产占比、总资产占比、营业利润占比和利润总额,w_1、w_2、w_3、w_4分别代表4个外资企业占比指标的权重,在这里均等于0.25。

第四章 中国装备制造业安全实证研究

装备制造业是国民经济特别是工业经济发展的基础，具有纵深大、范围广、门类多、技术含量高、规模化、集约化等特征。基于2003—2014年数据的研究表明，装备制造业基于竞争力（投入产出效率）的相对于自身的总体安全等级为D^-，处于不太安全偏负面状态，总体呈现倒"U"形变化趋势，目前处于稳步回升态势；基于竞争力（投入产出效率）的相对于全部产业的总体安全等级为B^+，处于比较安全偏正面状态，总体呈现先下降再回升的"U"形趋势；基于控制力（外资控制程度）的总体产业安全水平，前期超过和逼近50%的外资控制安全门限处于或逼近不安全状态，后期则均低于50%的门限处于安全状态，但7个具体产业呈现分化态势，其中，电子及通信设备制造业外资控制度始终远高于50%的安全门限，处于不安全状态。

第一节 装备制造业的基本内涵和产业特征

一 装备制造业的基本内涵

装备制造业又称装备工业，是指为国民经济各部门简单再生产和扩大再生产提供技术装备的各制造工业的总称，即"生产机器的机器制造业"。装备制造业是制造业的核心组成部分，是国民经济特别是工业经济发展的基础。建立强大的装备制造业，是提高我国综合国力和实现工业化的根本保证。

对于装备制造业，人们的认识不尽相同，尚无公认一致的定义和范围界定。通常认为，装备制造业包括金属制品业、通用装备制造业、专用设备制造业、交通运输设备制造业、电气机械和器材制造业、电子及通信设备制造业、仪器仪表及文化、办公用装备制造业7个具体产业，涉及国民经济产业分类中的8个大类185个小类，详见表4-1。

表4-1　　装备制造产业涉及的国民经济产业分类与
　　　　　　代码（GB/4754—2011）

大类代码	类别名称	说明
33	金属制品业	包括结构性金属制品制造等9个中类产业、金属结构制造等27个小类产业
34	通用设备制造业	包括锅炉及原动设备制造等9个中类产业、锅炉及辅助设备制造等45个小类产业
35	专用设备制造业	包括采矿、冶金、建筑专用设备制造等9个中类产业、矿山机械制造等52个小类产业
36	汽车制造业	包括汽车整车制造等6个中类产业、汽车整车制造等6个小类产业
37	铁路、船舶、航空航天和其他运输设备制造业	包括铁路运输设备制造等8个中类产业、铁路机车车辆及动车组制造等23个小类产业
38	电气机械和器材制造业	包括电机制造等8个中类产业、发电机及发电机组制造等31个小类产业
39	计算机、通信和其他电子设备制造业	包括计算机制造等8个中类产业、计算机整机制造等20个小类产业
40	仪器仪表制造业	包括通用仪器仪表制造等5个中类产业、工业自动控制系统装置制造等19个小类产业

资料来源：根据国家统计局的相关资料整理得到。

二　装备制造业的特征

（一）纵深大、范围广、门类多和高就业

就产业纵深大、范围广、门类多特征而言，包括国民经济产业分类中的金属制品业，通用设备制造业，专用设备制造业，交通运输设备制造业，电气机械和器材制造业，计算机通信和其他电子设备制造业，仪器仪表业及文化、办公用装备制造产业7个大类产业，以及结构性金属制品制造、锅炉及原动设备制造等62个中类产业，金属结构制造业、锅炉及辅助设备制造业等185个小类产业。

就高就业特征而言，装备制造业虽为技术密集型和资本密集型产业，但同时具有劳动密集性质，可以提供大量就业机会。从表4-2可以看出，装备制造业城镇单位就业人数，2003年为2981万人，2010年为3637万人，2014年为5243万人，呈现稳步上升趋势。装备制造业城镇单位就业人数占全部城镇单位就业人数的比重，2003年为27.2%，2010年为27.9%，2014年为28.7%，始终保持在27%以上，且呈现出稳定上升趋势。

表4-2　　　　　　装备制造产业城镇单程就业人数情况

指标	2014年	2013年	2012年	2011年	2010年	2008年	2006年	2005年	2004年	2003年
全部就业人数（万人）	18278	18108	15236	14413	13052	12193	11713	11404	11099	10970
装备制造业就业人数（万人）	5243	5258	4262	4088	3637	3434	3352	3211	3051	2981
装备制造业就业占比（%）	28.7	29.0	28	28.4	27.9	28.2	28.6	28.2	27.5	27.2

资料来源：根据《中国统计年鉴》（2004—2015）中相关数据计算得出。

（二）高附加值、高技术含量、节省能（资）源

按照装备功能和重要性，装备制造产业主要包括以下三方面内容：一是重大先进基础机械，主要包括数控机床、柔性制造系统、计算机集成制造系统、工业机器人、大规模集成电路及电子制造设备等。二是重要机械、电子基础件，主要是先进的液压、气动、轴承、密封、模具、刀具、低压电器、微电子和电力电子器件、仪器仪表及自动化控制系统等。三是国民经济各部门科学技术、军工生产所需的重大成套技术装备，如矿产资源的井采及露天开采设备，超高压交、

直流输变电成套设备，黑色和有色金属冶炼轧制成套设备，高速铁路、城市轨道车、船舶等先进交通运输设备，大江大河治理、隧道挖掘和盾构、大型输水输气等大型工程所需重要成套设备，大型科学仪器和医疗设备，通信、航管及航空航天装备等。可以看出，装备制造业是技术密集型产业，产品技术含量高，附加价值大。

技术含量高的特征还表现在研发经费支出情况方面。从表4-3可知，装备制造产业大中型工业企业的研发经费支出，2003年为424亿元，2014年增长为5110亿元，其占全部产业研发经费支出的比重，从2003年的58.81%，逐步上升至2014年的69.81%。从装备制造业人均研发经费支出看，2003年为0.14万元，2014年为0.97万元，而全部产业的人均研发费用支出，2003年和2014年分别只有0.07万元和0.40万元，装备制造产业人均研发经费支出始终保持有两倍以上的优势。

表4-3 装备制造业大中型工业企业研发经费支出情况

	指标	2014年	2013年	2012年	2010年	2009年	2008年	2006年	2005年	2003年
总量	装备制造业（亿元）	5110	4560	3893	2285	1841	1531	958	724	424
	全部产业（元）	7320	6744	5992	4015	3210	2681	1630	1250	721
	装备制造业占比（%）	69.81	67.62	64.97	56.91	57.35	57.11	58.77	57.92	58.81
人均	装备制造业（万元）	0.97	0.87	0.91	0.63	0.53	0.45	0.29	0.23	0.14
	全部产业（万元）	0.40	0.37	0.39	0.31	0.26	0.22	0.14	0.11	0.07
	装备制造业占比（%）	243.36	232.87	232.25	204.22	206.50	202.74	205.40	205.71	216.44

资料来源：根据《中国统计年鉴》（2004—2015）中相关数据计算得出。

特别地，装备制造业的高技术含量特征还带来了低能耗的特征。从表4-4可以看出，装备制造业的能源消耗总量2003年为8530万吨标准煤，2014年为19502万吨标准煤，其占全部产业能源消耗总量的比重始终保持在5.0%以下，与其就业人员、销售产值、利润总额始终保持在全部产业相应指标总额的30%左右，形成了鲜明的对比。另外，从人均能源消耗量看，装备制造业2003年为2.9吨标准煤，

2014年为3.7吨标准煤，始终保持在全部产业平均水平的18%以下，这进一步表明其能源资源消耗量低的特征。

表4-4　　　　　　　装备制造业能源消费量比较情况

	指标	2014年	2013年	2012年	2010年	2008年	2006年	2005年	2003年
总量	装备制造业（万吨标准煤）	19502	18996	17170	17492	14418	12065	10672	8530
	全部产业（万吨标准煤）	425806	416913	402138	360648	320611	286467	261369	197083
	装备制造业占比（%）	4.58	4.56	4.27	4.85	4.5	4.21	4.08	4.33
人均量	装备制造业（吨标准煤）	3.7	3.6	4	4.8	4.2	3.6	3.3	2.9
	全部产业（吨标准煤）	23.3	23	26.4	27.6	26.3	24.5	22.9	18
	装备制造业占比（%）	16	15.7	15.3	17.4	16	14.7	14.5	15.9

资料来源：根据《中国统计年鉴》（2004—2015）中相关数据计算得出。

（三）规模化、集约化、集中化

装备制造业作为技术和资本密集型产业，具有明显的规模化、集约化特征。李绍东等计算了2004—2007年装备制造业176个4位数产业的集中度，研究结论见表4-5。可以看出：第一，我国装备制造业整体的产业集中度处于一个比较高的水平，CR_4整体超过50%，CR_8整体超过70%。第二，从装备制造业的7个子产业比较来看，产业集中度最高的为仪器仪表及文化、办公用装备制造业，以CR_4和

表4-5　　　　　　　装备制造业集中度描述统计

指标		装备制造业	金属	通用	专用	交通	电气	通信	仪器
CR_4	平均	0.551	0.544	0.461	0.626	0.551	0.435	0.510	0.742
	最小值	0.128	0.155	0.128	0.176	0.169	0.152	0.223	0.343
	最大值	1.000	1.000	1.000	1.000	1.000	0.928	0.968	1.000
CR_8	平均	0.701	0.689	0.637	0.789	0.694	0.591	0.634	0.862
	最小值	0.220	0.259	0.220	0.274	0.225	0.242	0.316	0.525
	最大值	1.000	1.000	1.000	1.000	1.000	1.000	1.000	1.000

资料来源：李绍东、唐晓华：《市场集中度与大企业竞争力实证分析——基于中国装备制造产业的经验证据》，《山东大学学报》（哲学社会科学版）2013年第6期。

CR$_8$ 衡量的产业集中度分别高达 0.742、0.862。产业集中度最低的为电气机械及器材制造业，以 CR$_4$ 和 CR$_8$ 衡量的产业集中度也分别达到了 0.435 和 0.591。第三，从 7 个子产业 CR$_4$ 和 CR$_8$ 的最大值来看，每个子产业都存在等于或接近于 100% 的 4 位数产业，说明我国装备制造业中的一些产业部门企业数目很少，具有很高的产业集中度。

装备制造业集群化发展的特征也日益突出。稍前的研究表明（见表 4-6），东部地区装备制造业在工业增加值、资产合计、产品销售收入、利润总额、就业人数等主要经济指标方面，在全国所占的比重依次为 72.91%、66.93%、75.99%、102.27%、59.36%，远远超过中部和西部地区，属于装备制造业高度集中的区域。特别地，以上海为中心的长江三角洲地区，以大连、天津、青岛为中心的环渤海地区，以广州、深圳为中心的珠江三角洲地区，其装备制造业主要经济指标在全国所占的比重，均远远超过其他地区。

表 4-6　　　　装备制造业各省市区域集群发展情况

区域		工业增加值	资产合计	销售收入	利润总额	就业人数
东部	上海	12.17	11.02	12.78	32.02	5.86
	江苏	13.27	11.64	14.54	13.28	12.25
	长江三角洲	31.59	27.83	33.98	56.87	23.34
	环渤海地区	25.83	25.43	25.38	30.89	25.26
	珠江三角洲	12.02	10.33	13.15	12.22	7.64
	合计	72.91	66.93	75.99	102.27	59.36
中部		19.38	21.87	16.83	2.84	26.33
西部		7.71	11.20	7.18	-5.11	14.31

资料来源：张威：《中国装备制造产业的产业集聚》，《中国工业经济》2002 年第 3 期。

根据中国制造企业协会发布的数据表明，装备制造业地域集群化发展的特征近几年以来又得到了强化。由表 4-7 可知，2016 年度中国装备制造业前 30 强企业中，北京、上海、江苏、浙江、广东五地就占据 19 家，占 63%。前 100 强企业中，北京、天津、上海、广东、江苏、山东、浙江、辽宁八地就占据60家,占60%。由表4-8可知,如果分东部、中部、西部比较,2016年,中国装备制造业前30强企业中,东部地区占据24家,占80%,中部和西部各有4家和2家,分别占13%和7%。前100强企业中,东部地区占据78家,占78%,中部和西部则各有9家和13家,分别占9%和13%。

表4-7　2016年中国装备制造业100强企业分省分布情况

省份	前30强企业数	前100强企业数	省份	前30强企业数	前100强企业数
安徽	1	5	吉林	1	1
北京	5	5	江苏	3	7
重庆	0	3	江西	1	4
福建	0	1	辽宁	2	6
广东	3	6	山东	1	9
广西	0	5	山西	0	1
海南	0	1	陕西	1	2
河北	1	6	上海	3	6
河南	0	2	四川	1	3
黑龙江	0	4	天津	0	2
湖北	1	1	云南	0	1
湖南	1	1	浙江	5	19

资料来源:根据中国制造企业协会公布的"2016年中国装备制造业100强榜单"整理得到。

表4-8　2016年中国装备制造业100强企业分区分布情况

地区	前30强		前100强	
	企业数	占比(%)	企业数	占比(%)
东部	24	80	78	78
中部	4	13	9	9
西部	2	7	13	13

资料来源:根据中国制造企业协会公布的"2016年中国装备制造业100强榜单"整理得到。

(四) 贡献大、带动性强和基础性、关键性

装备制造业规模总量大、产业关联度高，在国民经济发展中具有举足轻重的地位，对国民经济发展具有贡献大和带动性强的特征。首先，就外贸出口情况而言，2003—2014 年装备制造业规模以上企业出口交货值从 14210 亿元上升到 76061 亿元，占全部产业规模以上企业出口交货值的比重，始终保持在 52% 以上，而 2014 年则高达 64% 以上。其次，就全部资产情况而言，2003—2014 年装备制造业规模以上企业拥有的全部资产从 47578 亿元上升到 293009 亿元，占全部产业规模以上企业全部资产的比重，则从 28.2% 稳步攀升至 30.6%。最后，就利润情况而言，2003—2014 年装备制造业规模以上企业实现的利润总额从 2497 亿元上升到 23976 亿元，占全部产业规模以上企业利润总额的比重，从 30.0% 稳步攀升至 35.2%。见表 4-9。另外，装备制造业涉及众多产业的零配件加工配套生产，产业关联度极广，装备制造业的发展将带动一大批相关产业的发展。

表 4-9 装备制造业规模以上工业企业资产利润和外贸出口情况

指标	行业	2014 年	2013 年	2012 年	2010 年	2006 年	2003 年
出口交货值	装备产业（亿元）	76061	73198	69911	58259	36137	14210
	全部产业（亿元）	118414	112824	106610.2	89910	60560	26942
	装备占比（%）	64.2	64.9	65.6	64.8	59.7	52.7
资产总计	装备产业（亿元）	293009	262230	230992	182919	81282	47578
	全部产业（亿元）	956777	870751	768421	592882	291215	168808
	装备占比（%）	30.6	30.1	30.1	30.9	27.9	28.2
利润总额	装备产业（亿元）	23976	21973	19158	17314	4896	2497
	全部产业（亿元）	68155	68379	61910	53050	19504	8337
	装备占比（%）	35.2	32.1	30.9	32.6	25.1	30

资料来源：根据《中国统计年鉴（2004）》《中国统计年鉴（2007）》《中国统计年鉴（2011）》和《中国统计年鉴》（2013—2015）中相关数据计算得出。

装备制造业作为为国民经济各部门简单再生产和扩大再生产提供技术装备的各制造工业的总称,其发展水平反映出一个国家在科学技术、工艺设计、材料、加工制造等方面的综合配套能力。特别是一些技术难度大、成套性强、需要跨产业配套制造的重大技术装备制造能力,反映了一个国家的经济和技术实力,是国民经济发展特别是工业发展的基础。随着装备制造领域的大容量高水平水电机组、大型石油天然气长输管线成套装备、百万吨级大型乙烯成套设备、大型宽带薄板及宽厚钢板生产关键装备、新型船舶和海洋石油工程设备等一大批重大关键技术装备项目的进一步实施推进,装备制造业的发展水平必然会得到进一步快速提升。这对加强我国民经济发展特别是工业发展的基础和后劲,有效地提升国家经济安全和综合国力,必将起到基础性、关键性的战略作用。

第二节 装备制造业发展成就

改革开放以来,我国装备制造业取得了举世瞩目的发展成就。

第一,产品产量呈现快速增长趋势。从表4-10可以看出,发动机、金属切削机床、采矿专用设备、炼化工专用设备、大中型拖拉机、铁路客车、铁路货车、汽车、发电机组、微型计算机设备、集成电路等代表性装备制造业产品产量,2003年分别为31851万千瓦、31万台、79万吨、29万吨、5万台、1525辆、31200辆、444万辆、3701万千瓦、3217万台、148亿块,2014年则分别增长到214105万千瓦、86万台、786万吨、241万吨、64万台、3438辆、34400辆、2372万辆、15053万千瓦、35080万台、1016亿块,11年时间分别增长了5.72倍、1.81倍、8.94倍、7.23倍、12.19倍、1.25倍、0.10倍、4.34倍、3.07倍、9.90倍、5.86倍,年均增长率分别为18.9%、9.8%、23.2%、21.1%、26.4%、7.7%、0.9%、16.5%、13.6%、24.3%、19.1%。简单平均,我国装备制造业产品数量11年时间增长了5.49倍,年均增长16.5%,举世瞩目。

表4-10　　　　代表性装备制造业产品产量变化情况

产品	2014年	2009年	2006年	2003年	11年增长倍数	年均增长率
发动机（万千瓦）	214105	84802	45267	31851	6.72	18.9
金属切削机床（万台）	85.80	58.55	57.3	30.58	2.81	9.8
采矿专用设备（万吨）	786.20	358.28	198.05	79.08	9.94	23.2
炼化工专用设备（万吨）	241.10	96.48	37.65	29.28	8.23	21.1
大中型拖拉机（万台）	64.37	37.13	19.93	4.88	13.19	26.4
铁路客车（辆）	3438	7107	2143	1525	2.25	7.7
铁路货车（辆）	34400	42800	39300	31200	1.10	0.9
汽车（万辆）	2372	1379.53	727.89	444.39	5.34	16.5
发电机组（万千瓦）	15053	11729	11694	3701	4.07	13.6
微型计算机设备（万台）	35080	18215	9336	3217	10.90	24.3
集成电路（亿块）	1016	414	336	148	6.86	19.1

资料来源：根据《中国统计年鉴（2004）》《中国统计年鉴（2007）》《中国统计年鉴（2010）》和《中国统计年鉴（2015）》中相关数据计算得出。

特别地，围绕国民经济各行业的迫切要求，一大批具有知识产权的高端技术装备，如大型飞机、支线飞机、北斗卫星导航、高铁装备、核电装备、深海石油钻采装备、1000KV特高压交流输变电设备等，纷纷取得历史性突破，越来越多的中国制造产品登上世界舞台，赢得了口碑，树立了形象，奠定了我国高端装备制造业大格局。

第二，固定资产投资呈现快速增长趋势。从表4-11可以看出，我国装备制造业固定资产投资，2003年为2889亿元，2014年为66041亿元。11年间增加了63152亿元，增长了21.9倍，平均每年增长32.9%。其中，新建固定资产投资从2003年的1393亿元增长为2014年的33586亿元，11年间增长了23.1倍，平均每年增长33.6%；扩建固定资产投资从2003年的892亿元增长为2014年的11894亿元，11年间增长了12.3倍，平均每年增长26.6%；改建固定资产投资从2003年的332亿元增长为2014年的16160亿元，11年间增长了47.7倍，平均每年增长42.4%。2003年，固定资产投资中的新建、扩建、改建比例为53%、34%、13%，2014年变化为55%、

19%、26%,呈现出新建固定资产投资比例、技术改建固定资产投资比例明显上升的良性趋势。

表4-11　　装备制造业固定资产投资情况(不含农户)　　单位:亿元

指标	2014年	2013年	2012年	2011年	2010年	2008年	2006年	2005年	2003年
总计	66041	57556	48427	40116	30954	16718	8747	6280	2889
新建	33586	30039	26061	22588	15714	8828	4591	3511	1393
扩建	11894	10524	9059	8126	5641	3527	1875	1226	892
改建	16160	13199	10059	7619	5655	2835	1386	1042	332

资料来源:根据《中国统计年鉴(2004)》《中国统计年鉴》(2006—2007)、《中国统计年鉴(2009)》和《中国统计年鉴》(2011—2015)中相关数据计算得出。

第三,资产总量和主营业务收入呈现快速增长趋势。从表4-12可以看出,我国装备制造业的资产总量,2003年为47578亿元,2014年为293009亿元。11年间增加了245431亿元,增长了5.2倍,平均每年增长18.0%。我国装备制造业规模以上企业实现的主营业务收入,2003年为48787亿元,2014年为365028亿元。11年间增加了316241亿元,增长了6.5倍,平均每年增长20.1%。

表4-12　　装备制造业规模以上企业资产总量和主营业务收入　　单位:亿元

	2014年	2013年	2012年	2011年	2010年	2008年	2006年	2005年	2003年
资产总量	293009	262230	230992	207336	182919	125309	81282	68507	47578
主营业务收入	365028	333513	294418	273393	234051	162819	103705	81031	48787

资料来源:根据《中国统计年鉴(2004)》《中国统计年鉴》(2006—2007)、《中国统计年鉴(2009)》和《中国统计年鉴》(2011—2015)中相关数据计算得出。

第四,出口总额和利润总额呈现快速增长趋势。从表4-13可以看出,我国装备制造业的出口交货值,2003年为14210亿元,2014年为76061亿元。11年间增加了61851亿元,增长了4.4倍,平均每年增长16.5%。我国装备制造业实现的利润总额，2003年为2497亿元，2014年为23976亿元。11年间增加了21479亿元，增长了8.6倍，平均每年增长22.8%。

表4-13　　　装备制造业实现的出口交货值和利润总额　　　单位：亿元

指标	2014年	2013年	2012年	2011年	2010年	2009年	2008年	2006年	2005年	2003年
出口交货值	76061	73198	69911	65120	58259	46170	51640	36137	27450	14210
利润总额	23976	21973	19158	18984	17314	11194	9153	4896	3614	2497

资料来源：根据《中国统计年鉴（2004）》《中国统计年鉴》（2006—2007）和《中国统计年鉴》（2009—2015）中相关数据计算得出。

第五，产业发展质量呈现不断提高趋势。从表4-14可以看出，我国装备制造业2003年的资产总额、利润总额分别为47578亿元、2497亿元，资产利润率为5.25%。2010年，我国装备制造业的资产总额、利润总额分别为182919亿元、17314亿元，资产利润率为9.47%。2014年，我国装备制造业的资产总额、利润总额分别为293009亿元、23976亿元，资产利润率为8.18%。11年时间里，装备制造业的资产利润率从5.25%稳步提升到9.47%，虽然后面有所下降，但相比2003年仍然有着明显提高，表明我国装备制造业的经济效益和发展质量呈现不断提高的良好趋势。

表4-14　　　装备制造业规模以上工业企业资产和利润情况

指标	2014年	2013年	2012年	2011年	2010年	2008年	2006年	2005年	2003年
资产总额（亿元）	293009	262230	230992	207336	182919	125309	81282	68507	47578
利润总额（亿元）	23976	21973	19158	18984	17314	9153	4896	3614	2497
资产利润率（%）	8.18	8.38	8.29	9.16	9.47	7.30	6.02	5.28	5.25

资料来源：根据《中国统计年鉴（2004）》《中国统计年鉴》（2006—2007）、《中国统计年鉴（2009）》和《中国统计年鉴》（2011—2015）中相关数据计算得出。

第六，一批知名企业和品牌迅速成长壮大。改革开放之初，我国装备制造业刚刚起步，发展水平很低，世界知名的装备制造企业和产品几乎没有。然而，经过40年改革开放，一批世界知名的企业和品牌已经迅速成长壮大，甚至成为世界相关装备制造业发展的领导者和标准制定者。

1956年创建的中国航天科技集团公司，在卫星回收、一箭多星、低温燃料火箭技术、捆绑火箭技术以及静止轨道卫星发射与测控等许多重要技术领域已跻身世界先进行列。发端于1999年的中国高铁，到2015年运营里程达到1.9万千米，占世界的50%以上，雄踞世界第一。目前，中国已经成为世界上高速铁路发展最快、系统技术最全、集成能力最强、运营里程最长、运营速度最高、在建规模最大的国家。1988年成立于深圳的华为集团公司，公司产品与解决方案应用于全球100多个国家和地区，成为全球领先的电信解决方案供应商。

2015年中国装备制造业再次超强逆天，重大装备制造国产化进程实现重大突破。国产工业炉检测控制系统运行率达到100%、国产工业4.0云平台成形，高精密减速器突破国外技术垄断，格力"百万千瓦级核电水冷离心式冷水机组"完成，国产6500V高铁机车用IGBT芯片实现产品化应用，翅片换热管实现技术创新并拥有专利，国产大飞机总装下线，首个自主点扫描3D打印软件操作系统发布，国内自主"和睦统"助力核电出海等。

根据亚洲开发银行发布的报告，中国在亚洲高端科技产品出口中所占份额从2000年的9.4%快速攀升至2014年的43.7%，位居亚洲第一[①]，尤其是以高铁、核电和卫星等为代表的中国高端科技产品深受欢迎。

第三节 装备制造业发展中存在的问题

尽管取得了举世瞩目的成就，但是，我国装备制造业的发展仍然

---

① 亚洲开发银行：《2015年亚洲经济一体化报告》，2016年。

存在诸多不安全的因素,制约了其未来可持续发展的实现。

一 固定资产投资和人均拥有数量相对不足

从表4-15可知,通过比较装备制造业人均固定资产投资和国民经济全部产业人均固定资产投资发现,2003年,两者分别为0.97万元和4.18万元,2010年分别为8.51万元和18.68万元,2014年分别为12.60万元和27.42万元。11年时间,装备制造业人均固定资产投资占全部工业人均固定资产投资的比重,始终没有达到50%。而从规模以上工业企业人均拥有固定资产情况看,我国装备制造业的这一指标2003年为4.45万元,2010年为13.60万元,2014年为14.05万元,其占全部工业人均拥有固定资产的比重,始终没有达到75%。

表4-15　　　　　　装备制造业固定资产投资和规模以上企业固定资产人均情况

	指标	2014年	2013年	2012年	2011年	2010年	2008年	2006年	2005年	2003年
固定资产投资	装备制造业人均（万元）	12.60	10.95	11.36	9.81	8.51	4.87	2.61	1.96	0.97
	全部人均（万元）	27.42	24.06	23.95	20.98	18.68	12.20	7.97	6.58	4.18
	装备制造业占比（%）	45.95	45.51	47.43	46.76	45.56	39.92	32.75	29.79	23.21
企业固定资产	装备制造业人均（万元）	14.05	12.35	13.47	12.58	13.60	10.23	6.64	5.95	4.45
	全部人均（万元）	19.47	17.46	18.64	17.57	18.24	14.70	10.69	9.29	6.89
	装备制造业占比（%）	72.15	70.70	72.28	71.63	74.57	69.58	62.10	64.00	64.64

资料来源:根据《中国统计年鉴(2004)》《中国统计年鉴》(2006—2007)、《中国统计年鉴(2009)》和《中国统计年鉴》(2011—2015)中相关数据计算得出。

固定资产投资和固定资产拥有情况,是装备制造业得以正常经营和运转的基础。固定资产投资和固定资产拥有特别是人均固定资产投资和人均固定资产拥有长期远远低于全部产业的平均水平，从根本上制约了我国装备制造业核心竞争力的构建和提升，直接影响着我国装备制造业从大转强的进度，从而导致产业发展出现安全风险。

二 资产负债率始终居高不下

从表4-16可知，我国装备制造业的资产总额、负债总额和资产负债率三项指标，2003年分别为47578亿元、29339亿元和61.7%。2010年，这三项指标分别为182919亿元、105344亿元和57.6%。2014年，这三项指标分别为293009亿元、164977亿元和56.3%。虽然11年间资产负债率有所下降，但始终在56%以上的高位徘徊。另外，从就业人员人均负债情况来看，装备制造业规模以上工业企业和国民经济全部规模以上工业企业的这个指标2003年分别为10万元和9万元，2010年分别为29万元和26万元，2014年分别为31万元和30万元，装备制造业规模以上工业企业就业人员人均负债水平始终高于平均水平。在现代市场经济时代，资金的高效筹集和流通使用对产业企业发展具有重大影响。我国装备制造业的资产负债率和人均负债水平始终居高不下，反映了其资金运转流通不够理想，对我国装备制造业的健康发展形成了不安全的风险因素。

表4-16　　　　装备制造业企业资产负债情况

指标	2014年	2013年	2012年	2011年	2010年	2009年	2008年	2005年	2003年
资产总计（亿元）	293009	262230	230992	207336	182919	145367	125309	68507	47578
负债合计（万元）	164977	149527	132234	120662	105344	85803	74251	42161	29339
资产负债率（%）	56.3	57.0	57.2	58.2	57.6	59	59.3	61.5	61.7
装备制造业企业人均负债（亿元）	31	28	31	30	29	25	22	13	10
全部企业人均负债（万元）	30	28	29	27	26	20	12	9	9
装备制造业企业人均负债率（%）	1.04	1.00	1.06	1.10	1.11	1.22	1.77	1.43	1.11

资料来源：根据《中国统计年鉴（2004）》《中国统计年鉴（2006）》和《中国统计年鉴》（2009—2015）中相关数据计算得出。

三 就业人员工资收入水平偏低

从表4-17可知,我国装备制造业就业人员的平均工资,2003年为12671元,2010年为30916元,2014年为51369元,11年时间增长了3.05倍,平均每年增长14%。相比之下,国民经济全部产业的城镇单位就业人员平均工资,2003年为13969元,2010年为36539元,2014年为56360元,11年时间增长了3.03倍,平均每年增长14%。2003—2014年,装备制造业就业人员的平均工资相对于全部产业平均工资的比例,最低的2009年只有83.2%,最高的2014年也只有91.1%。可见,装备制造业就业人员的平均工资,始终低于平均水平,始终只有平均水平的90%左右。在当今科技进步日新月异的今天,产业安全发展的核心在于产业竞争力的有效提升,而产业竞争力的有效提升,在于高端、高素质科技和管理人才的有效引进及高效使用。收入和待遇的高低,是能否有效引进和高效使用高端、高素质科技和管理人才的先决条件之一。装备制造业就业人员工资收入水平长期偏低,既不利于装备制造业吸引高素质的劳动者,也不利于调动现有从业人员工作的积极性和创造性。这对于装备制造业竞争力的提升和健康可持续发展,直接和潜在地形成了不安全的因素。

表4-17 装备制造业就业人员平均工资水平情况

指标	2014年	2013年	2012年	2011年	2010年	2009年	2008年	2006年	2005年	2003年
装备制造业平均工资(元)	51369	46431	41650	36665	30916	26810	24404	18225	15934	12671
全部产业平均工资(元)	56360	51483	46769	41799	36539	32244	28898	20856	18200	13969
装备制造业占比(%)	91.1	90.2	89.1	87.7	84.6	83.2	84.5	87.4	87.6	90.7

资料来源:根据《中国统计年鉴(2004)》《中国统计年鉴》(2006—2007)和《中国统计年鉴》(2009—2015)中相关数据计算得出。

四 研发投入增长不够

从表4-18可知,我国全部大中型工业企业和装备制造业大中型企业的研发经费支出，2003年分别为721亿元、424亿元，装备制造业在总体中所占比重只有58.8%。到2010年，我国全部大中型工业企业和装备制造业大中型企业的研发经费支出分别为4015亿元、2285亿元，装备制造业在总体中所占比重下降到56.9%。此后，装备制造业大中型企业的研发经费支出，呈现明显快于全部大中型工业企业的增长势头。到2014年，我国全部大中型工业企业和装备制造业大中型企业的研发经费支出，分别达到了7320亿元、5110亿元，装备制造业在总体中所占比重达到了69.8%的高位，但仍然只有总体的2/3左右。在科学技术是第一生产力和科技进步日新月异的今天，谁掌握了核心的科技，谁就几乎掌握了产业发展的领先优势，谁就能引领产业发展的潮流。在这种背景下，装备制造业研发经费支出的缓慢增长以及其在研发总体中的比重持续下降，直接制约着我国装备制造业核心竞争力的构建和提升，直接影响着我国装备制造业从大转强的进度，从而导致产业发展存在不安全的风险。

表4-18　装备制造产业大中型工业企业研发经费支出

指标	2014年	2013年	2012年	2010年	2009年	2008年	2007年	2006年	2005年	2003年
装备制造业总额（百万元）	511042	455972	389291	228501	184076	153137	122721	95841	72439	42395
全部产业总额（百万元）	731969	674406	599232	401540	321023	268131	211246	163019	125029	72077
装备制造业占比（%）	69.8	67.6	56.9	56.9	57.3	57.1	58.1	58.8	57.9	58.8

资料来源：根据《中国统计年鉴》（2004—2015）中相关数据计算得出。

五　能源消耗总量呈现快速增长趋势

从表4-19可知，我国全部产业和装备制造业的能源消耗总量，2003年分别为197083万吨标准煤、8530万吨标准煤，装备制造业能源消耗总量在总体中所占比重为4.33%。到2010年，我国全部产业和装备制造业的能源消耗总量分别为360648万吨标准煤、17492万吨标准煤，装备制造业在总体中所占比重上升到4.85%的历史高位。此后，装备制造业能源消耗总量的增长势头开始低于全部产业。到 2014年，我国全部产业和装备制造业的能源消耗总量，分别到达了 425806万吨标准煤和 19502 万吨标准煤，装备制造产业在总体中所占比重仍然高达 4.58%，比 2003 年上升了 0.25 个百分点。在能源供应日趋紧张和我国能源外贸依存度持续高企的背景下，装备制造业特别是通用、电气、通信等产业能源消耗快速增长的态势，既不利于能源供应紧张局面的缓解，也不利于我国能源外贸依存度的合理下降和能源供应安全度的提升，直接制约了我国装备制造业向环境友好发展模式的转变和安全发展。

表 4-19　　　　　　　　　装备制造业能源消耗总量

指标	2014 年	2013 年	2012 年	2010 年	2008 年	2006 年	2005 年	2003 年
装备制造业（万吨标准煤）	19502	18996	17170	17492	14418	12065	10672	8530
全部产业（万吨标准煤）	425806	416913	402138	360648	320611	286467	261369	197083
装备制造业占比（%）	4.58	4.56	4.27	4.85	4.50	4.21	4.08	4.33

资料来源：根据《中国统计年鉴（2004）》《中国统计年鉴》（2006—2007）、《中国统计年鉴（2009）》和《中国统计年鉴》（2011—2015）中相关数据计算得出。

六　企业数量过多，产业竞争过于激烈

装备制造业是技术和资本密集型产业，与整体国民经济各产业相比，属于企业适度规模大和产业规模优势明显的产业。从表 4-20 可知，装备制造业 2003 年共有规模以上工业企业 56473 家，其中，大中型企业 7511 家，大中型企业占规模以上企业数量的 13.30%，存在企业数量过多、竞争过于激烈的情况。此后，大中型企业占规模以上企业数量的比重呈现出反常的"逆向集中"趋势，一度下探到 2008年 10.10% 的低位，2010 年也只有 11.13% 的水平。虽然 2011 年后呈现快速上升的趋势，但到 2014 年也只有 18.34% 的水平。考虑到装备

制造业的技术和资本密集特点,这个比重显然是远远不够的,企业数量过多、竞争过于激烈的情况仍然比较严重。特别是2010年以来,大中型企业占比的快速提高,往往是政府"拉郎配"行为,而不是市场自发有效竞争的结果,在一定程度上不利于效率的提升。总之,企业数量过多、竞争过于激烈情况的存在和加剧,直接影响和制约了产业运行的效率,并会进一步导致其产业组织运行方面的安全风险。

表4-20　　　　　　装备制造业企业数量变动情况

分类指标	2014年	2013年	2012年	2010年	2008年	2006年	2005年	2003年
规模企业(家)	122654	118514	108873	154406	144653	93377	83315	56473
大中型企业(家)	22490	22223	21259	17178	14605	11376	9979	7511
大中型占比(%)	18.34	18.75	19.53	11.13	10.10	12.18	11.98	13.30

资料来源:根据《中国统计年鉴(2004)》《中国统计年鉴》(2006—2007)、《中国统计年鉴(2009)》和《中国统计年鉴》(2011—2015)中相关数据计算得出。

受上述各种因素影响,我国装备制造业与世界先进水平相比,仍然存在较大差距,特别是创新能力薄弱,核心技术和核心关键部件受制于人;基础配套能力发展滞后,装备主机面临"空壳化";产品可靠性低,产业链高端缺位;产业规模小,市场满足率低;产业体系不健全,相关基础设施、服务体系建设明显滞后等。这些都从不同方面对我国装备制造业的发展形成了现实或潜在的安全威胁。

第四节　基于竞争力的装备制造业安全水平测度评估

如第三章所述,基于竞争力视角的产业安全水平测评,应该基于DEA模型中的CCR模型和马姆奎斯特指数模型,并有机地结合AHP赋权分析法和EWM赋权分析法,从生产效率及其相对比较优势角度,构建相对于自身、相对于同类产业、相对于整体国民经济的完整的产

第四章 中国装备制造业安全实证研究

业安全水平测度体系。本节的测度评估即基于此思路进行。

一 相关指标数据甄选分析

(一) 数据收集和指标分类

基于国家统计局、相关产业协会等渠道,尽可能全面地收集装备制造业7个具体细分产业的相关数据,然后进行汇总和投入产出分类,形成装备制造业的总体数据。限于收集渠道和数据更新速度等原因,收集数据的时间范围为2003—2014年,具体见表4-21和表4-22。

表4-21 装备制造业相关投入产出指标数据与分类

指标及分类		2014年	2013年	2012年	2011年	2010年	2009年
	x_1	x_{11}	5243	5258	4262	4088	3637	3492
	x_2	x_{21}	27011	24567	17668	15031	11141	9302
		x_{22}	51369	46431	41650	36665	30916	26810
x	x_3	x_{31}	66041	57556	48427	40116	30954	22039
		x_{32}	33586	30039	26061	22588	15714	11259
		x_{33}	11894	10524	9059	8126	5641	4640
		x_{34}	16160	13199	10059	7619	5655	4176
		x_{35}	60388	51902	42760	36114	25310	18291
		x_{36}	1709	1780	1846	1802	1420	1154
		x_{37}	3312	3365	3448	3226	2670	2594
		x_{38}	48182	39086	33093	27529	18601	14483
		x_{39}	1247	1308	1619	1637	1315	1434
		x_{310}	72.6	67.9	68.5	68.5	65.9	66.4
		x_{311}	69.5	63.9	61.9	62.6	58.8	60.9
	x_4	x_{41}	179391	162656	144423	132002	114874	90116
		x_{42}	73641	64918	57415	51442	49479	39874
		x_{43}	121104	106636	91639	81937	70713	55474
		x_{44}	293009	262230	230992	207336	182919	145367
		x_{45}	164977	149527	132234	120662	105344	85803
	x_5	x_{51}	57286	50993	46689	40695	36932	32492
		x_{52}	39361	35829	33099	31270	27134	21980
		x_{53}	311021	283858	250387	232681	198535	154558
	x_6	x_{61}	399392	45555	48866	52101	49591	46771
		x_{62}	18329	17342	—	15595	14306	13885

续表

指标及分类		2014 年	2013 年	2012 年	2011 年	2010 年	2009 年
x	x_7	x_{71}	76061	73198	69911	65120	58259	46170
	x_8	x_{81}	19502	18996	17170	18457	17492	15089
	x_9	x_{91}	13235	11747	10241	9132	8059	6819
		x_{92}	8168	7190	6299	5479	4792	3997
		x_{93}	12284	11065	9742	8516	7259	6062
		x_{94}	3481	3373	3087	2898	2666	2200
	x_{10}	x_{101}	511042	455972	389291	286278	228501	184076
	x_{11}	x_{111}	99.1	98.8	99.2	101.4	100.6	97.9
		x_{112}	122654	118514	108873	106695	154406	147176
y	y_1		14244	12401	11375	10549	9230	7757
	y_2		365028	333513	294418	273393	234051	181248
	y_3		23322	21759	19045	19564	17874	11661
	y_4		364281	331650	291675	270639	231819	180695
	y_5		23976	21973	19158	18984	17314	11194

注：①x、y 分别代表投入类指标、产出类指标。x_1、x_2、x_3、x_4、x_5、x_6、x_7、x_8、x_9、x_{10}、x_{11} 分别代表投入类指标中的就业类指标、工资类指标、投资类指标、资产类指标、成本类指标、外资类指标、外贸类指标、能源类指标、金融类指标、科技类指标、其他类指标。②x_{11} 代表本产业城镇单位就业人员（万人），x_{21}、x_{22} 分别代表本产业城镇单位就业人员工资总额（亿元）、城镇单位就业人员平均工资（元），x_{31}、x_{32}、x_{33}、x_{34}、x_{35}、x_{36}、x_{37}、x_{38}、x_{39}、x_{310}、x_{311} 分别代表本产业全社会固定资产投资（不含农户）建设总规模（亿元）、新建固定资产投资（不含农户）（亿元）、扩建固定资产投资（不含农户）（亿元）、改建固定资产投资（不含农户）（亿元）、内资企业固定资产投资（不含农户）（亿元）、港澳台商投资企业固定资产投资（不含农户）（亿元）、外商投资企业固定资产投资（不含农户）（亿元）、新增固定资产（亿元）、固定资产投资（不含农户）利用外资（亿元）、固定资产交付使用率（%）、固定资产投资（不含农户）项目建成投产率（%），x_{41}、x_{42}、x_{43}、x_{44}、x_{45} 分别代表本产业规模以上企业流动资产合计（亿元）、规模以上企业固定资产合计（亿元）、规模以上企业固定资产原价合计（亿元）、规模以上企业资产总计（亿元）、规模以上企业负债合计（亿元），x_{51}、x_{52}、x_{53} 分别代表本产业规模以上企业实收资本（亿元）、规模以上企业存货（亿元）、规模以上企业主营业务成本（亿元），x_{61}、x_{62} 分别代表本产业实际利用外商直接投资金额（百万美元）、外商投资企业投资总额（亿美元），x_{71} 代表本产业规模以上企业出口交货值（亿元），x_{81} 代表本产业能源消费总量（万吨标准煤），x_{91}、x_{92}、x_{93}、x_{94} 分别代表金融机构人民币信贷资金运用（百亿元）、金融机构人民币资金运用各项贷款情况（百亿元）、货币和准货币（M2）供应量（百亿元）、货币（M1）

供应量（百亿元），x_{101}代表本产业企业研发经费支出（百万元），x_{111}、x_{112}分别代表本产业生产者出厂价格指数（上年＝100）、规模以上企业单位数。y_1、y_2、y_3、y_4、y_5分别代表本产业规模以上企业产成品（亿元）、规模以上企业主营业务收入（亿元）、规模以上企业营业利润（亿元）、规模以上企业销售产值（亿元）、规模以上企业利润总额（亿元）。③部分指标没有装备制造产业细分数据，用制造业数据予以代替分析。

资料来源：根据国家统计局年度统计数据中有关金属制品业，通用装备制造业，专用设备制造业，交通运输设备制造业，电气机械和器材制造业，电子及通信设备制造业，仪器仪表及文化、办公用装备制造业7个具体产业的相关数据，进行汇总形成装备制造产业的总体数据。

表4–22　　装备制造业相关投入产出指标数据与分类

指标及分类		2008年	2007年	2006年	2005年	2004年	2003年
x	x_1	x_{11}	3434	3465	3352	3211	3051	2981
	x_2	x_{21}	8499	7241	6036	5057	4316	3773
		x_{22}	24404	21144	18225	15934	14251	12671
	x_3	x_{31}	16718	12307	8747	6280	4167	2889
		x_{32}	8828	6604	4591	3511	2281	1393
		x_{33}	3527	2545	1875	1226	1136	892
		x_{34}	2835	2003	1386	1042	394	332
		x_{35}	12901	9079	6081	4115	2544	1770
		x_{36}	1214	1034	751	586	449	334
		x_{37}	2604	2195	1915	1579	1174	785
		x_{38}	10039	7436	5524	4063	2394	1861
		x_{39}	1604	1623	1272	1068	858	617
		x_{310}	60.8	60.5	62.6	65.3	63.2	65.2
		x_{311}	56.6	48.8	49.6	50.2	44	43.9
	x_4	x_{41}	76866	64344	51009	42712	37332	29213
		x_{42}	35121	26912	22246	19091	16480	13271
		x_{43}	48938	37054	30677	26176	22476	18564
		x_{44}	125309	101441	81282	68507	60486	47578
		x_{45}	74251	61770	49328	42161	37181	29339
	x_5	x_{51}	29408	22913	19000	16457	15362	11423
		x_{52}	21073	17314	14122	12018	10912	8323
		x_{53}	139608	113320	89625	70278	57854	41428
	x_6	x_{61}	49895	40865	40077	42453	39694	36936
		x_{62}	13520	12646	10412	8955	7832	6708

续表

指标及分类		2008 年	2007 年	2006 年	2005 年	2004 年	2003 年
x	x_7	x_{71}	51640	44961	36137	27450	22987	14210
	x_8	x_{81}	14418	13362	12065	10672	9881	8530
	x_9	x_{91}	5384	4543	3652	3020	2619	2253
		x_{92}	3034	2617	2253	1947	1774	1590
		x_{93}	4752	4034	3456	2988	2541	2212
		x_{94}	1662	1526	1260	1073	960	841
	x_{10}	x_{101}	153137	122721	95841	72439	55367	42395
	x_{11}	x_{111}	102.3	100.8	100.7	100.5	101.1	101
		x_{112}	144653	107333	93377	83315	86670	56473
y	y_1		7225	5960	4946	4149	3706	3045
	y_2		162819	132274	103705	81031	67076	48787
	y_3		9536	7296	4853	3559	2929	2312
	y_4		162919	132196	103077	80989	66691	48840
	y_5		9153	7122	4896	3614	3201	2497

注：各指标代码的含义同表4-21。

资料来源：同表4-21。

（二）产出类指标间的相关性分析与处理

基本思想是：消除高相关性，简化产出指标体系。分析可知，5个产出类指标均高度相关，这里选取规模以上工业企业利润总额指标y_5为产出类指标y的代表进行分析。

（三）投入类指标与产出类指标间及彼此间的相关性分析与处理

基本思想是：消除与产出类指标不相关或低相关的投入类指标，合并投入类指标中的同质高相关指标。基本步骤是：先对投入类指标进行基本分类，然后进行各类投入指标与产出指标之间以及彼此之间的相关性分析，消除与产出指标不相关或低相关指标，合并与产出指标高相关的同类投入指标。

具体情况如下：就业类指标：1个，与产出指标高度相关，保留进行分析。工资类指标：2个，均与产出指标高度相关，彼此之间也高度相关，选取装备制造业城镇单位就业人员平均工资指标 x_{22} 为代表进行分析。投资类指标：11个，其中，产业固定资产投资（不含农户）利用外资 x_{39}、产业固定资产交付使用率 x_{310} 两指标与产出指标相关性低，予以消除；其余指标均与产出类指标高度相关，彼此之间也均高度相关，选取产业固定资产投资（不含农户）指标（x_{31}）为本类代表进行分析。资产负债类指标：5个，均与产出指标高度相关，彼此之间也均高度相关，选取规模以上工业企业资产总计指标（x_{44}）、规模以上工业企业负债合计指标（x_{45}），分别代表资产指标和负债指标进行分析。收支成本类指标：3个，均与产出指标高度相关，彼此之间也高度相关，选取规模以上工业企业主营业务成本指标（x_{53}）为本类代表进行分析。外资类指标：2个，均与产出指标高度相关，彼此之间也高度相关，选取装备制造业外商投资企业投资总额指标 x_{62} 为本类代表进行分析。外贸类指标：1个，与产出指标高度相关，保留进行分析。能源消费指标：1个，与产出指标高度相关，保留进行分析。金融类指标：4个，均与产出指标高度相关，彼此之间也均高度相关，选取金融机构人民币资金运用各项贷款情况 x_{92} 和货币M1供应量 x_{94} 两个指标代表本类进行分析。科技研发指标：1个，与产出指标高度相关，保留进行分析。其他类指标：2个，与产出指标相关性低，消除。

（四）指标数据甄选分析结果

消除低相关和合并同质高相关之后的装备制造业投入产业指标数据见表4-23。接着，利用该结果进行相对于自身和相对于全部产业的装备制造业安全水平的测度评估。

表4-23 消除低相关和合并高相关之后的装备制造业投入产出指标数据

指标及分类	x										y
	x_1	x_2	x_3	x_4	x_5	x_6	x_7	x_8	x_9	x_{10}	
	x_{11}	x_{22}	x_{31}	x_{44}	x_{45}	x_{53}	x_{62}	x_{71}	x_{81}	x_{92}	x_{94}	x_{101}	y_5
2014年	5243	51369	66041	293009	164977	311021	18329	76061	19502	8168	3481	511042	23976

续表

指标及分类	x										y
	x_1	x_2	x_3	x_4	x_5	x_6	x_7	x_8	x_9	x_{10}	y
	x_{11}	x_{22}	x_{31}	x_{44}	x_{45}	x_{53}	x_{62}	x_{71}	x_{81}	x_{92}	x_{94}	x_{101}	y_5
2013年	5258	46431	57556	262230	149527	283858	17342	73198	18996	7190	3373	455972	21973
2012年	4262	41650	48427	230992	132234	250387	17000	69911	17170	6299	3087	389291	19158
2011年	4088	36665	40116	207336	120662	232681	15595	65120	18457	5479	2898	286278	18984
2010年	3637	30916	30954	182919	105344	198535	14306	58259	17492	4792	2666	228501	17314
2009年	3492	26810	22039	145367	85803	154558	13885	46170	15089	3997	2200	184076	11194
2008年	3434	24404	16718	125309	74251	139608	13520	51640	14418	3034	1662	153137	9153
2007年	3465	21144	12307	101441	61770	113320	12646	44961	13362	2617	1526	122721	7122
2006年	3352	18225	8747	81282	49328	89625	10412	36137	12065	2253	1260	95841	4896
2005年	3211	15934	6280	68507	42161	70278	8955	27450	10672	1947	1073	72439	3614
2004年	3051	14251	4167	60486	37181	57854	7832	22987	9881	1774	960	55367	3201
2003年	2981	12671	2889	47578	29339	41428	6708	14210	8530	1590	841	42395	2497
平均	3790	28373	26353	150538	87715	161929	13044	48842	14636	4095	2086	216422	11924

注：各指标代码的含义和资料来源同表4-21。

二 相对于自身的装备制造业安全水平测度评估

首先，运用DEA模型中的CCR模型投入产出超效率分析，就装备制造业2003—2014年的相对效率进行测评。由于数据包络分析模型要求决策单元数量等于或大于所选投入产出指标数之和的5倍，具体来说，2003—2014年共12个决策单元年份，进行生产效率分析要求选用的投入产出指标数量之和不超过2个。这样，具体分析时将所选的单一产出指标逐一与每一投入指标进行相对生产效率分析，得到各单个投入指标的相对效率分析结果（见表4-24）。

表4-24 基于CCR模型超效率分析的装备制造业各单个投入指标的相对效率分析结果

年份	x_{11}		x_{22}		x_{31}		x_{44}		x_{45}		x_{53}	
	相对效率	排名	相对效率	排名	相对效率	排名	相对效率	排名	相对效率	排名	相对效率	排名
2014	0.9606	3	0.83342	4	0.42004	13	0.86448	5	0.88423	4	0.88395	4

续表

年份	x_{62} 相对效率	排名	x_{71} 相对效率	排名	x_{81} 相对效率	排名	x_{92} 相对效率	排名	x_{94} 相对效率	排名	x_{101} 相对效率	排名
2013	0.87784	5	0.84502	3	0.4417	12	0.88525	3	0.89409	3	0.88762	3
2012	0.94424	4	0.82134	5	0.45771	11	0.87622	4	0.88149	5	0.87736	5
2011	0.97549	2	0.92453	2	0.54752	9	0.96733	2	0.95726	2	0.93555	2
2010	1.02513	1	1.08163	1	0.64716	6	1.03377	1	1.04465	1	1.06889	1
2009	0.67337	6	0.74555	7	0.58765	8	0.81354	7	0.79377	7	0.83049	7
2008	0.5599	8	0.66971	8	0.63344	7	0.77169	8	0.75002	8	0.75178	8
2007	0.43176	9	0.60145	9	0.66954	3	0.74174	9	0.70151	9	0.72067	9
2006	0.30682	10	0.47969	10	0.64761	5	0.63637	10	0.60389	10	0.6264	12
2005	0.23643	11	0.40499	11	0.66582	4	0.55733	12	0.52154	12	0.58967	13
2004	0.22039	12	0.40108	12	0.88877	2	0.5591	11	0.52381	11	0.63444	11
2003	0.17596	13	0.35188	13	1.12515	1	0.55446	13	0.51783	13	0.69114	10
总体	0.66089	7	0.75042	6	0.52351	10	0.83683	6	0.8271	6	0.84438	6

年份	x_{62} 相对效率	排名	x_{71} 相对效率	排名	x_{81} 相对效率	排名	x_{92} 相对效率	排名	x_{94} 相对效率	排名	x_{101} 相对效率	排名
2014	1.0324	1	1.05009	1	1.06285	1	0.81242	6	1.05144	1	0.61917	13
2013	0.96862	2	0.9523	2	0.94087	2	0.84582	3	0.9458	3	0.63598	12
2012	0.86152	5	0.86934	5	0.90757	3	0.84178	4	0.90103	5	0.64948	11
2011	0.9306	3	0.92482	4	0.83662	4	0.95897	2	0.95108	2	0.87517	2
2010	0.92521	4	0.9428	3	0.80512	5	1.04278	1	0.9429	4	1.14264	1
2009	0.61631	7	0.76915	7	0.60343	7	0.77512	8	0.73874	8	0.80256	3
2008	0.51755	8	0.56229	8	0.51637	8	0.83496	5	0.79958	7	0.78881	4
2007	0.43054	9	0.50252	10	0.43354	9	0.75321	9	0.6776	9	0.7659	6
2006	0.35948	10	0.42981	12	0.33008	10	0.60145	10	0.56415	10	0.67419	9
2005	0.30852	12	0.41767	13	0.27545	11	0.51374	11	0.48901	11	0.65843	10
2004	0.31245	11	0.44176	11	0.2635	12	0.4994	12	0.48411	12	0.763	7
2003	0.28457	13	0.55745	9	0.23811	13	0.43465	13	0.43107	13	0.77731	5
总体	0.69883	6	0.77449	6	0.66268	6	0.80591	7	0.82992	6	0.72713	8

资料来源：由表4-23整理、计算得到。

其次，基于AHP赋权分析法基本理念以及判断两指标相对重要程度的判断尺度和评价规则（见表3-5），通过指标两两之间比较得到判断值，形成基于各大类有效指标的重要性判断矩阵等（见表4-25和表4-26）。

表4-25　　　　基于各大类有效指标的重要性判断矩阵

	$x_{1(11)}$	$x_{2(22)}$	$x_{3(35)}$	$x_{4(44—45)}$	$x_{5(53)}$	$x_{6(62)}$	$x_{7(71)}$	$x_{8(81)}$	$x_{9(92—94)}$	$x_{10(101)}$
$x_{1(11)}$	1									
$x_{2(22)}$	1/3	1								
$x_{3(35)}$	1	3	1							
$x_{4(44—45)}$	1	3	1	1						
$x_{5(53)}$	1	3	1	1	1					
$x_{6(62)}$	1/3	1	1/3	1/3	1/3	1				
$x_{7(71)}$	1/3	1	1/3	1/3	1/3	1	1			
$x_{8(81)}$	1/3	1	1/3	1/3	1/3	1	1	1		
$x_{9(92—94)}$	1	3	1	1	1	3	3	3	1	
$x_{10(101)}$	1	3	1	1	1	3	3	3	1	1

表4-26　第 x_4 和第 x_9 两个大类指标下各自细分指标的
重要性判断矩阵

	x_{44}	x_{45}		x_{92}	x_{94}
x_{44}	1		x_{92}	1	
x_{45}	1/3	1	x_{94}	1	1

在此基础上，计算判断矩阵的最大特征根及对应的特征向量，并进行必要的一致性调整，求出已正则化的特征向量值就是要求的权重值，具体见表4-27，进而汇总得到总体投入产出效率结果即基于AHP赋权分析法的各指标权重测算以及基于各单个指标加权综合的装备制造业相对效率分析和安全水平测评（见表4-28）。

表 4-27　　基于 AHP 赋权分析法的各指标权重测算

指标	权重	指标	权重	指标	权重	指标	权重
x_{11}	0.136362	x_{44}	0.102273	x_{62}	0.045453	x_{92}	0.068184
x_{22}	0.045452	x_{45}	0.034091	x_{71}	0.045453	x_{94}	0.068184
x_{31}	0.136364	x_{53}	0.136364	x_{81}	0.045453	x_{101}	0.136368

资料来源：由表 4-25 和表 4-26 整理、计算得到。

表 4-28　　基于各单个指标加权综合的装备制造业
相对效率分析和安全水平测评

年份	相对效率	排名	DEA 有效性	产业安全指数	产业安全等级评估	产业安全等级含义
2014	0.81973	3	非弱 DEA 有效	81.97	D	不太安全
2013	0.79937	4	非弱 DEA 有效	79.94	D	不太安全
2012	0.79514	5	非弱 DEA 有效	79.51	D	不太安全
2011	0.88079	2	非弱 DEA 有效	88.08	D^+	不太安全偏正面
2010	0.97701	1	非弱 DEA 有效	97.70	C	基本安全
2009	0.73242	6	非弱 DEA 有效	73.24	D^-	不太安全偏负面
2008	0.69175	8	非弱 DEA 有效	69.18	E^+	不安全偏正面
2007	0.63968	9	非弱 DEA 有效	63.97	E^+	不安全偏正面
2006	0.54533	12	非弱 DEA 有效	54.53	E	不安全
2005	0.50032	13	非弱 DEA 有效	50.03	E	不安全
2004	0.54840	11	非弱 DEA 有效	54.84	E	不安全
2003	0.57615	10	非弱 DEA 有效	57.62	E	不安全
总体	0.73232	7	非弱 DEA 有效	73.23	D^-	不太安全偏负面

资料来源：由表 4-24 和表 4-27 整理、计算得到。

基于构建的相对于自身的产业安全测度模型及相应的产业安全区间分级对应体系，可以计算得出各年份基于相对生产效率的产业安全水平，并进行基本的产业安全等级状态评估，具体见表 4-28。

由表 4-28 可知，2003—2014 年，装备制造业总体投入产出效率水平为 0.73232，处于非弱 DEA 有效状态。其对应的总体产业安全水平为 73.23，产业安全等级评估为 D⁻，处于不太安全偏负面状态。

不过，2003—2014 年 12 个年份各自的产业安全程度并不相同，呈现波动变化趋势。根据表 4-28 和图 4-1 可知，装备制造业相对于自身的产业安全程度由 2003—2006 年最初的 E 等级和不安全状态，先是上升到 2007—2008 年的 E⁺ 等级和不安全偏正面状态，进而上升至 2009 年的 D⁻ 等级和不太安全偏负面状态，继而又上升至 2010 年的 C 等级和基本安全状态。在 2011 年回调至 D⁺ 等级和不太安全偏正面状态后，2013—2014 年则进一步回落至 D 等级和不太安全状态。虽然整个过程呈现倒 "U" 形波动变化，但总体趋势是向好的，其中，2010 年达到了 12 年间最好的安全状态，目前，正处于稳步回升状态。

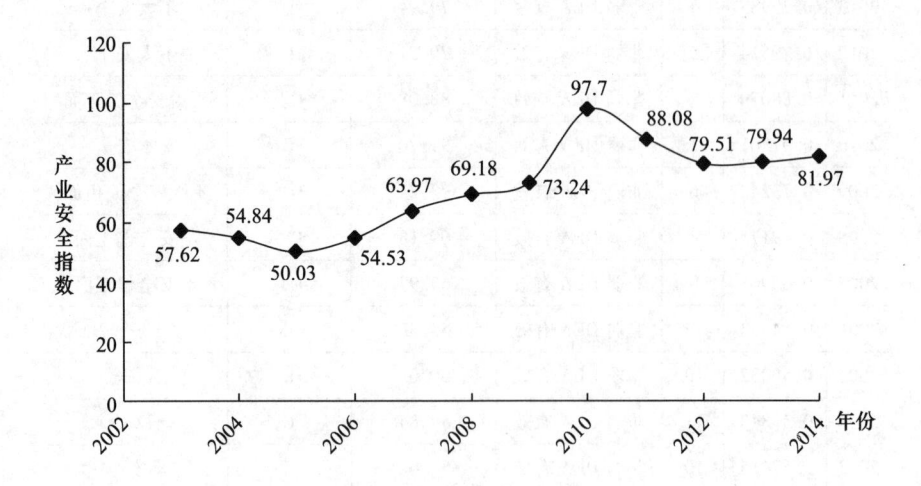

图 4-1　装备制造业相对于自身的产业安全水平波动趋势 (2003—2014 年)

资料来源：同表 4-28。

三　相对于全部产业的装备制造业安全水平测度评估

收集对应的国民经济全部产业相关指标数据（见表 4-29），运用 DEA 模型中的 CCR 模型进行装备制造业和全部产业超效率比较分析。12 个投入指标中，金融机构人民币资金运用各项贷款情况

（x_{92}—T_{92}）、货币（M1）供应量（x_{94}—T_{94}）无全部产业与装备制造业的细分，这里略去。分析得到2003—2014年各年度的基于各单个投入指标装备制造业和国民经济全部产业同批组比较的相对效率，具体情况见表4–30至表4–33。

表4–29　　　　　国民经济全部产业相应指标数据

指标	T_{11}	T_{22}	T_{35}	T_{44}	T_{45}	T_{53}	T_{62}	T_{71}	T_{81}	T_{92}	T_{94}	T_{101}	y
2014年	18278	56360	501265	956777	547031	943370	37977	118414	425806	8168	3481	731969	68155
2013年	18108	51483	435747	870751	505694	880680	35176	112824	416913	7190	3373	674406	68379
2012年	15236	46769	364854	768421	445372	784541	32610	106610	402138	6299	3087	599232	61910
2011年	14413	41799	302396	675797	392645	708092	29931	99612	387043	5479	2898	503070	61396
2010年	13052	36539	243798	592882	340396	585257	27059	89910	360648	4792	2666	401540	53050
2009年	12573	32244	193920	493693	285733	457510	25000	72052	336126	3997	2200	321023	34542
2008年	12193	28898	148738	431306	248899	423296	23241	82498	320611	3034	1662	268131	30562
2007年	12024	24721	117464	353037	202914	334599	21088	73393	311442	2617	1526	211246	27155
2006年	11713	20856	93369	291215	167322	264697	17076	60560	286467	2253	1260	163019	19504
2005年	11404	18200	75095	244784	141510	209863	14640	47741	261369	1947	1073	125029	14803
2004年	11099	15920	59028	215358	124847	167246	13112	40484	230281	1774	960	95449	11929
2003年	10970	13969	45812	168808	99528	118638	11174	26942	197083	1590	841	72077	8337
平均	13422	32313	215124	505236	291824	489816	24007	77587	327994	4095	2086	347183	38310

注：表中T_{11}、T_{22}、T_{35}、T_{44}、T_{45}、T_{53}、T_{62}、T_{71}、T_{81}、T_{92}、T_{94}、T_{101}，分别与表4–21中的x_{11}、x_{22}、x_{35}、x_{44}、x_{45}、x_{53}、x_{62}、x_{71}、x_{81}、x_{92}、x_{94}、x_{101}对应，分别代表国民经济全部产业投入类指标中的城镇单位就业人员（万人）、城镇单位就业人员平均工资（元）、固定资产投资（不含农户）（亿元）、规模以上企业资产总计（亿元）、规模以上企业负债合计（亿元）、规模以上企业主营业务成本（亿元）、外商投资企业投资总额（亿美元）、规模以上企业出口交货值（亿元）、能源消费总量（万吨标准煤）、金融机构人民币资金运用各项贷款情况（百亿元）、货币（M1）供应量（百亿元）、企业研发经费支出（百万元）。y代表国民经济全部产业规模以上企业利润总额（亿元）。

资料来源：根据国家统计局年度统计数据整理得到。

表 4-30　　　　基于各单个投入指标的装备制造业和
全部产业的相对效率比较

年份	指标 x_{11} 效率测度 装备制造业	全部产业	相对比值	指标 x_{22} 效率测度 装备制造业	全部产业	相对比值	指标 x_{31} 效率测度 装备制造业	全部产业	相对比值
2014	0.9606	0.7833	1.2264	0.3178	0.8233	0.3860	0.4200	0.1573	2.6701
2013	0.8778	0.7932	1.1067	0.3222	0.9042	0.3563	0.4417	0.1816	2.4328
2012	0.9442	0.8536	1.1062	0.3132	0.9012	0.3475	0.4577	0.1963	2.3314
2011	0.9755	0.8948	1.0902	0.3525	1.0117	0.3484	0.5475	0.2349	2.3308
2010	1.0251	0.8538	1.2007	0.3813	0.9885	0.3857	0.6472	0.2518	2.5705
2009	0.6734	0.5771	1.1668	0.2843	0.7293	0.3898	0.5877	0.2061	2.8514
2008	0.5599	0.5265	1.0634	0.2554	0.7200	0.3546	0.6334	0.2377	2.6645
2007	0.4318	0.4744	0.9101	0.2293	0.7478	0.3066	0.6695	0.2675	2.5032
2006	0.3068	0.3498	0.8772	0.1829	0.6367	0.2873	0.6476	0.2417	2.6795
2005	0.2364	0.2727	0.8671	0.1544	0.5537	0.2788	0.6658	0.2281	2.9194
2004	0.2204	0.2258	0.9762	0.1529	0.5101	0.2998	0.8888	0.2338	3.8011
2003	0.1760	0.1596	1.1022	0.1342	0.4063	0.3302	1.1252	0.2106	5.3439
平均	0.6609	0.5996	1.1023	0.2861	0.8072	0.3545	0.5235	0.2060	2.5408

注：表中各指标的全称分别是装备业的相对效率、全部产业的相对效率、装备制造业与全部产业的效率比。特别地，12 个投入指标中，金融机构人民币资金运用各项贷款情况（x_{92}—T_{92}）、货币（M1）供应量（x_{94}—T_{94}）因无全部业与装备制造产业的细分，这里略去。

资料来源：由表 4-24 和表 4-29 整理、计算得到。

将表 4-25 和表 4-26 中有关两指标的重要性判断值舍去，其他 10 项投入指标之间重要性判断不变，形成新的判断矩阵，得到基于 AHP 赋权分析法的各指标权重测算结果（见表 4-34）。基于表 4-34，将历年装备制造业相对于国民经济全部产业的各单个投入指标的相对效率进行加权汇总，可得 2003—2014 年各年度装备制造业相对于国民经济全部产业的产业安全指数，然后基于构建的装备制造业相对于全部产业的产业安全区间分级对应体系，评估各年度的产业安全等级，结果见表 4-35。

表4-31　　　基于各单个投入指标的装备制造业和
全部产业的相对效率比较

年份	指标 x_{44} 效率测度			指标 x_{45} 效率测度			指标 x_{53} 效率测度		
	装备制造业	全部产业	相对比值	装备制造业	全部产业	相对比值	装备制造业	全部产业	相对比值
2014	0.8645	0.7526	1.1487	0.8842	0.7581	1.1665	0.8505	0.7970	1.0670
2013	0.8853	0.8296	1.0670	0.8941	0.8227	1.0868	0.8540	0.8566	0.9970
2012	0.8762	0.8512	1.0294	0.8815	0.8458	1.0422	0.8441	0.8706	0.9696
2011	0.9673	0.9598	1.0078	0.9573	0.9514	1.0062	0.9001	0.9566	0.9410
2010	1.0338	0.9453	1.0936	1.0447	0.9482	1.1017	0.9621	1.0394	0.9256
2009	0.8135	0.7392	1.1006	0.7938	0.7355	1.0792	0.7990	0.8329	0.9593
2008	0.7717	0.7486	1.0308	0.7500	0.7471	1.0039	0.7233	0.7965	0.9081
2007	0.7417	0.8126	0.9128	0.7015	0.8142	0.8616	0.6934	0.8953	0.7744
2006	0.6364	0.7076	0.8994	0.6039	0.7092	0.8515	0.6027	0.8129	0.7414
2005	0.5573	0.6389	0.8723	0.5215	0.6365	0.8194	0.5673	0.7782	0.7290
2004	0.5591	0.5852	0.9554	0.5238	0.5814	0.9010	0.6104	0.7869	0.7757
2003	0.5545	0.5218	1.0627	0.5178	0.5097	1.0160	0.6650	0.7753	0.8577
平均	0.8368	0.8011	1.0446	0.8271	0.7987	1.0355	0.8124	0.8629	0.9415

注：表中各指标的全称具体见表4-30。
资料来源：由表4-24和表4-29整理、计算得到。

表4-32　　　基于各单个投入指标的装备制造业和
全部产业的相对效率比较

年份	指标 x_{62} 效率测度			指标 x_{71} 效率测度		
	装备制造业	全部产业	相对比值	装备制造业	全部产业	相对比值
2014	0.6377	0.8749	0.7289	0.5114	0.9338	0.5477
2013	0.6177	0.9477	0.6518	0.4870	0.9833	0.4953
2012	0.5494	0.9255	0.5936	0.4446	0.9422	0.4719
2011	0.5935	1.0463	0.5672	0.4730	1.0170	0.4651
2010	0.5900	0.9558	0.6173	0.4822	0.9573	0.5037
2009	0.3930	0.6736	0.5835	0.3934	0.7778	0.5057
2008	0.3300	0.6411	0.5148	0.2876	0.6011	0.4784

续表

年份	指标 x_{62} 效率测度			指标 x_{71} 效率测度		
	装备制造业	全部产业	相对比值	装备制造业	全部产业	相对比值
2007	0.2746	0.6278	0.4374	0.2570	0.6003	0.4281
2006	0.2292	0.5568	0.4117	0.2198	0.5225	0.4207
2005	0.1968	0.4929	0.3991	0.2136	0.5031	0.4246
2004	0.1993	0.4435	0.4492	0.2259	0.4781	0.4726
2003	0.1815	0.3637	0.4989	0.2851	0.5021	0.5679
平均	0.4457	0.7780	0.5728	0.3961	0.8011	0.4944

注：表中各指标的全称同表 4-30。

资料来源：由表 4-24 和表 4-29 整理、计算得到。

表 4-33　基于各单个投入指标的装备制造业和全部产业的相对效率比较

年份	指标 x_{81} 效率测度			指标 x_{101} 效率测度		
	装备制造业	全部产业	相对比值	装备制造业	全部产业	相对比值
2014	1.0629	0.1302	8.1638	0.3551	0.7048	0.5039
2013	0.9409	0.1334	7.0525	0.3648	0.7674	0.4753
2012	0.9076	0.1252	7.2478	0.3725	0.7820	0.4763
2011	0.8366	0.1290	6.4839	0.5019	0.9238	0.5434
2010	0.8051	0.1197	6.7290	0.5735	1.0278	0.5580
2009	0.6034	0.0836	7.2189	0.4603	0.8144	0.5652
2008	0.5164	0.0775	6.6594	0.4524	0.8627	0.5244
2007	0.4335	0.0709	6.1131	0.4393	0.9730	0.4515
2006	0.3301	0.0554	5.9603	0.3867	0.9056	0.4270
2005	0.2755	0.0461	5.9789	0.3776	0.8962	0.4214
2004	0.2635	0.0421	6.2530	0.4376	0.9460	0.4626
2003	0.2381	0.0344	6.9198	0.4458	0.8755	0.5092
平均	0.6627	0.0950	6.9748	0.4170	0.8352	0.4993

注：表中各指标的全称同表 4-30。

资料来源：由表 4-24 和表 4-29 整理、计算得到。

表4-34　基于AHP赋权分析法的各指标权重测算

指标	x_{11}	x_{22}	x_{31}	x_{44}	x_{45}
权重	0.157893	0.052629	0.157895	0.118421	0.039474
指标	x_{53}	x_{62}	x_{71}	x_{81}	x_{101}
权重	0.157895	0.052631	0.052631	0.052631	0.157901

根据表4-35可知，2003—2014年的12年间，装备制造业相对于国民经济全部产业的产业安全综合指数平均值为140.92，产业安全等级为B^+，处于比较安全偏正面状态。不过，2003—2014年12个年间各自的产业安全等级状态并不相同，呈现波动变化趋势。根据表4-35和图4-2可知，装备制造业相对于国民经济全部产业平均水平的产业安全等级状态，由2003年的A等级和很安全状态，先是急速下探至2004年的B^+等级和比较安全偏正面状态，进而继续缓慢下探至2005—2007年的B等级和比较安全状态。此后，又逐渐攀升至2008年的B^+等级和比较安全偏正面状态、2009年的A^-等级和很安全偏负面状态。2010—2013年，产业安全等级一直在B至B^+等级区间和比较安全状态区间波动，直到2014年回调并驻留在A^-等级和很安全偏负面状态。

表4-35　装备制造业相对于国民经济全部产业的产业安全综合指数测评

年份	2014	2013	2012	2011	2010	2009	2008
产业安全指数	156.25	141.09	139	134.75	143.62	150.59	139.79
产业安全等级评估	A^-	B^+	B^+	B	B^+	A^-	B^+
产业安全等级含义	很安全偏负面	比较安全偏正面	比较安全偏正面	比较安全	比较安全偏正面	很安全偏负面	比较安全偏正面
年份	2007	2006	2005	2004	2003	12年平均	
产业安全指数	125.8	125.88	128.79	149.19	183.73	140.92	
产业安全等级评估	B	B	B	B^+	A	B^+	
产业安全等级含义	比较安全	比较安全	比较安全	比较安全偏正面	很安全	比较安全偏正面	

资料来源：由表4-30至表4-34整理、计算得到。

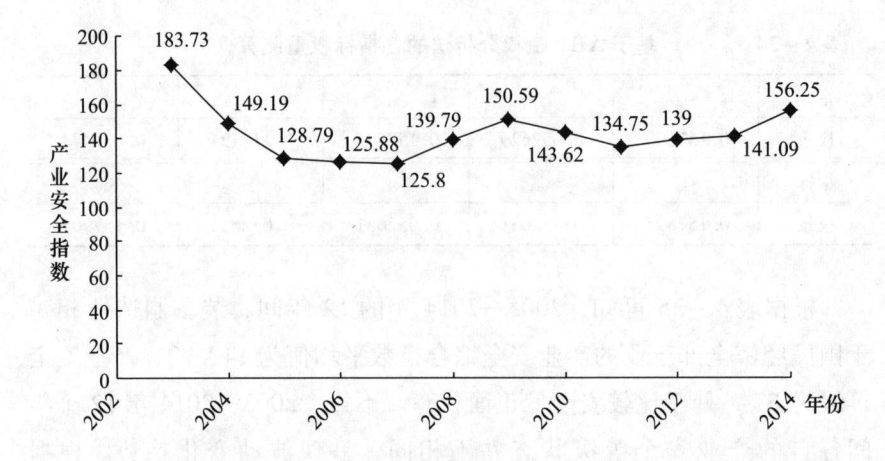

图 4-2 装备制造业相对全部产业的产业安全水平波动趋势（2003—2014 年）

资料来源：同表 4-35。

其间，产业安全指数和等级最低为 2007 年的 125.8 分值和比较安全的 B 等级，最高为 2003 年的 183.73 分值和很安全的 A 等级。整体而言，呈现一种先下探再回升的 U 形变化趋势。这表明，装备制造业相对于全部产业的平均水平而言，所具有的优势在逐步减弱之后，近期又有所提升扩大。

另外，虽然 2003—2014 年 12 年间装备制造业相对于国民经济全部产业的产业安全处于 B$^+$ 等级的比较安全偏正面状态，但仍然存在有明显的短板和制约因素，如城镇单位就业人员平均工资（指标 x_{22}）、规模以上企业主营业务成本（指标 x_{53}）、外商投资企业投资总额（指标 x_{62}）、规模以上企业出口交货值（指标 x_{71}）、企业研发经费支出（指标 x_{101}）等。2014 年，该几项短板指标的产业安全指数分别只有 35.45、94.15、57.28、49.44、49.93。①

---

① 将 2014 年装备制造产业相对于国民经济全部产业的各单个投入指标的相对效率与其指标权重相乘，可得 2014 年度各指标装备制造产业相对于国民经济全部产业的产业安全指数。

第五节 基于控制力的装备制造业安全水平测度评估

如上所述，基于控制力视角的产业安全水平测评，应该基于控制力安全门限标准，运用定性判别分析法，重点依据反映外资内在控股态势的产业中外资企业固定资产占比、总资产占比以及反映外资实际控制态势的产业中外资企业营业利润占比、利润总额占比4个典型代表性指标进行。根据国家统计局数据库，可以收集这4个指标2003—2014年的相关数据（见表4-36）。4个指标相对重要性相当，各予以0.25的均权处理，可得装备制造业2003—2014年外资控制程度与安全状态情况（见表4-37和图4-3）。

表4-36 装备制造业外资控制4个典型指标数据　　单元：亿元

年份	行业企业固定资产 总量	行业企业固定资产 外资量	行业企业资产总计 总量	行业企业资产总计 外资量	行业企业营业利润 总量	行业企业营业利润 外资量	行业企业利润总额 总量	行业企业利润总额 外资量
2014	73641	24014	293009	96611	23322	8876	23976	9095
2013	64918	22932	262230	90310	21759	8116	21973	8181
2012	57415	20737	230992	81623	19045	7066	19158	7095
2011	51442	19419	207336	77816	19564	8123	18984	7855
2010	49479	20885	182919	72237	17874	7842	17314	7599
2009	39874	16659	145367	57997	11661	5087	11194	4876
2008	35121	16229	125309	51974	9536	4262	9153	4112
2007	26912	13377	101441	45015	7296	3775	7122	3586
2006	22246	10770	81282	35557	4853	2647	4896	2596
2005	19091	8891	68507	29530	3559	1997	3614	1961
2004	16480	7510	60486	25329	2929	1856	3201	1918
2003	13271	5226	47578	17761	2312	1457	2497	1452

资料来源：根据国家统计局年度统计数据中有关金属制品业、通用装备制造业、专用设备制造业、交通运输设备制造业、电气机械和器材制造业、电子及通信设备制造业、仪器仪表及文化、办公用装备制造业7个具体产业的相关数据，进行汇总形成装备制造业的总体数据。

表4-37　装备制造业外资控制程度与安全状态判别　　　　　单位:%

年份	固定资产外资占比	总资产外资占比	营业利润外资占比	利润总额外资占比	外资总体控制程度	外资控制权安全门限	控制力视角的安全判断
2014	32.61	32.97	38.06	37.93	35.39	50	安全
2013	35.32	34.44	37.30	37.23	36.07	50	安全
2012	36.12	35.34	37.10	37.03	36.40	50	安全
2011	37.75	37.53	41.52	41.38	39.55	50	安全
2010	42.21	39.49	43.87	43.89	42.37	50	安全
2009	41.78	39.90	43.62	43.56	42.22	50	安全
2008	46.21	41.48	44.69	44.93	44.33	50	安全
2007	49.71	44.38	51.74	50.35	49.05	50	安全
2006	48.41	43.75	54.54	53.02	49.93	50	安全
2005	46.57	43.11	56.11	54.26	50.01	50	不安全
2004	45.57	41.88	63.37	59.92	52.69	50	不安全
2003	39.38	37.33	63.02	58.15	49.47	50	安全

资料来源：本表各类占比数据基于表4-36相关数据统计而得。另外，根据表3-12，4个指标的权重相等，均为0.25，外资控制程度由此进行汇总计算得出。

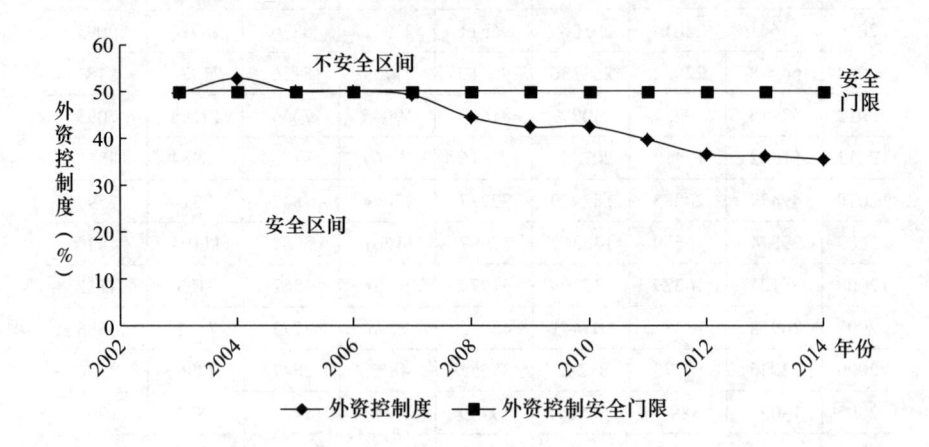

图4-3　装备制造业外资控制程度与安全态势演变示意

资料来源：同表4-36。

从表4-37和图4-3可知，装备制造业2003—2014年的外资总体控制程度，先是从 2003 年的 49.47%，波动上升至 2004 年的 52.69% 的最高位，然后又逐步下降，2014 年下降到了 35.39%。

如前所述，装备制造业是为国民经济各部门简单再生产和扩大再生产提供技术装备的制造工业总称，即"生产机器的机器制造业"，是制造业的核心组成部分，是国民经济特别是工业经济发展的基础。鉴于装备制造业的特殊重要地位，可以将装备制造业从产业控制力安全视角定位于限制外资并购的产业类型，其外资控制权安全的门限为 50%。

由此可知，2003—2014 年，2004 年和 2005 年装备制造业的外资控制超过 50% 的门限，处于不安全状态，2003 年、2006 年、2007 年三个年份外资控制紧紧逼近 50% 的不安全门限，其他年份则均低于 50% 的门限，处于安全状态。特别地，从动态角度来看，2003—2014 年呈现从前期不安全或逼近不安全向近期逐步安全的良性演变态势，安全性呈现稳步提高的态势。其中，2014 年外资控制度下降到 35.39% 的历史低位，表明基于控制力视角的产业安全达到了历史的最高位。

特别地，装备制造业包括金属制品业，通用装备制造业，专用设备制造业，交通运输设备制造业，电气机械和器材制造业，电子及通信设备制造业，仪器仪表及文化、办公用装备制造业 7 个具体产业，彼此基于控制力视角的产业安全程度并不相同。

由表 4-38 至表 4-44 和图 4-4 可知，①装备制造业的 7 个具体产业中，金属制品业、通用装备制造业、专用设备制造业、电气机械和器材制造业的外资控制度始终远低于 50% 的门限，处于产业控制视角的安全区间。②交通运输设备制造业，仪器仪表及文化、办公用装备制造业的外资控制度，前期高于 50% 的安全门限，处于产业控制视角的不安全区间，后期则低于 50% 的安全门限，步入了产业控制视角的安全区间。③电子及通信设备制造业比较特殊，该产业的外资控制度自始至终远高于 50% 的安全门限，始终处于产业控制视角的不安全区间，值得高度重视。④综合而言，7 个具体装备制造业 2003—2014 年的外资控制度均呈现出稳步下降态势，基于控制力视角的产业安全水平呈现明显的良性演化趋势。

表4-38　　装备制造业之金属制品业外资控制程度与
　　　　　　安全状态判别　　　　　　　　　　单位:%

年份	固定资产外资占比	总资产外资占比	营业利润外资占比	利润总额外资占比	外资总体控制程度	外资控制权安全门限	控制力视角的安全判断
2014	16.18	19.85	16.30	16.66	17.25	50	安全
2013	19.99	21.78	16.91	17.75	19.11	50	安全
2012	22.27	23.83	17.98	18.93	20.75	50	安全
2011	25.57	27.06	24.36	24.97	25.49	50	安全
2010	30.65	30.20	27.26	27.69	28.95	50	安全
2009	32.08	31.40	25.76	26.19	28.86	50	安全
2008	34.61	33.94	28.71	29.47	31.68	50	安全
2007	37.67	37.44	35.86	35.08	36.51	50	安全
2006	38.48	37.77	40.28	39.34	38.97	50	安全
2005	38.83	37.41	42.12	42.99	40.34	50	安全
2004	38.52	37.59	48.02	47.86	43.00	50	安全
2003	38.58	36.75	42.11	41.07	39.63	50	安全

资料来源:根据国家统计局年度统计数据中有关金属制品业,通用装备制造业,专用设备制造业,交通运输设备制造业,电气机械和器材制造业,电子及通信设备制造业,仪器仪表及文化、办公用装备制造业7个具体产业的相关数据,进行汇总而成。表4-39至表4-44资料来源均相同,不再单独注明。

表4-39　　装备制造业之通用装备业外资控制程度与
　　　　　　安全状态判别　　　　　　　　　　单位:%

年份	固定资产外资占比	总资产外资占比	营业利润外资占比	利润总额外资占比	外资总体控制程度	外资控制权安全门限	控制力视角的安全判断
2014	23.55	26.63	28.98	28.93	27.02	50	安全
2013	25.30	27.73	25.77	26.34	26.29	50	安全
2012	26.52	28.70	26.25	27.09	27.14	50	安全
2011	26.03	28.40	25.78	27.00	26.80	50	安全
2010	24.77	27.19	28.23	29.14	27.33	50	安全

续表

年份	固定资产外资占比	总资产外资占比	营业利润外资占比	利润总额外资占比	外资总体控制程度	外资控制权安全门限	控制力视角的安全判断
2009	26.23	26.91	28.39	28.80	27.58	50	安全
2008	28.25	28.40	30.83	32.05	29.88	50	安全
2007	33.80	31.13	36.99	36.43	34.59	50	安全
2006	30.61	29.12	37.02	36.75	33.38	50	安全
2005	30.22	28.19	39.94	39.68	34.51	50	安全
2004	29.49	27.47	46.74	44.68	37.10	50	安全
2003	24.68	22.95	41.84	41.67	32.79	50	安全

表4-40　装备制造业之专用设备业外资控制程度与安全状态判别　　　单位:%

年份	固定资产外资占比	总资产外资占比	营业利润外资占比	利润总额外资占比	外资总体控制程度	外资控制权安全门限	控制力视角的安全判断
2014	21.60	23.11	21.80	21.31	21.96	50	安全
2013	20.36	23.00	20.46	20.57	21.10	50	安全
2012	23.06	24.81	20.31	20.99	22.29	50	安全
2011	22.18	24.87	24.25	24.74	24.01	50	安全
2010	25.85	26.98	29.98	29.81	28.16	50	安全
2009	25.90	26.78	27.21	28.19	27.02	50	安全
2008	27.72	27.38	31.48	31.29	29.47	50	安全
2007	27.76	29.08	35.24	35.35	31.86	50	安全
2006	24.86	25.57	37.18	36.53	31.04	50	安全
2005	22.85	24.14	37.62	36.00	30.15	50	安全
2004	22.01	22.86	45.54	40.77	32.80	50	安全
2003	14.45	16.53	42.95	37.57	27.88	50	安全

表 4-41　装备制造业之交通设备业外资控制程度与安全状态判别　　单位:%

年份	固定资产外资占比	总资产外资占比	营业利润外资占比	利润总额外资占比	外资总体控制程度	外资控制权安全门限	控制力视角的安全判断
2014	35.08	33.79	50.57	50.19	42.41	50	安全
2013	35.94	34.64	50.90	50.14	42.91	50	安全
2012	36.03	33.64	49.60	48.66	41.98	50	安全
2011	37.34	37.67	56.50	56.85	47.09	50	安全
2010	37.72	38.43	57.68	58.75	48.15	50	安全
2009	40.58	38.81	58.31	58.67	49.09	50	安全
2008	44.27	38.06	52.82	52.33	46.87	50	安全
2007	45.70	37.43	60.05	56.38	49.89	50	安全
2006	45.48	37.07	66.11	60.72	52.35	50	不安全
2005	39.47	34.11	63.39	58.28	48.81	50	安全
2004	37.02	33.29	72.20	61.78	51.07	50	不安全
2003	31.96	29.67	76.82	67.31	51.44	50	不安全

表 4-42　装备制造业之电气设备业外资控制程度与安全状态判别　　单位:%

年份	固定资产外资占比	总资产外资占比	营业利润外资占比	利润总额外资占比	外资总体控制程度	外资控制权安全门限	控制力视角的安全判断
2014	24.61	24.44	24.46	24.69	24.55	50	安全
2013	27.13	26.19	24.42	24.46	25.55	50	安全
2012	29.11	27.75	24.85	24.85	26.64	50	安全
2011	31.42	29.21	29.75	28.97	29.84	50	安全
2010	34.15	31.48	34.05	34.11	33.45	50	安全
2009	36.20	33.32	36.28	36.05	35.46	50	安全
2008	38.78	34.76	36.44	35.88	36.47	50	安全
2007	40.88	36.82	38.59	38.44	38.68	50	安全
2006	40.57	35.85	40.85	39.07	39.09	50	安全
2005	40.37	34.67	41.48	39.84	39.09	50	安全
2004	40.45	34.78	45.19	42.72	40.79	50	安全
2003	37.60	32.05	47.90	44.39	40.49	50	安全

表4-43　装备制造业之通信设备业外资控制程度与
　　　　安全状态判别　　　　　　　　　　　单位:%

年份	固定资产外资占比	总资产外资占比	营业利润外资占比	利润总额外资占比	外资总体控制程度	外资控制权安全门限	控制力视角的安全判断
2014	61.70	55.52	59.09	57.46	58.44	50	不安全
2013	66.67	59.09	62.16	59.98	61.98	50	不安全
2012	64.22	60.38	64.49	61.62	62.68	50	不安全
2011	68.10	62.01	67.06	63.11	65.07	50	不安全
2010	77.61	66.27	63.03	60.08	66.75	50	不安全
2009	71.98	65.74	63.52	60.08	65.33	50	不安全
2008	78.61	69.55	72.66	73.62	73.61	50	不安全
2007	80.95	72.62	80.31	77.04	77.73	50	不安全
2006	77.81	71.24	79.83	79.53	77.10	50	不安全
2005	76.94	71.86	83.10	81.39	78.32	50	不安全
2004	76.53	69.38	84.67	85.68	79.07	50	不安全
2003	69.70	63.25	77.74	71.96	70.66	50	不安全

表4-44　装备制造业之仪器仪表业外资控制程度与
　　　　安全状态判别　　　　　　　　　　　单位:%

年份	固定资产外资占比	总资产外资占比	营业利润外资占比	利润总额外资占比	外资总体控制程度	外资控制权安全门限	控制力视角的安全判断
2014	24.95	27.43	31.44	30.65	28.62	50	安全
2013	27.34	28.91	31.02	30.32	29.40	50	安全
2012	29.59	29.97	32.14	31.77	30.87	50	安全
2011	35.09	39.00	42.25	41.44	39.45	50	安全
2010	35.43	39.76	45.88	44.05	41.28	50	安全
2009	41.02	43.93	47.23	44.95	44.28	50	安全
2008	45.55	42.85	54.11	51.84	48.59	50	安全
2007	48.84	48.18	61.07	56.63	53.68	50	不安全
2006	50.81	50.22	60.00	57.14	54.54	50	不安全
2005	49.14	49.73	62.89	60.39	55.54	50	不安全
2004	49.48	49.14	68.00	65.74	58.09	50	不安全
2003	48.15	46.52	70.59	68.97	58.56	50	不安全

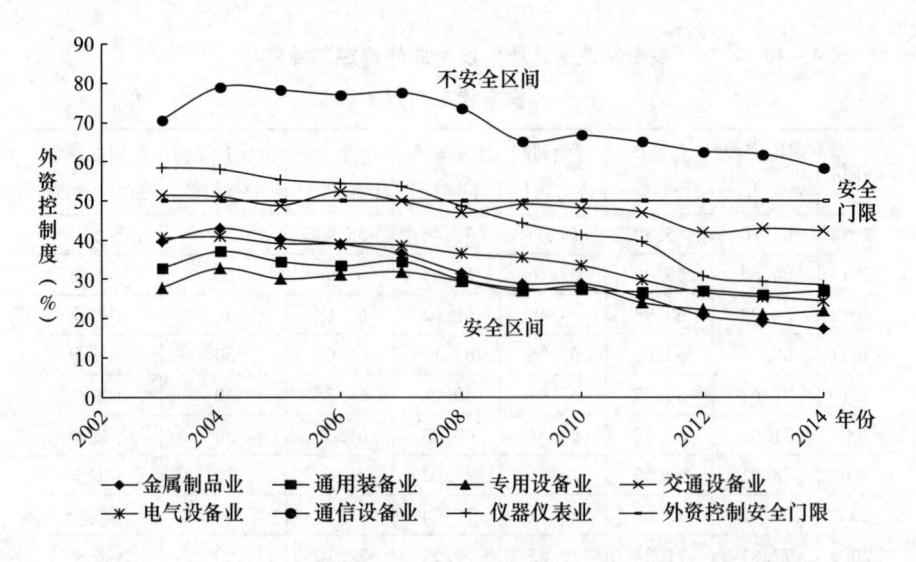

图 4-4　七大细分装备制造业外资控制程度与安全态势演变示意

资料来源：根据表 4-38 至表 4-44 相关数据整理、计算得到。

第六节　基本结论与对策建议

一　装备制造业安全研究的基本结论

基于竞争力（投入产出效率）的装备制造业相对于自身的产业安全研究表明：一是 2003—2014 年的 12 年间，装备制造业总体的投入产出效率水平为 0.73232，处于非弱 DEA 有效的状态。其对应的总体产业安全水平为 73.23，产业安全等级评估为 D^-，处于不太安全偏负面状态。二是 2003—2014 年 12 个年份各自的产业安全等级状态呈现波动变化趋势，其中不安全 E 等级状态的年份有 3 个，不安全偏正面 E^+ 等级状态的年份有 2 个，不太安全偏负面 D^- 等级状态的年份有 1 个，不太安全 D 等级状态的年份有 3 个，不太安全偏正面 D^+ 等级状态的年份有 1 个，基本安全 C 等级状态的年份有 1 个。三是 2003—2014 年 12 个年间的产业安全等级状态呈现倒"U"形波动变化趋势，但总体趋势则是向好的，其中 2010 年达到了最好的安全状态，目前正处于稳步回升状态。

基于竞争力（投入产出效率）的装备制造业相对于全部产业的产业安全研究表明：一是2003—2014年的12年间，装备制造业相对于国民经济全部产业的产业安全综合指数平均值为140.92，产业安全等级为B^+，处于比较安全偏正面状态。二是2003—2014年12年间各自的产业安全等级状态并不相同，呈现波动变化趋势。其间，产业安全指数和等级最低为2007年的125.8分值和比较安全的B等级，最高为2003年的183.73分值和很安全的A等级。整体而言，呈现一种先下探再回升的U形趋势。这表明，就装备制造业相对于全部产业的平均水平而言，其所具有的优势在逐步减弱之后，近期又有所提振扩大。三是虽然2003—2014年装备制造业相对于国民经济全部产业的产业安全处于B^+等级的比较安全状态，但仍然存在有明显的短板和制约因素，如城镇单位就业人员平均工资（x_{22}）、规模以上企业主营业务成本（x_{53}）、外商投资企业投资总额（x_{62}）、规模以上企业出口交货值（x_{71}）、企业研发经费支出（x_{101}）等。

基于竞争力的产业安全进一步分析可知，装备制造产业在产出不变的情况下可以减少相当分量的投入，也可以在投入不变的情况下增加相当分量的产出，这意味着其整体生产效率还有很大提升空间。这就要求装备制造企业切实以市场为导向，以绩效为中心，加强包括产品研发、生产流程、财务收支、人事考核、职能优化等在内的改革力度，强化和完善现代企业制度，切实提高各装备制造企业自身的生产效率。

基于控制力（外资控制程度）的装备制造业总体安全研究表明，2003—2014年间，虽然有2003年、2004年、2005年、2006年、2007年5个年份的外资控制程度逼近或超过50%的不安全状态门限，但自2008年以来，其外资控制程度均低于50%的门限处于安全状态，且呈现外资控制程度稳步下降和基于控制力的产业安全水平稳步提高的态势。就装备制造业总体而言，由于其基于控制力视角的产业安全水平处于安全区间，不必启动相关措施对策。

基于控制力（外资控制程度）的装备制造业细分安全研究表明，

其7个具体产业的安全水平呈现明显的分化态势。其中，金属制品业、通用装备制造业、专用设备制造业、电气机械和器材制造业4个细分产业的外资控制度始终低于50%的门限，处于产业控制视角的安全区间，不必启动相关措施对策。交通运输设备制造业，仪器仪表及文化、办公用装备制造业两个细分产业，虽然前期高于50%的安全门限处于不安全区间，但后期低于50%的安全门限，步入了安全区间，因此，也不必启动相关措施对策。不过，电子及通信设备制造业的外资控制度始终远高于50%的安全门限，始终处于不安全区间。特别地，21世纪是信息的世纪，电子及通信设备制造业具有至关重要的地位，因此，根据前面分析，应该启动相关措施对策，将外资控制程度降低至50%以下，提升民族资本控制程度至50%以上，确保步入基于控制力视角的产业安全区间。

二　装备制造业安全发展的对策建议

围绕着基于竞争力（投入产出效率）和控制力（外资控制程度）的产业安全水平测度分析，提出装备制造业安全发展对策建议如下：

（一）加大规模型企业集团组建步伐

在当今经济全球化的背景下，不同国家产业之间的竞争核心是各国相关产业规模型大公司和企业集团之间的竞争。2014年，我国装备制造业共有规模以上企业122654家，大中型企业22490家。这两个庞大数字的背后，真正的大公司和企业集团数量实际上很少。然而，装备制造业属于资本技术密集型产业，其企业发展需要相对大的适度规模，没有规模往往就没有竞争力。在目前财力有限、大规模注入资金扩大企业规模比较困难的情况下，装备制造业应该选择通过资本流动和企业兼并重组，有效地解决装备制造企业布局过散、数量过多的问题，使其从分散的中小企业向大型企业和特大企业集团集中演进，从低效的弱势中小企业向具有优势的龙头规模型企业集中，力争在兼并重组中培育和发展壮大一批具有相当竞争力的世界级装备制造大公司、大集团。

（二）积极推进多元化经营战略

从理论上说，在当前市场经济起决定性作用的今天，装备制造业中一个上游企业和一个下游企业合并为一家企业集团，会由于消除了双重的成本加价，交易成本和价格将会下降，产品产量将会上升，企业利润和社会福利都将大于两家独立企业之和。比如，一种支线飞机产品的成功开发，必须首先经过实验室技术研发，进而小批量试制检验，然后才进行生产车间的大规模生产及市场推广。如果实施研发生产一体化战略，将会有效对接供需，缩短时效，提高效率，创造利润。需要说明的是，装备制造业企业往往在装备制造领域具有相当的专业化优势，同时也肩负着振兴国家装备制造业的民族重任。因此，装备制造业应该以市场为导向，发挥自身在装备制造领域的专业化优势，积极推进以垂直一体化为代表的多元化经营战略。

（三）强化全球化经营战略

改革开放之初，我国走的是一条以"引进来"为主的发展道路。改革开放40年来，我国国民经济整体实力有了巨大提高，已经具备了"走出去"开展全球化经营的条件。而我国市场经济的不断完善和正式加入世界贸易组织体系，也提供了"走出去"开展全球化经营的环境。但是，到目前为止，装备制造业还缺乏真正意义上国际化经营成功的企业，限制了该产业的健康发展和转型升级。因此，强化全球经营战略，加快国际化经营步伐，从间接出口到直接出口，再到在境外建立公司，直到完全跨国经营，就应该成为当前装备制造业发展的战略选择。具体措施则包括进一步熟悉国际商务活动的规则，进一步深化对目标国环境、文化及法律的把握，进一步培育与目标国有关部门间良好的公共关系，在目标国建立办事机构，积极寻求投资设厂、建立联盟或并购的机会等。

（四）充分利用资本市场

国有经济在装备制造业中占据重要地位，这种产权制度安排在我国当前社会主义市场发展阶段具有一定的客观现实性。然而，国有经济具有产权界定不清晰、运行效率相对低下等不足。在中央提出大力发展混合制经济的背景下，装备制造业应该充分利用资本市场，积极创造条件，争取上市或发行公司债券，在发展壮大自己的同时，允许国有上市公司的部分国有股和法人股流通出让，实现国有资本的战略转移，以调整国有企业股权结构和推动装备制造国有企业改革，建立规范的现代企业制度和公司治理结构，逐步改善经济运行的微观经济基础，并实现国有经济布局的战略性调整。同时，充分考虑"二板市场"建立的机会，争取上市直接融资，吸引风险投资基金进入，利用各种资源加快装备制造业发展壮大。

（五）加快科技研发创新

科学技术是第一生产力。在当今时代，谁掌握了核心技术，谁就能引领产业发展的潮流，谁走到了科技前沿，谁就掌握了产业发展的标准。因此，装备制造业要树立技术创新和引领发展的意识，真正树立"科技是第一生产力"的观念，切实重视技术创新，促进技术向现实生产力转化。在装备制造业科技创新过程中，既要努力推进技术创新主体的企业化工作，又要充分发挥我国高校和科研院所的基础性科研创新优势，加强科研院所与装备制造企业的有机结合，实现双向交流和多层次合作，构建科技进步面向经济建设、经济建设依靠科技进步的机制。加快科技研发创新，推动装备制造业结构优化升级，还要广开投资渠道，鼓励风险投资。通过资本市场融资、建立风险投资机制等有效手段，鼓励和引导社会资金投向技术创新领域。同时，国家应保证对基础性、长远性和公益性科技研发项目的支持，保证企业技术创新所需基础性科学技术知识来源。

（六）发展高端引领产业

现阶段高端装备制造业发展的重点方向主要包括航空装备、卫星及应用、轨道交通装备、海洋工程装备、智能制造装备等。其中，航空装备发展的重点应该是大型客机、支线飞机、通用飞机和直升机、航空发动机、航空设备等。卫星及应用发展的重点应该是航天运输系统、卫星地面系统、卫星应用系统等。轨道交通装备发展的重点应该是动车组及客运列车、重载及快捷货运列车、城市轨道交通装备、工程及养路机械装备、信号及综合监控与运营管理系统、关键核心零部件等。海洋工程装备发展的重点应该是海洋矿产资源开发装备、海洋可再生能源和化学资源开发装备等。智能制造装备发展的重点应该是关键智能基础共性技术、核心智能测控装置与部件、重大智能制造集成装备、重点应用示范推广领域等。

(七) 市场推动和政策引导双轮驱动

推动装备制造业的良性发展,还必须发挥市场机制的决定性作用,打破地方保护、产业垄断,维护市场竞争的有序性、高效性,使装备制造企业主要依靠技术创新而不是其他因素获取竞争优势。同时,通过强化国家宏观调控,采取引导性和鼓励性财税政策推动技术创新。还要切实加强知识产权保护力度,使装备制造企业成为创新活动真正的获益者。

(八) 加强外资并购行政与立法

参照和借鉴发达国家有关产业控制力安全维护的经验,加强《外国投资法》《外资引进促进法》等法律法规制订或修订。鉴于装备制造业的重要性,应该直接以法律的形式明确该产业为限制外资并购产业,确定该产业的外资并购门限。

另外,建立审查外资并购的专门机构比如外国投资委员会,基于产业控制力安全视角的外资控股权比例下限确定,并切实加以落实。其中,电子及通信设备制造业的外资控制度始终远高于50%的安全门限,始终处于不安全区间,而电子及通信设备制造业对于21世纪中国的发展至关重要,应该予以特别关注和重视,启动相关措施对策,将外资控制程度降低至50%以下,提升民族资本控制程度至50%以上,确保步入基于控制力视角的产业安全区间。

第五章 中国高技术产业安全实证研究

高技术产业是国民经济的重要战略性产业,其作为知识密集型和技术密集型产业,已成为当前和未来经济发展中新的增长点。基于2002—2014年数据的研究表明,该产业基于竞争力(投入产出效率)相对于自身的总体产业安全等级为D,处于不太安全状态,总体呈现倒"U"形波动变化趋势,目前处于稳步回升态势;基于竞争力(投入产出效率)的相对于全部产业的总体安全等级为A^+,处于很安全偏正面状态,总体呈现先下降再回升的U形变化趋势;基于控制力(外资控制程度)的总体产业安全水平,前期超过和逼近50%的外资控制安全门限处于或逼近不安全状态,后期则均低于50%的门限,处于安全状态,但5个具体产业呈现分化态势,其中,电子计算机及办公设备制造业外资控制度始终远高于50%的安全门限,处于不安全状态。

第一节 高技术产业的基本内涵和产业特征

一 高技术产业的基本内涵

参照OECD于2001年重新确定的高技术产业分类标准,我国将研发经费占产品销售总额的比重超过7.1%的产业划分为高技术产业。根据此标准,我国高技术产业包括5个行业:医药制造业、航空航天制造业、电子及通信设备制造业、电子计算机及办公设备制造业和医疗设备及仪器仪表制造业。[①]

[①] 朱冰冰:《浅谈高技术产业的定义及界定方法》,《科协论坛》2013年第4期。

根据《高技术产业（制造业）分类》（2013），高技术产业包括医药制造业，航空、航天器及设备制造业，电子及通信设备制造业，计算机及办公设备制造业，医疗仪器设备及仪器仪表制造业，信息化学品制造业6大类，与《国民经济行业分类》（GB/T 4754—2011）对应的行业类别的具体范围见表5-1。

表5-1　　　高技术产业涉及的国民经济产业分类与代码（GB/T 4754—2011）

大类代码	类别名称	说明
27	医药制造业	包括化学药品原料药制造等7个小类产业
—	航空、航天器及设备制造业	包括飞机制造等5个小类产业
—	电子及通信设备制造业	包括通信设备制造等5个中类产业、电子工业专用设备制造等19个小类产业
—	计算机及办公设备制造业	包括计算机整机制造等6个小类产业
—	医疗仪器设备及仪器仪表制造业	包括医疗仪器设备及器械制造1个中类产业、医疗诊断、监护及治疗设备制造等24个小类产业
—	信息化学品制造业	包括信息化学品制造1个小类产业

资料来源：国家统计局。

二　高技术产业的特征

（一）就业量大

就就业量大的特征而言，高技术产业不仅是技术密集型和资本密集型产业，同时也具有劳动密集性质，可以提供大量就业机会。从表5-2可以看出，高技术产业城镇单位就业人数，2003年为477万人，2010年为1092万人，2014年为1325万人，呈现稳步上升的趋势。高技术产业从业人员平均人数占全部城镇单位就业人数的比重，2003年为4.35%，2010年为8.37%，2014年为7.25%，呈现出先上升而后又轻微下降的趋势。

（二）技术含量高、高附加值

高技术产业是国民经济行业中研发投入强度（研发经费支出占主营业务收入的比重）相对较高的行业，技术含量高，产品附加值大。

表 5-2　　　　　　　　高技术产业吸引就业人数情况

指标	2014年	2013年	2012年	2011年	2010年	2008年	2006年	2005年	2004年	2003年
全部就业人数(万人)	18278	18108	15236	14413	13052	12193	11713	11404	11099	10970
高技术产业就业人数(万人)	1325	1294	1269	1147	1092	945	744	663	587	477
高技术产业就业占比（%）	7.25	7.14	8.33	7.96	8.37	7.75	6.36	5.82	5.29	4.35

资料来源：根据《中国高技术统计年鉴》（2004—2015）和《中国统计年鉴》（2004—2015）中相关数据计算得出。

技术含量高的特征可以通过研发经费支出情况表现出来。从表 5-3 可知，高技术产业大中型工业企业的研发经费支出，2003 年为 222 亿元，2014 年增长为 1922 亿元。从高技术产业人均研发经费支出来看，2003 年为 0.47 万元，2014 年为 1.45 万元；而全部产业的人均研发费用支出，2003 年和 2014 年分别只有 0.07 万元、0.40 万元，高技术产业人均研发经费支出始终保持有 3 倍左右的优势。

表 5-3　　　　高技术产业大中型工业企业研发经费支出情况

	指标	2014年	2013年	2012年	2010年	2009年	2008年	2006年	2005年	2003年
总量	高技术产业(亿元)	1922	1734	1491	968	774	655	456	362	222
	全部产业(亿元)	7320	6744	5992	4015	3210	2681	1630	1250	721
	高技术产业占比（%）	26.26	25.72	24.89	24.11	24.11	24.44	28.00	29.00	30.85
人均	高技术产业(万元)	1.45	1.34	1.18	0.89	0.81	0.69	0.61	0.55	0.47
	全部产业(万元)	0.40	0.37	0.39	0.31	0.26	0.22	0.14	0.11	0.07
	高技术产业占比（%）	362.67	362.33	301.44	285.90	310.91	315.23	437.92	496.79	665.81

资料来源：根据《中国高技术统计年鉴》（2004—2015）和《中国统计年鉴》（2004—2015）中相关数据计算得出。

（三）贡献大，带动性强

高技术产业规模总量较大，对整个国民经济具有很强的带动作用。首先，表 5-4 显示，就外贸出口情况而言，2003—2014 年，高技术产业企业出口交货值从 9098 亿元上升到 50765 亿元，占全部产业规模以上企业出口交货值的比重，始终保持在 30% 以上，2014 年则高达 42.9%。就全部资产情况而言，2003—2014 年，高技术产业企业拥有的全部资产从 5541 亿元上升到 58446 亿元，占全部产业规模以上企业全部资产的比重，从 2003 年的 3.3% 稳步攀升至 2014 年的 6.1%。就利润情况而言，2003—2014 年，高技术产业规模以上企业实现的利润总额从 2003 年的 971 亿元上升到 2014 年的 8095 亿元，占全部产业规模以上企业利润总额的比重，也从 2003 年的 11.6% 稳步攀升至 2014 年的 11.9%。

表 5-4　　高技术产业企业资产利润和外贸出口情况

指标	行业	2014 年	2013 年	2012 年	2010 年	2006 年	2003 年
出口交货值	高技术产业（亿元）	50765	49285	46701	37002	23476	9098
	全部产业（亿元）	118414	112824	106610.2	89910	60560	26942
	高技术产业占比（%）	42.9	43.7	43.8	41.2	38.8	33.8
资产总计	高技术产业（亿元）	58446	46655	36781	22048	10044	5541
	全部产业（亿元）	956777	870751	768421	592882	291215	168808
	高技术产业占比（%）	6.1	5.4	4.8	3.7	3.4	3.3
利润总额	高技术产业（亿元）	8095	7234	6186	4880	1777	971
	全部产业（亿元）	68155	68379	61910	53050	19504	8337
	高技术产业占比（%）	11.9	10.6	10.0	9.2	9.1	11.6

资料来源：根据《中国高技术统计年鉴》（2004—2015）和《中国统计年鉴》（2004—2015）中相关数据计算得出。

（四）研究开发投资大，科技人员比重高

近几年，我国高技术产业研发经费和研发人员投入增长迅猛。研发经费从 2000 年的 111 亿元，快速增加到 2014 年的 1922 亿元（见图 5-1），14 年间增长了 16.3 倍。研发人员从 2000 年的 9.2 万人（全时当量），快速增加到 2014 年的 57.3 万人，14 年间增长了 5.2 倍。

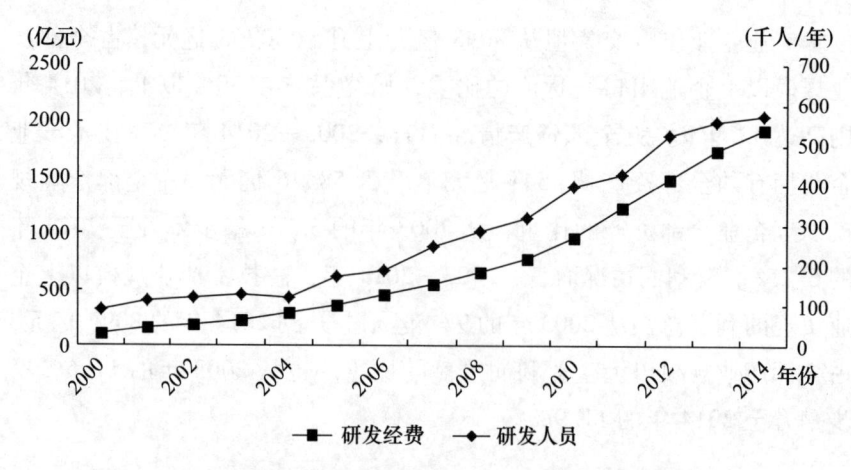

图 5-1　我国高技术产业研发投入变化趋势（2000—2014 年）

资料来源：《中国高技术统计年鉴》（2001—2015）。

在这些投入的带动下，我国高技术产业的研发产出也增长迅速。从发明专利的申请数来看，2007 年，我国高技术产业发明专利的申请数为 3.4 万件，2014 年则达到了 12.0 万件，年均增长 19.7%。与此同时，我国高技术产业的有效发明专利数也呈直线上升趋势，到 2014 年达到了 14.8 万件（见图 5-2）。

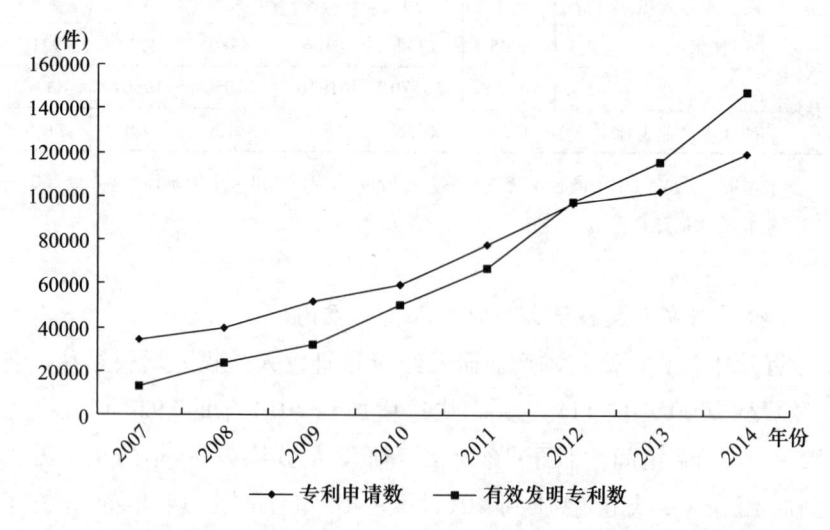

图 5-2　我国高技术产业发明专利申请数和有效发明数变化趋势（2007—2014 年）

资料来源：《中国高技术统计年鉴》（2008—2015）。

第二节 高技术产业发展成就

高技术产业是国民经济的重要战略性产业,其作为知识密集型和技术密集型产业,已成为当前和未来我国经济发展中新的增长点。[①]近年来,我国高技术产业的研发投入不断增加,而且非常重视引进国外先进技术,同步推进原始创新、消化吸收再创新以及集成创新,取得了良好的发展成效。

一 固定资产投资呈现稳定增长趋势

从表5-5可以看出,我国高技术产业固定资产投资,2002年为987亿元,2014年为17452亿元,12年间增加了16465亿元,增长了15.7倍,平均每年增长27.0%。其中,新增固定资产投资从2002年的620亿元增长为2014年的11791亿元,12年间增长了18.0倍,平均每年增长27.8%。此外,施工项目个数从2002年的4165个增长为2014年的18403个,12年间增长了3.4倍,平均每年增长13.2%。新开工项目个数从2002年的2498个增长为2014年的12039个,12年间增长了3.8倍,平均每年增长14.0%。总的来说,高技术产业固定资产投资呈现稳定上升的趋势。

表5-5 高技术产业施工项目与固定资产投资情况

指标	2014年	2013年	2012年	2011年	2010年	2009年	2008年	2005年	2002年
施工项目个数(个)	18403	17691	15681	13204	10723	9780	8534	7095	4165
新开工项目个数(个)	12039	11637	10223	8447	7117	6220	4872	4460	2498
投资额(亿元)	17452	15558	12933	9648	6945	4882	4169	2144	987
新增固定资产(亿元)	11791	9874	8377	6355	4450	3160	2574	1464	620

资料来源:根据《中国高技术统计年鉴》(2003—2015)计算得出。

---

① 肖仁桥、钱丽、陈忠卫:《中国高技术产业创新效率及其影响因素研究》,《管理科学》2012年第5期。

二 资产数量和主营业务收入呈现快速增长趋势

从表 5-6 可以看出，我国高技术产业的年末固定资产原价，2002 年为 5883 亿元，2014 年为 58446 亿元，12 年间增加了 52562 亿元，增长了 8.9 倍，平均每年增长 21.1%。我国高技术产业企业主营业务收入，2002 年为 14614 亿元，2014 年为 127368 亿元，12 年间增加了 112754 亿元，增长了 7.7 倍，平均每年增长 19.8%。

表 5-6　高技术产业年末固定资产原价和主营业务收入　单位：亿元

指标	2014 年	2013 年	2012 年	2011 年	2010 年	2009 年	2008 年	2005 年	2002 年
年末固定资产原价	58446	46655	36781	28404	22048	17598	14438	8717	5883
主营业务收入	127368	116049	102284	87527	74483	59567	55729	33922	14614

资料来源：根据《中国高技术统计年鉴》(2003—2015) 计算得出。

三 出口总额和利润总额呈现快速增长趋势

从表 5-7 可以看出，我国高技术产业的出口交货值，2002 年为 6020 亿元，2014 年为 50765 亿元，12 年间增加了 44745 亿元，增长了 7.4 倍，平均每年增长 19.4%。我国高技术产业实现的利润总额，2002 年为 741 亿元，2014 年为 8095 亿元，12 年间增加了 7354 亿元，增长了 9.9 倍，平均每年增长 22.0%。

表 5-7　高技术产业的出口交货值和利润总额　单位：亿元

指标	2014 年	2013 年	2012 年	2011 年	2010 年	2009 年	2008 年	2005 年	2002 年
出口交货值	50765	49285	46701	40600	37002	29500	31504	17636	6020
利润总额	8095	7234	6186	5245	4880	3279	2725	1423	741

资料来源：根据《中国高技术统计年鉴》(2003—2015) 计算得出。

四 产业发展质量呈现不断提高趋势

从表 5-8 可以看出，我国高技术产业 2002 年的资产、利润分别为 5883 亿元、741 亿元，资产利润率为 12.59%。2010 年，我国高技术产业的资产、利润分别为 22048 亿元、4880 亿元，资产利润率为

22.13%。2014 年，我国高技术产业的资产、利润分别为 58446 亿元、8095 亿元，资产利润率为 13.85%。12 年间，高技术业的资产利润率从 12.59% 稳步提升到 22.13%，虽然后面有所下降，但相比 2002 年仍然有着明显提高，表明我国高技术产业的经营效益和发展质量呈现不断提高的趋势。

表 5-9　　　　　　　高技术产业资产利润情况　　　　　单位：亿元

指标	2014 年	2013 年	2012 年	2011 年	2010 年	2009 年	2008 年	2005 年	2002 年
年末固定资产原价	58446	46655	36781	28404	22048	17598	14438	8717	5883
利润总额	8095	7234	6186	5245	4880	3279	2725	1423	741
资产利润率	13.85	15.50	16.82	18.47	22.13	18.63	18.88	16.32	12.59

资料来源：根据《中国高技术统计年鉴》(2003—2015) 计算得出。

五　产业国际化水平进一步提高

加入世界贸易组织以来，我国通过积极参与经济全球化进程，高技术产业得到快速发展，规模跻身世界前列，产业国际化水平也稳步提高。而且随着产业创新能力的不断增强，高技术产业出口开始由简单的加工贸易出口向资本、技术输出和高附加值产品出口转变，在国际分工中的地位日益提升，产业技术开发和标准研制等国际合作也正在向深度和广度发展。

第三节　高技术产业发展中存在的问题

我国高技术产业发展虽然取得了不错成就，但是，仍然存在一些突出问题，影响了其长远发展和安全发展。

一　固定资产投资和人均拥有数量相对不足

从表 5-9 可知，高技术产业人均固定资产投资和国民经济全部产业人均固定资产投资比较，2003 年两者分别为 2.98 万元、4.18 万元，2010 年分别为 6.36 万元、18.68 万元，2014 年分别为 13.17 万元、27.42 万元。11 年间，高技术产业人均固定资产投资占全部产业人均固定资产投资的比重，除 2003 年外，再也没有达到 50% 的比重。固定资产投资和固定资产拥有情况，是高技术产业长期发展的基本保障，人均固定资产投资和人均固定资产拥有长期远远低于全部产业的平均水平，这种情况严重制约了我国高技术产业的发展，影响了其核心竞争力的塑造和提升，从而导致产业发展出现安全风险。

表 5 – 9　　　　　高技术产业人均固定资产投资情况

指标	2014 年	2013 年	2012 年	2011 年	2010 年	2008 年	2006 年	2005 年	2003 年
高技术产业人均（万元）	13.17	12.03	10.19	8.41	6.36	4.41	3.71	3.23	2.98
全部产业人均（万元）	27.42	24.06	23.95	20.98	18.68	12.20	7.97	6.58	4.18
高技术产业占比（%）	48.03	49.98	42.56	40.09	34.05	36.17	46.53	49.12	71.33

资料来源：根据《中国高技术统计年鉴》（2004—2015）和《中国统计年鉴》（2004—2015）中相关数据计算得出。

二　研发经费投入增长缓慢

从表 5 – 10 可知，我国全部大中型工业企业和高技术产业大中型企业的研发经费支出，2003 年分别为 721 亿元、222 亿元，在总体中所占比重为 30.9%。到 2010 年，两个数据分别增长为 4015 亿元、968 亿元，高技术产业在总体中所占比重下降到 24.1%。此后，高技术产业大中型企业的研发经费增长，呈现明显快于全部大中型工业企业的势头。到 2014 年，两个数据分别达到 7320 亿元、1922 亿元，高技术产业在总体中所占比重达到 26.3% 的高位，但仍然低于 2003 年 30.9% 的比重。对于高技术产业来说，研发经费投入是维持其技术创新的根本保障，因此，研发经费增长缓慢，严重影响了我国高技术产业创新能力的提升，制约了其在国际上的竞争优势，不利于该产业可持续安全发展的实现。

表 5-10　　　　　高技术产业大中型工业企业研发经费支出

单位：百万元、%

指标	2014 年	2013 年	2012 年	2010 年	2009 年	2008 年	2006 年	2005 年	2003 年
高技术产业总量	192215	173437	149149	96783	77405	65520	45644	36250	22245
全部产业总量	731969	674406	599232	401540	321023	268131	163019	125029	72077
高技术产业占比	26.3	25.7	24.9	24.1	24.1	24.4	28.0	29.0	30.9

资料来源：根据《中国高技术统计年鉴》（2004—2015）和《中国统计年鉴》（2004—2015）中相关数据计算得出。

三　企业数量过多、产业竞争过于激烈

高技术产业是技术和资本密集型产业，与整体国民经济各产业相比，属于企业适度规模大和产业规模优势明显的产业。从表 5-11 可知，高技术产业 2003 年共有企业 12322 家，其中，大中型企业 2562 家，大中型企业占企业数量的比重为 20.79%，存在企业数量过多、竞争过于激烈的情况。此后，大中型企业占企业总数的比重呈现出反常的"逆向集中"趋势，一度下降到 2008 年 18.65% 的低位，2010 年也只有 20.06% 的水平。2011 年后呈现快速上升的趋势，到 2014 年达到 28.52% 的水平。鉴于高技术产业具有技术和资本密集的特点，从这个比例来看，仍然存在企业数量过多、竞争过于激烈的情况，严重影响了高技术产业的组织运行效率，进而制约了高技术产业创新效率的提升，导致其产业发展存在安全风险。

表 5-11　　　　　　高技术产业企业数量变动情况

分类指标	2014 年	2013 年	2012 年	2011 年	2010 年	2008 年	2006 年	2005 年	2003 年
规模企业（个）	27939	26894	24636	21682	28189	25817	19161	17527	12322
大中型企业（个）	7969	7809	7506	6803	5654	4815	3896	3454	2562
大中型占比（%）	28.52	29.04	30.47	31.38	20.06	18.65	20.33	19.71	20.79

资料来源：根据《中国高技术统计年鉴》（2004—2015）和《中国统计年鉴》（2004—2015）中相关数据计算得出。

受上述各种因素影响,我国高技术产业与世界先进水平相比,仍然存在较大差距。虽然我国目前的高技术产业发展呈现出了一些有益的因素,如随着"加快转变经济发展方式"这一发展主线的落实,产业政策加速倾向于鼓励自主创新,淘汰落后产业产能的力度进一步加大,原来以加工装配为目的的一批企业开始逐渐退出高技术产业领域,但是,从另一个角度说,这实际上反映了我国产业结构调整的任务还十分艰巨。此外,由于我国高技术企业始终没有摆脱低技术的特征,虽然生产的是高技术产品,但仍主要以加工为主,产业规模的扩大更多地依靠制造和装配环节的扩大。这些都从不同方面对我国高技术产业的发展形成了现实或潜在的安全威胁。

第四节 基于竞争力的高技术产业安全水平测度评估

一 相关指标数据甄选分析

(一) 数据收集和指标分类

基于国家统计局、《中国高技术统计年鉴》等渠道,尽可能全面地收集高技术产业的相关数据,然后进行汇总和投入产出分类,形成高技术产业的总体数据。限于收集渠道和数据更新速度等原因,收集数据的时间范围为2002—2014年,详见表5-12和表5-13。

表5-12　　高技术产业相关投入产出指标数据与分类

指标及分类		2014年	2013年	2012年	2011年	2010年	2009年
x	x_1 / x_{11}	1325	1294	1269	1147	1092	958
	x_2 / x_{21}	56360	51483	46769	41799	36539	32244
	x_3 / x_{31}	18403	17691	15681	13204	10723	9780
	x_{32}	12039	11637	10223	8447	7117	6220
	x_{33}	11914	10528	8968	7735	6011	5412
	x_{34}	65	60	57	59	56	55
	x_{35}	17452	15558	12933	9648	6945	4882
	x_{36}	11791	9874	8377	6355	4450	3160
	x_{37}	68	63	65	67	64	65

续表

指标及分类		2014年	2013年	2012年	2011年	2010年	2009年
x	x_4	x_{41}	58446	46655	36781	28404	22048	17598
	x_5	x_{51}	2324	2373	2298	2122	1749	1500
	x_6	x_{61}	50765	49285	46701	40600	37002	29500
	x_7	x_{71}	13235	11747	10241	9132	8059	6819
		x_{72}	8168	7190	6299	5479	4792	3997
		x_{73}	12284	11065	9742	8516	7259	6062
		x_{74}	3481	3373	3087	2898	2666	2200
	x_8	x_{81}	1922	1734	1491	1238	968	774
	x_9	x_{91}	27939	26894	24636	21682	28189	27218
y		y_1	127368	116049	102284	87527	74483	59567
		y_2	8095	7234	6186	5245	4880	3279

注：①x、y分别代表投入类指标、产出类指标。x_1、x_2、x_3、x_4、x_5、x_6、x_7、x_8、x_9分别代表投入类指标中的就业类指标、工资类指标、投资类指标、资产类指标、外资类指标、外贸类指标、金融类指标、科技类指标、其他类指标。②x_{11}代表本产业从业人员平均人数（万人），x_{21}代表城镇单位就业人员平均工资（元），x_{31}、x_{32}、x_{33}、x_{34}、x_{35}、x_{36}、x_{37}分别代表本产业施工项目个数（个）、新开工项目个数（个）、全部建成投产项目个数（个）、项目建成投产率（%）、固定资产投资额（亿元）、新增固定资产（亿元）、固定资产交付使用率（%），x_{41}代表本产业年末固定资产原价（亿元），x_{51}代表外商投资企业固定资产投资额（亿元），x_{61}代表本产业出口交货值（亿元），x_{71}、x_{72}、x_{73}、x_{74}分别代表金融机构人民币信贷资金运用（百亿元）、金融机构人民币资金运用各项贷款情况（百亿元）、货币和准货币（M2）供应量（百亿元）、货币（M1）供应量（百亿元），x_{81}代表本产业大中型研发经费内部支出（亿元），x_{91}代表本产业企业数（个）。y_1、y_2分别代表本产业企业主营业务收入（亿元）、企业利润总额（亿元）。③部分指标没有高技术产业细分数据，用制造业数据予以代替分析。

资料来源：根据《中国高技术统计年鉴》（2003—2015）和《中国统计年鉴》（2003—2015）中相关数据整理得到。

表 5-13　　高技术产业相关投入产出指标数据与分类

指标及分类		2008 年	2007 年	2006 年	2005 年	2004 年	2003 年	2002 年
	x_1	x_{11}	945	843	744	663	587	477	424
	x_2	x_{21}	28898	24721	20856	18200	15920	13969	12373
x	x_3	x_{31}	8534	7789	7507	7095	6334	6436	4165
		x_{32}	4872	4541	4435	4460	3718	3005	2498
		x_{33}	4290	3399	3227	3158	2554	2420	1488
		x_{34}	50	44	43	45	40	38	36
		x_{35}	4169	3388	2761	2144	1790	1423	987
		x_{36}	2574	2071	1898	1464	1197	939	620
		x_{37}	62	61	69	68	67	66	63
	x_4	x_{41}	14438	12124	10044	8717	6926	5541	5883
	x_5	x_{51}	1720	1544	1276	994	862	620	399
	x_6	x_{61}	31504	28423	23476	17636	14831	9098	6020
x	x_7	x_{71}	5384	4543	3652	3020	2619	2253	1840
		x_{72}	3034	2617	2253	1947	1774	1590	1313
		x_{73}	4752	4034	3456	2988	2541	2212	1850
		x_{74}	1662	1526	1260	1073	960	841	709
	x_8	x_{81}	655	545	456	362	292	222	187
	x_9	91	25817	21517	19161	17527	17898	12322	11333
	y	y_1	55729	49714	41585	33922	27846	20412	14614
		y_2	2725	2396	1777	1423	1245	971	741

注：各指标代码的含义同表 5-12。

资料来源：根据《中国高技术统计年鉴》（2003—2015）和《中国统计年鉴》（2003—2015）中相关数据整理得到。

（二）产出类指标间的相关性分析与处理

基本思想是：消除高相关性，简化产出指标体系。经过分析可知，两个产出类指标均高度相关，这里选取企业利润总额指标 y_2 为产出类指标 y 的代表进行分析。

（三）投入类指标与产出类指标间及彼此间的相关性分析与处理

基本思想是：消除与产出类指标不相关或低相关的投入类指标，

合并投入类指标中的同质高相关指标。基本步骤是：先对投入类指标进行基本分类，然后进行各类投入指标与产出指标间以及彼此间的相关性分析，消除与产出指标不相关或低相关指标，合并与产出指标高相关的同类投入指标。

具体情况如下：就业类指标：1个，与产出指标高度相关，保留进行分析。工资类指标：1个，与产出指标高度相关，保留进行分析。投资类指标：7个，其中，产业固定资产交付使用率指标（x_{37}）与产出指标相关性低，予以消除；其余指标均与产出类指标高度相关，彼此之间也均高度相关，选取产业固定资产投资额指标（x_{35}）为本类代表进行分析。资产类指标：1个，与产出指标高度相关，保留进行分析。外资类指标：1个，与产出指标高度相关，保留进行分析。外贸类指标：1个，与产出指标高度相关，保留进行分析。金融类指标：4个，均与产出指标高度相关，彼此之间也均高度相关，选取金融机构人民币资金运用各项贷款情况（x_{72}）和货币M1供应量（x_{94}）2个指标代表本类进行分析。科技类指标：1个，与产出指标高度相关，保留进行分析。其他类指标：1个，与产出指标高度相关，保留进行分析。

（四）指标数据甄选分析结果

消除低相关和合并同质高相关之后的高技术产业投入产出指标体系见表5-14。接着，利用该数据进行相对于自身和相对于全部产业的高技术产业安全水平的测度评估。

表5-14　　　　消除低相关和合并高相关之后的
高技术产业投入产出指标体系

年份	x									y
	x_1	x_2	x_3	x_4	x_5	x_6	x_7	x_8	x_9	y
	x_{11}	x_{21}	x_{35}	x_{41}	x_{51}	x_{61}	x_{72}	x_{74}	x_{81}	x_{91}	y_2
2014	1325	56360	17452	58446	2324	50765	8168	3481	1922	27939	8095
2013	1294	51483	15558	46655	2373	49285	7190	3373	1734	26894	7234

续表

年份	x										y
	x_1	x_2	x_3	x_4	x_5	x_6	x_7	x_8	x_9	
	x_{11}	x_{21}	x_{35}	x_{41}	x_{51}	x_{61}	x_{72}	x_{74}	x_{81}	x_{91}	y_2
2012	1269	46769	12933	36781	2298	46701	6299	3087	1491	24636	6186
2011	1147	41799	9648	28404	2122	40600	5479	2898	1238	21682	5245
2010	1092	36539	6945	22048	1749	37002	4792	2666	968	28189	4880
2009	958	32244	4882	17598	1500	29500	3997	2200	774	27218	3279
2008	945	28898	4169	14438	1720	31504	3034	1662	655	25817	2725
2007	843	24721	3388	12124	1544	28423	2617	1526	545	21517	2396
2006	744	20856	2761	10044	1276	23476	2253	1260	456	19161	1777
2005	663	18200	2144	8717	994	17636	1947	1073	362	17527	1423
2004	587	15920	1790	6926	862	14831	1774	960	292	17898	1245
2003	477	13969	1423	5541	620	9098	1590	841	222	12322	971
2002	424	12373	987	5883	399	6020	1313	709	187	11333	741
平均	905	30779	6468	21047	1522	29603	3881	1980	834	21703	3554

注：各指标代码的含义同表5-12。

资料来源：根据《中国高技术统计年鉴》(2003—2015)和《中国统计年鉴》(2003—2015)中相关数据整理得到。

二 相对于自身的高技术产业安全测度评估

首先，运用 DEA 模型中的 CCR 模型投入产出超效率分析，就高技术产业 2002—2014 年的相对效率进行测评。由于数据包络分析模型要求决策单元数量应该等于大于所选投入产出指标数之和的 5 倍，具体来说，2002—2014 年共 13 个决策单元年份，进行生产效率分析要求选用的投入产出指标数量之和不超过 2 个。这样，具体分析时将所选的单一产出指标逐一与每一投入指标进行相对生产效率分析，得到各单个投入指标的相对效率分析结果（见表 5-15）。

表5-15 基于CCR模型超效率分析的高技术产业
各单个投入指标相对效率分析结果

年份	x_{11} 相对效率	排名	x_{21} 相对效率	排名	x_{35} 相对效率	排名	x_{41} 相对效率	排名	x_{51} 相对效率	排名
2014	1.1404	1	1.0044	3	0.6933	13	0.6163	13	1.1730	1
2013	0.9209	2	1.0964	1	0.7118	12	0.7060	12	0.9774	2
2012	0.8250	3	0.9218	4	0.6785	14	0.8040	10	0.8237	4
2011	0.7451	5	0.9182	5	0.7724	11	0.8969	2	0.7363	6
2010	0.8207	4	1.0108	2	1.0842	2	1.2671	1	0.8774	3
2009	0.5908	7	0.7410	7	0.9681	6	0.8900	4	0.6970	7
2008	0.4880	9	0.7071	9	0.9555	8	0.8868	5	0.4982	9
2007	0.5352	8	0.7335	8	1.0710	3	0.8925	3	0.4975	10
2006	0.4069	10	0.5587	11	0.9557	7	0.8641	6	0.4247	14
2005	0.3688	11	0.5954	10	0.9702	5	0.7984	11	0.4284	13
2004	0.3559	12	0.5559	12	0.9180	9	0.8428	8	0.4631	11
2003	0.3416	13	0.4536	13	1.0236	4	0.8598	7	0.4604	12
2002	0.2952	14	0.4178	14	1.1099	1	0.5938	14	0.5788	8
总体	0.6266	6	0.8689	6	0.7792	10	0.8326	9	0.7494	5

年份	x_{61} 相对效率	排名	x_{72} 相对效率	排名	x_{74} 相对效率	排名	x_{81} 相对效率	排名	x_{91} 相对效率	排名
2014	1.2064	1	1.0170	3	1.1049	8	0.8700	10	1.1530	4
2013	0.9121	2	0.9839	4	0.9232	3	0.8697	9	0.9372	10
2012	0.8476	3	1.0198	2	0.8824	4	0.8885	2	0.9192	9
2011	0.7944	5	0.9823	5	0.8291	2	0.8321	6	0.8759	2
2010	0.8110	4	1.0553	1	0.7879	1	1.2029	5	0.5985	6
2009	0.6566	9	0.8563	9	0.6499	10	0.8173	11	0.4370	11
2008	0.4956	11	0.9058	7	0.7220	9	0.8805	1	0.3709	8
2007	0.5320	10	0.9691	6	0.7018	7	0.9305	8	0.4144	1
2006	0.4482	14	0.8465	10	0.6692	6	0.8279	12	0.3494	12
2005	0.4924	12	0.7880	11	0.5487	12	0.8062	14	0.2866	14
2004	0.4717	13	0.7669	12	0.6001	11	0.8542	7	0.2405	3
2003	0.6702	8	0.6267	13	0.5014	13	0.9216	3	0.2858	7
2002	0.772	6	0.5724	14	0.4836	14	0.8120	13	0.2372	13
总体	0.7613	7	0.8792	8	0.7942	5	0.9008	4	0.5699	5

资料来源：根据表5-14中的相关数据计算得到。

其次，基于 AHP 赋权分析法基本理念以及判断两指标相对重要程度的判断尺度和评价规则如表 3-5 所示，通过指标两两之间比较得到判断值，形成重要性判断矩阵如表 5-16 和表 5-17 所示。

表 5-16　　　基于各大类有效指标的重要性判断矩阵

	x_1 (x_{11})	x_2 (x_{21})	x_3 (x_{35})	x_4 (x_{41})	x_5 (x_{51})	x_6 (x_{61})	x_7 (x_{72}—x_{74})	x_8 (x_{81})	x_9 (x_{91})
x_1 (x_{11})									
x_2 (x_{21})	1/3	1							
x_3 (x_{35})	1	3	1						
x_4 (x_{41})	1	3	1	1					
x_5 (x_{51})	1/3	1	1/3	1/3	1				
x_6 (x_{61})	1/3	1	1/3	1/3	1	1			
x_7 (x_{72}—x_{74})	1	3	1	1	3	3	1		
x_8 (x_{81})	1	3	1	1	3	3	1	1	
x_9 (x_{91})	1	3	1	1	3	3	1	1	1

表 5-17　　　第七大类指标中两个具体指标的重要性判断矩阵

	x_{72}	x_{74}
x_{72}	1	
x_{74}	1	1

在此基础上，计算判断矩阵的最大特征根及对应的特征向量，并进行必要的一致性调整，求出已正则化的特征向量值就是要求的权重值即基于 AHP 赋权分析法的各指标权重测算，具体见表 5-18，进而汇总得到总体的投入产出效率结果即高技术产业相对效率分析和安全水平测评（见表 5-19）。

表 5-18　　　基于 AHP 赋权分析法的各指标权重测算

指标	权重	指标	权重	指标	权重	指标	权重	指标	权重
x_{11}	0.1502	x_{35}	0.1528	x_{51}	0.0490	x_{72}	0.0749	x_{81}	0.1499
x_{21}	0.0517	x_{41}	0.1541	x_{61}	0.0506	x_{74}	0.0719	x_{91}	0.1525

表 5-19　　基于各单个指标加权综合的高技术产业
相对效率分析和安全水平测评

年份	相对效率	排名	DEA 模型有效性	产业安全指数	产业安全等级评估	产业安全等级含义
2014	1.00451	2	DEA 模型有效	100.45	C	基本安全
2013	0.91997	3	非弱 DEA 模型有效	92.00	C$^-$	基本安全偏负面
2012	0.89558	4	非弱 DEA 模型有效	89.56	D$^+$	不太安全偏正面
2011	0.88339	5	非弱 DEA 模型有效	88.34	D$^+$	不太安全偏正面
2010	1.02776	1	DEA 模型有效	102.78	C	基本安全
2009	0.77952	8	非弱 DEA 模型有效	77.95	D	不太安全
2008	0.75031	9	非弱 DEA 模型有效	75.03	D	不太安全
2007	0.79651	7	非弱 DEA 模型有效	79.65	D	不太安全
2006	0.70158	10	非弱 DEA 模型有效	70.16	D$^-$	不太安全偏负面
2005	0.66639	12	非弱 DEA 模型有效	66.64	E$^+$	不安全偏正面
2004	0.66421	13	非弱 DEA 模型有效	66.42	E$^+$	不安全偏正面
2003	0.68486	11	非弱 DEA 模型有效	68.49	E$^+$	不安全偏正面
2002	0.63000	14	非弱 DEA 模型有效	63.00	E$^+$	不安全偏正面
总体	0.80654	6	非弱 DEA 模型有效	80.65	D	不太安全

基于构建的相对于自身的产业安全测度模型及相应的产业安全区间分级对应体系，可以计算得出各年份基于相对生产效率的产业安全水平，并进行基本的产业安全等级状态评估，见表 5-19。

由表 5-19 可知，2002—2014 年，高技术产业总体的投入产出效率水平为 0.80654，处于非弱 DEA 模型有效的状态。其对应的总体产业安全水平为 80.65，产业安全等级评估为 D，处于不太安全状态。

不过，2002—2014 年 13 个年份各自的产业安全程度并不相同，呈现波动变化趋势。根据表 5-19 和图 5-3 可知，高技术产业相对于自身的产业安全水平，2002—2005 年间，由 2003 年的 E$^+$ 等级和不安全偏正面状态，先是上升到 2006 的 D$^-$ 等级和不太安全偏负面状态，进而上升至 2007—2009 年的 D 等级和不太安全状态，继而又上升至 2010 年的 C 等级和基本安全状态。在 2011—2012 年回调至 D$^+$ 等级和不太安全偏正面状态后，2013—2014年又进一步上升至C等级和基本安全状态。虽然整个过程呈现倒"U"形波动变化趋势，但总体趋势则是向好的，其中，2010年达到了13年间最好的安全状态，目前正处于稳步回升状态。

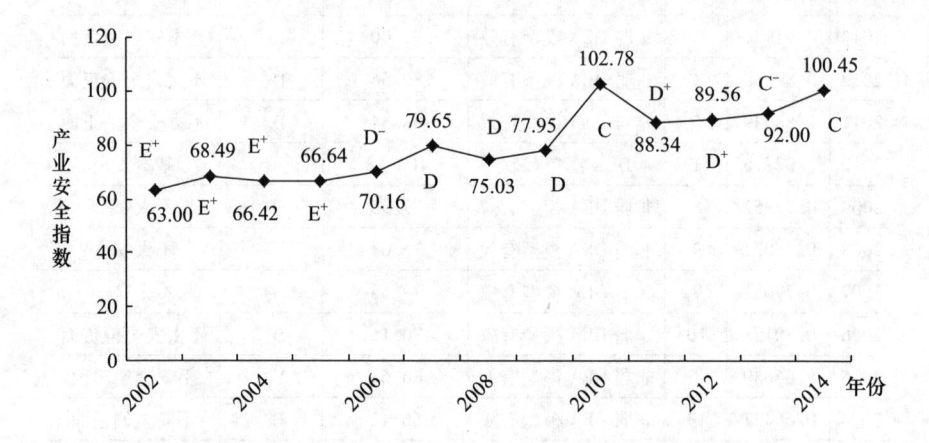

图 5-3 高技术产业相对于自身的产业安全水平波动趋势（2002—2014年）

资料来源：同表5-19。

三 相对于全部产业的高技术产业安全测度评估

收集对应的国民经济全部产业相关指标数据（见表5-20），运用DEA模型中的CCR模型进行超效率比较，得到基于各单个投入指标2003—2014年各年度高技术产业和国民经济全部产业同批组比较的相对效率，结果见表5-21至表5-23。特别地，9个投入指标中，金融机构人民币资金运用各项贷款情况（x_{72}—T_{72}）、货币（M1）供应量（x_{74}—T_{74}）因无全部产业与高技术产业的细分，这里略去。

将表5-16和表5-17中有关两指标重要性判断值舍去，其他投入指标彼此之间重要性判断不变，形成新的判断矩阵，得到基于AHP赋权分析法的各指标权重测算结果（见表5-24）。

基于表5-24，将历年高技术产业相对于国民经济全部产业的各单个投入指标安全指数进行加权汇总，可得2003—2014年各年度高技术产业相对于国民经济全部产业综合的产业安全指数，然后基于构建的相对于全部产业的产业安全区间分级对应体系，进行基本的产业安全等级评估即产业安全综合指数测评，结果见表 5-25。

表 5-20　　　　国民经济全部产业相关指标数据

指标	T_{11}	T_{21}	T_{35}	T_{41}	T_{51}	T_{61}	T_{81}	y
2014 年	18278	56360	501265	956777	37977	118414	731969	68155
2013 年	18108	51483	435747	870751	35176	112824	674406	68379
2012 年	15236	46769	364854	768421	32610	106610	599232	61910
2011 年	14413	41799	302396	675797	29931	99612	503070	61396
2010 年	13052	36539	243798	592882	27059	89910	401540	53050
2009 年	12573	32244	193920	493693	25000	72052	321023	34542
2008 年	12193	28898	148738	431306	23241	82498	268131	30562
2007 年	12024	24721	117464	353037	21088	73393	211246	27155
2006 年	11713	20856	93369	291215	17076	60560	163019	19504
2005 年	11404	18200	75095	244784	14640	47741	125029	14803
2004 年	11099	15920	59028	215358	13112	40484	95449	11929
2003 年	10970	13969	45812	168808	11174	26942	72077	8337
平均	13422	32313	215124	505236	24007	77587	347183	38310

注：表中 T_{11}、T_{21}、T_{35}、T_{41}、T_{51}、T_{61}、T_{81} 分别与表 5-14 中的 x_{11}、x_{21}、x_{35}、x_{41}、x_{51}、x_{61}、x_{81} 对应，分别代表国民经济全部产业从业人员平均人数（万人）、城镇单位就业人员平均工资（元）、固定资产投资额（亿元）、年末固定资产原价（亿元）、外商投资企业固定资产投资额（亿元）、出口交货值（亿元）、大中型企业研发经费内部支出（亿元）。y 代表国民经济全部产业企业利润总额（亿元）。

资料来源：国家统计局年度统计数据。

表 5-21　　　　基于各单个投入指标的高技术产业和
全部产业的相对效率比较

年份	指标 x_{11} 效率测度			指标 x_{21} 效率测度			指标 x_{35} 效率测度		
	高技术产业	全部产业	相对比值	高技术产业	全部产业	相对比值	高技术产业	全部产业	相对比值
2014	1.1404	0.7833	1.4559	1.0044	0.8233	1.2200	0.6933	0.1573	4.4075
2013	0.9209	0.7932	1.1610	1.0964	0.9042	1.2126	0.7118	0.1816	3.9196

续表

年份	指标 x_{11} 效率测度			指标 x_{21} 效率测度			指标 x_{35} 效率测度		
	高技术产业	全部产业	相对比值	高技术产业	全部产业	相对比值	高技术产业	全部产业	相对比值
2012	0.8250	0.8536	0.9665	0.9218	0.9012	1.0229	0.6785	0.1963	3.4564
2011	0.7451	0.8948	0.8327	0.9182	1.0117	0.9076	0.7724	0.2349	3.2882
2010	0.8207	0.8538	0.9612	1.0108	0.9885	1.0226	1.0842	0.2518	4.3058
2009	0.5908	0.5771	1.0237	0.7410	0.7293	1.0160	0.9681	0.2061	4.6972
2008	0.4880	0.5265	0.9269	0.7071	0.7200	0.9821	0.9555	0.2377	4.0198
2007	0.5352	0.4744	1.1282	0.7335	0.7478	0.9809	1.0710	0.2675	4.0037
2006	0.4069	0.3498	1.1632	0.5587	0.6367	0.8775	0.9557	0.2417	3.9541
2005	0.3688	0.2727	1.3524	0.5954	0.5537	1.0753	0.9702	0.2281	4.2534
2004	0.3559	0.2258	1.5762	0.5559	0.5101	1.0898	0.9180	0.2338	3.9264
2003	0.3416	0.1596	2.1404	0.4536	0.4063	1.1164	1.0236	0.2106	4.8604
平均	0.6266	0.5996	1.0450	0.8689	0.8072	1.0764	0.7792	0.2060	3.7825

注：表中各指标的全称分别是高技术产业的相对效率、全部产业的相对效率、高技术产业与全部产业的效率比。

资料来源：根据表 5-20 中的数据计算得到。

表 5-22　　基于各单个投入指标的高技术产业和全部产业的相对效率比较

年份	指标 x_{41} 效率测度			指标 x_{51} 效率测度		
	高技术产业	全部产业	相对比值	高技术产业	全部产业	相对比值
2014	0.6163	0.7526	0.8189	1.1730	0.8749	1.3407
2013	0.7060	0.8296	0.8510	0.9774	0.9477	1.0313
2012	0.8040	0.8512	0.9445	0.8237	0.9255	0.8900
2011	0.8969	0.9598	0.9345	0.7363	1.0463	0.7037
2010	1.2671	0.9453	1.3404	0.8774	0.9558	0.9180
2009	0.8900	0.7392	1.2040	0.6970	0.6736	1.0347
2008	0.8868	0.7486	1.1846	0.4982	0.6411	0.7771
2007	0.8925	0.8126	1.0983	0.4975	0.6278	0.7924
2006	0.8641	0.7076	1.2212	0.4247	0.5568	0.7628

续表

年份	指标 x_{41} 效率测度			指标 x_{51} 效率测度		
	高技术产业	全部产业	相对比值	高技术产业	全部产业	相对比值
2005	0.7984	0.6389	1.2496	0.4284	0.4929	0.8691
2004	0.8428	0.5852	1.4402	0.4631	0.4435	1.0442
2003	0.8598	0.5218	1.6478	0.4604	0.3637	1.2659
平均	0.8326	0.8011	1.0393	0.7494	0.7780	0.9632

注：表中各指标的全称与说明同表 5－21。

资料来源：根据表 5－20 中的数据计算得到。

表 5－23　　　基于各单个投入指标的高技术产业和
全部产业的相对效率比较

年份	指标 x_{61} 效率测度			指标 x_{81} 效率测度		
	高技术产业	全部产业	相对比值	高技术产业	全部产业	相对比值
2014	1.2064	0.9338	1.2919	0.8700	0.1302	6.6820
2013	0.9121	0.9833	0.9276	0.8697	0.1334	6.5195
2012	0.8476	0.9422	0.8996	0.8885	0.1252	7.0966
2011	0.7944	1.0170	0.7811	0.8321	0.1290	6.4504
2010	0.8110	0.9573	0.8472	1.2029	0.1197	10.0493
2009	0.6566	0.7778	0.8442	0.8173	0.0836	9.7763
2008	0.4956	0.6011	0.8245	0.8805	0.0775	11.3613
2007	0.5320	0.6003	0.8862	0.9305	0.0709	13.1241
2006	0.4482	0.5225	0.8578	0.8279	0.0554	14.9440
2005	0.4924	0.5031	0.9787	0.8062	0.0461	17.4881
2004	0.4717	0.4781	0.9866	0.8542	0.0421	20.2898
2003	0.6702	0.5021	1.3348	0.9216	0.0344	26.7907
平均	0.7613	0.8011	0.9503	0.9008	0.0950	9.4821

注：表中各指标的全称与说明同表 5－21。

资料来源：根据表 5－20 中的数据计算得到。

表5-24　　基于AHP赋权分析法的各指标权重测算结果

指标	x_{11}	x_{21}	x_{35}	x_{41}
权重	0.216	0.0716	0.2113	0.2157
指标	x_{51}	x_{61}	x_{81}	
权重	0.0699	0.0714	0.2107	

表5-25　　高技术产业相对于国民经济全部产业的产业安全综合指数测评（2003—2012年）

年份	2014	2013	2012	2011	2010	2009	2008
产业安全指数	310.36	286.13	283.78	260.53	372.18	373.86	388.24
产业安全等级评估	A^+	A^+	A^+	A^+	A^+	A^+	A^+
产业安全等级含义	很安全偏正面	很安全偏正面	很安全偏正面	很安全偏正面	很安全偏正面	很安全偏正面	很安全偏正面
年份	2007	2006	2005	2004	2003	12年平均	
产业安全指数	428.07	467.63	535.28	597.73	775.33	345.93	
产业安全等级评估	A^+	A^+	A^+	A^+	A^+		
产业安全等级含义	很安全偏正面	很安全偏正面	很安全偏正面	很安全偏正面	很安全偏正面		

根据表5-25可知，2003—2014年12年间，高技术产业相对于国民经济全部产业的产业安全综合指数平均值为345.93，产业安全等级为A^+，处于很安全偏正面状态。根据表5-25和图5-4可知，高技术产业相对于国民经济全部产业平均水平的产业安全等级状态都为A^+，但产业安全指数呈现波动变化趋势。其间，产业安全指数最低分值为2011年的260.53，最高分值为2003年的775.33。整体而言，呈现一种先下降再回升的U形趋势。这表明，高技术产业相对于全部产业的平均水平而言，所具有的优势在逐步减弱之后，近期又有所扩大。

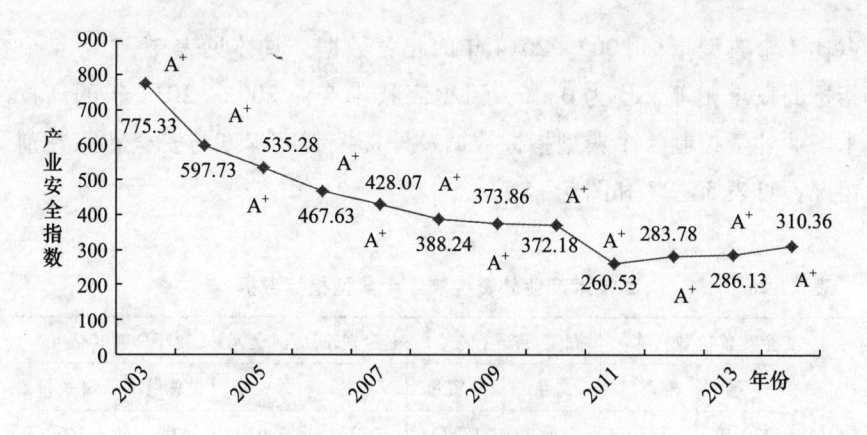

图 5-4　高技术产业相对全部产业平均水平的
产业安全水平波动趋势（2003—2014 年）

资料来源：同表 5-25。

另外，虽然 2003—2014 年 12 年间高技术产业相对于国民经济全部产业的产业安全处于 A^+ 等级的很安全偏正面状态，但仍然存在有明显的短板和制约因素，如城镇单位就业人员平均工资（指标 x_{21}）、外商投资企业固定资产投资额（指标 x_{51}）、出口交货值（指标 x_{61}）等。2014 年，这几项短板指标的产业安全指数分别只有 122.00、134.07 和 129.19。①

第五节　基于控制力的高技术产业安全水平测度评估

如上所述，基于控制力视角的产业安全水平测评，应该基于控制力门限标准，运用定性判别分析法，重点依据反映外资控股外在态势的典型指标进行。根据《中国高技术统计年鉴》，结合数据可得性，收集企业单位数占比、固定资产占比、主营业务收入占比、利润总额

---

① 将 2014 年高技术产业相对于国民经济全部产业的各单个投入指标的相对效率与其指标权重相乘，可得 2014 年度各指标高技术产业相对于国民经济全部产业的产业安全指数。

占比 4 个典型指标 2002—2014 年的相关数据，具体见表 5-26。4 个指标的权重相等，均为 0.25，可得高技术产业 2002—2014 年的高技术产业外资控制 4 个典型指标数据及外资控制度程度与安全状态判别情况，见表 5-27 和图 5-5。

表 5-26　　　　高技术产业外资控制 4 个典型指标数据

年份	企业单位数（个） 总量	企业单位数（个） 外资量	固定资产（亿元） 总量	固定资产（亿元） 外资量	主营业务收入（亿元） 总量	主营业务收入（亿元） 外资量	利润总额（亿元） 总量	利润总额（亿元） 外资量
2014	27939	7760	58446	18514	127368	68030	8095	3459
2013	26894	8053	46655	16759	116049	65929	7234	3162
2012	24636	7995	36781	15288	102284	60929	6186	2765
2011	21682	7607	28404	13598	87527	54976	5245	2491
2010	28189	9284	22048	11936	74483	48216	4880	2393
2009	27218	9296	17598	10818	59567	39141	3279	1593
2008	25817	9296	14438	9760	55729	39255	2725	1558
2007	21517	8028	12124	8354	49714	36281	2396	1486
2006	19161	6999	10044	6547	41585	30116	1777	1156
2005	17527	6491	8717	5576	33922	24790	1423	928
2004	17898	6560	6926	4319	27846	20611	1245	874
2003	12322	4208	5541	2977	20412	13734	971	562
2002	11333	3668	5883	2124	14614	9043	741	410

资料来源：根据《中国高技术统计年鉴》（2003—2015）相关统计数据进行汇总形成。

表 5-27　　高技术产业外资控制程度与安全状态判别　　　单位：%

年份	企业单位数外资占比	固定资产外资占比	主营业务收入外资占比	利润总额外资占比	外资总体控制程度	外资控制权安全门限	控制力视角的安全判断
2014	27.77	31.68	53.41	42.72	38.90	50	安全
2013	29.94	35.92	56.81	43.72	41.60	50	安全
2012	32.45	41.56	59.57	44.69	44.57	50	安全

第五章 中国高技术产业安全实证研究 135

续表

年份	企业单位数外资占比	固定资产外资占比	主营业务收入外资占比	利润总额外资占比	外资总体控制程度	外资控制权安全门限	控制力视角的安全判断
2011	35.08	47.87	62.81	47.49	48.31	50	安全
2010	32.93	54.13	64.73	49.03	50.21	50	不安全
2009	34.15	61.47	65.71	48.59	52.48	50	不安全
2008	36.01	67.60	70.44	57.16	57.80	50	不安全
2007	37.31	68.91	72.98	62.01	60.30	50	不安全
2006	36.53	65.18	72.42	65.04	59.79	50	不安全
2005	37.03	63.97	73.08	65.20	59.82	50	不安全
2004	36.65	62.36	74.02	70.18	60.80	50	不安全
2003	34.15	53.73	67.29	57.83	53.25	50	不安全
2002	32.37	36.10	61.88	55.32	46.42	50	安全

注：本表各类占比数据基于表5-26相关数据统计而得。另外，根据表3-12，4个指标的权重相等，均为0.25，外资控制程度由此进行汇总计算得出。

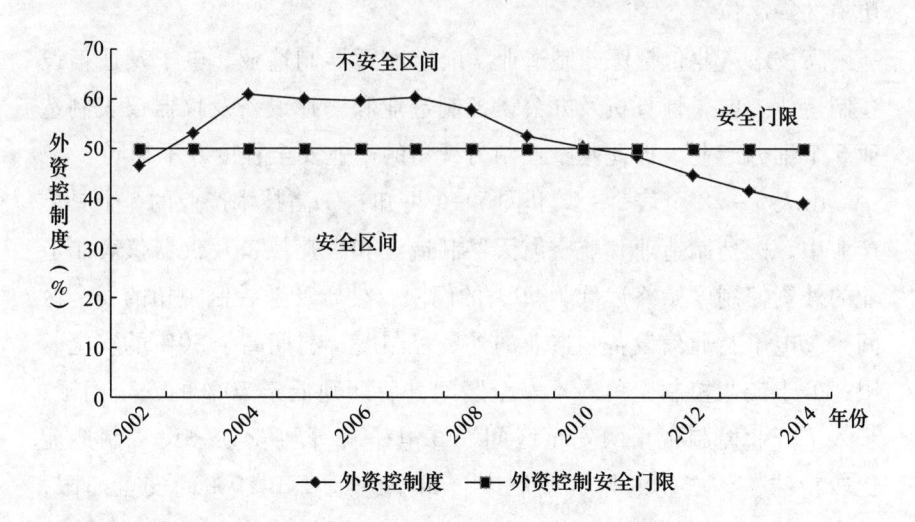

图5-5 高技术产业外资控制程度与产业安全态势演变示意

资料来源：同表5-27。

由表5-27和图5-5可知，高技术产业2002—2014年的外资控制程度，先是从 2002 年 46.42% 的高位，波动上升至 2004 年 60.80% 的最高位，然后又逐步下降，2014 年下降到了 38.90% 的低位。

高技术产业是用尖端技术生产高技术产品的产业群，对其他产业的渗透能力强，是国际经济和科技竞争的重要阵地。发展高技术产业，对推动产业结构升级，提高劳动生产率和经济效益，具有不可替代的作用。鉴于高技术产业的特殊重要地位，可以将其从产业控制力安全视角定位为限制外资并购的产业类型，其外资控制权安全的门限为 50%。

由此可知，2003—2010 年高技术产业的外资控制超过 50% 的门限，处于不安全状态，2002 年和 2011 年两个年份外资控制紧紧逼近 50% 的不安全状态门限，其他年份则均低于 50% 的门限处于安全状态。特别地，从动态的角度看，2002—2014 年呈现从前期不安全或逼近不安全向近期逐步安全的良性演变态势，其中，2014 年外资控制度下降到 38.90% 的历史低位，表明基于控制力视角的产业安全达到了历史的最高位。

高技术产业包括医药制造业、航空航天器制造业、电子及通信设备制造业、电子计算机及办公设备制造业和医疗设备及仪器仪表制造业 5 个细分产业，彼此基于控制力视角的产业安全程度并不相同。

由表 5-28 至表 5-32 和图 5-6 可知：①高技术产业的 5 个具体产业中，医药制造业、航空航天器制造业和医疗设备及仪器仪表制造业的外资控制度始终远低于 50% 的门限，处于产业控制视角的安全区间。②电子及通信设备制造业的外资控制度，前期高于 50% 的安全门限，处于产业控制视角的不安全区间，后期则低于 50% 的安全门限，步入了产业控制视角的安全区间。③电子计算机及办公设备制造业比较特殊，该产业的外资控制度自始至终远高于 50% 的安全门限，始终处于产业控制视角的不安全区间，值得高度重视。综合而言，5 个细分高技术产业，其 2002—2014 年的外资控制度均呈现出稳步下降的态势，基于控制力视角的产业安全水平呈现明显的良性演化趋势。

表 5-28　　高技术产业之医药制造业外资控制程度加权汇总　　单位:%

年份	固定资产外资占比	总资产外资占比	营业利润外资占比	利润总额外资占比	外资总体控制程度	外资控制权安全门限	控制力视角的安全判断
2014	12.87	10.38	21.64	24.58	17.37	50	安全
2013	13.93	11.89	22.16	23.65	17.91	50	安全
2012	14.81	14.13	23.40	25.25	19.40	50	安全
2011	16.05	16.40	24.52	25.69	20.66	50	安全
2010	16.20	18.91	26.55	30.90	23.14	50	安全
2009	16.81	22.49	28.02	33.20	25.13	50	安全
2008	17.54	26.63	26.96	32.80	25.98	50	安全
2007	18.01	24.57	25.28	32.46	25.08	50	安全
2006	17.79	22.90	25.15	31.62	24.36	50	安全
2005	17.90	21.59	24.06	30.52	23.52	50	安全
2004	18.53	17.55	24.20	31.13	22.85	50	安全
2003	17.25	16.32	20.97	26.64	20.29	50	安全
2002	16.41	8.81	21.71	22.92	17.46	50	安全

资料来源:根据《中国高技术统计年鉴》(2003—2015)中有关医药制造业、航空航天器制造业、电子及通信设备制造业、电子计算机及办公设备制造业和医疗设备及仪器仪表制造业相关统计数据,进行汇总形成。表5-28至表5-32资料来源均相同,不再单独注明。

表 5-29　　高技术产业之航空、航天器制造业外资控制程度加权汇总　　单位:%

年份	固定资产外资占比	总资产外资占比	营业利润外资占比	利润总额外资占比	外资控制度	外资控制权安全的下限	控制力视角的安全判断
2014	21.01	10.11	19.31	35.58	21.50	50	安全
2013	22.33	10.70	17.11	28.92	19.76	50	安全
2012	21.38	9.99	16.55	20.61	17.13	50	安全
2011	25.45	10.35	16.44	20.79	18.26	50	安全
2010	25.74	9.95	15.24	9.84	15.19	50	安全

续表

年份	固定资产外资占比	总资产外资占比	营业利润外资占比	利润总额外资占比	外资控制度	外资控制权安全的下限	控制力视角的安全判断
2009	26.82	10.08	15.11	23.52	18.88	50	安全
2008	24.42	10.42	14.64	17.55	16.76	50	安全
2007	17.68	9.54	11.67	21.03	14.98	50	安全
2006	16.76	9.01	10.92	24.86	15.39	50	安全
2005	17.96	8.10	9.79	24.44	15.07	50	安全
2004	15.25	8.74	10.61	22.28	14.22	50	安全
2003	8.78	5.74	5.33	14.96	8.70	50	安全
2002	6.94	6.37	5.61	19.62	9.63	50	安全

表5-30　高技术产业之电子及通信设备制造业外资控制程度加权汇总　　单位:%

年份	固定资产外资占比	总资产外资占比	营业利润外资占比	利润总额外资占比	外资控制度	外资控制权安全的下限	控制力视角的安全判断
2014	35.90	43.54	57.77	49.14	46.59	50	安全
2013	39.02	48.44	61.81	51.66	50.23	50	不安全
2012	42.91	55.24	64.59	51.37	53.53	50	不安全
2011	47.29	63.02	68.01	56.37	58.67	50	不安全
2010	43.85	69.90	68.49	54.53	59.19	50	不安全
2009	45.82	75.89	70.23	52.70	61.16	50	不安全
2008	46.76	80.23	74.85	65.75	66.90	50	不安全
2007	49.84	83.05	77.17	70.57	70.16	50	不安全
2006	49.59	78.70	77.92	78.31	71.13	50	不安全
2005	50.73	79.41	77.58	77.54	71.31	50	不安全
2004	49.14	78.26	76.98	84.76	72.29	50	不安全
2003	48.72	71.94	70.40	65.84	64.23	50	不安全
2002	46.85	61.06	68.64	66.35	60.72	50	不安全

表 5-31　高技术产业之电子计算机及办公设备制造业
外资控制程度加权汇总　　　　　　　单位:%

年份	固定资产外资占比	总资产外资占比	营业利润外资占比	利润总额外资占比	外资控制度	外资控制权安全的下限	控制力视角的安全判断
2014	45.86	58.22	88.13	80.93	68.28	50	不安全
2013	48.95	62.41	89.96	82.47	70.95	50	不安全
2012	52.78	66.88	91.00	84.57	73.81	50	不安全
2011	57.96	71.67	91.79	83.74	76.29	50	不安全
2010	55.18	76.60	91.70	78.73	75.55	50	不安全
2009	56.21	86.07	90.36	81.10	78.43	50	不安全
2008	58.70	90.76	92.02	90.12	82.90	50	不安全
2007	63.79	92.09	94.69	92.63	85.80	50	不安全
2006	62.80	92.48	89.56	84.16	82.25	50	不安全
2005	63.14	90.75	93.30	91.80	84.75	50	不安全
2004	62.01	89.52	93.31	89.09	83.48	50	不安全
2003	61.48	78.87	91.61	90.09	80.51	50	不安全
2002	58.89	69.69	86.49	84.52	74.90	50	不安全

表 5-32　高技术产业之医疗设备及仪器仪表制造业
外资控制程度加权汇总　　　　　　　单位:%

年份	固定资产外资占比	总资产外资占比	营业利润外资占比	利润总额外资占比	外资控制度	外资控制权安全的下限	控制力视角的安全判断
2014	20.65	13.01	26.66	27.82	22.04	50	安全
2013	21.44	15.13	28.65	27.97	23.30	50	安全
2012	23.28	15.86	29.86	30.64	24.91	50	安全
2011	25.13	18.72	34.06	36.68	28.65	50	安全
2010	22.07	23.00	36.05	38.97	30.02	50	安全
2009	22.38	30.05	36.57	39.37	32.09	50	安全
2008	24.08	40.22	42.66	42.81	37.44	50	安全
2007	25.63	45.00	46.26	52.17	42.26	50	安全
2006	25.13	44.74	46.95	51.06	41.97	50	安全
2005	24.66	37.51	47.26	51.08	40.13	50	安全
2004	23.88	37.56	46.65	51.12	39.80	50	安全
2003	22.44	30.73	41.19	50.81	36.29	50	安全
2002	22.20	20.88	39.05	46.76	32.22	50	安全

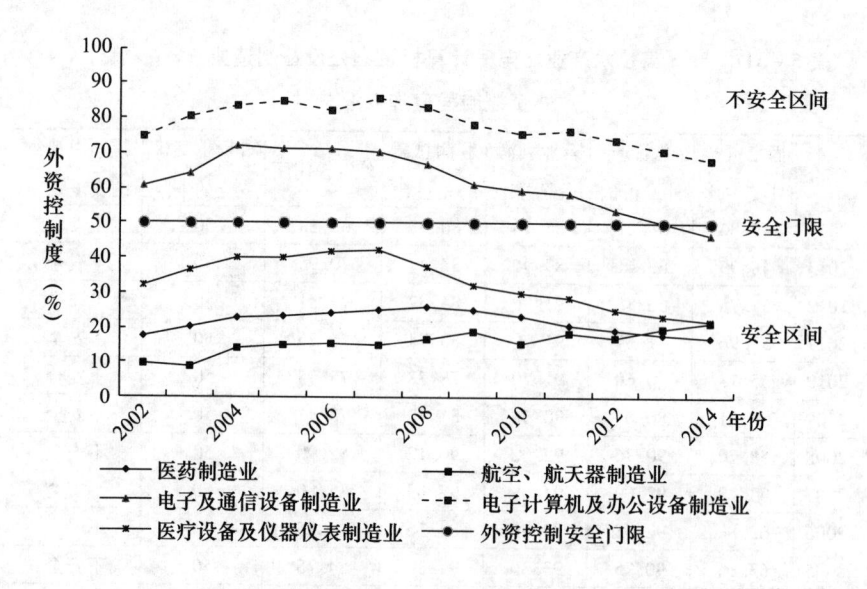

图 5-6　5 个细分高技术产业外资控制程度与产业安全态势演变示意

资料来源：同表 5-28 至表 5-32。

第六节　基本结论与对策建议

一　高技术产业安全研究的基本结论

基于竞争力（投入产出效率）的高技术产业相对于自身的产业安全研究表明：一是 2002—2014 年，高技术产业总体的投入产出效率水平为 0.80654，处于非弱 DEA 有效的状态。其对应的总体产业安全水平为 80.65，产业安全等级评估为 D，处于不太安全状态。二是 2002—2014 年 13 个年份各自的产业安全等级状态呈现波动变化趋势，其中，不安全偏正面 E^+ 等级状态的年份有 4 个，不太安全偏负面 D^- 等级状态的年份有 1 个，不太安全 D 等级状态的年份有 3 个，不太安全偏正面 D^+ 等级状态的年份有 2 个，基本安全偏负面 C^- 等级状态的年份有 1 个，基本安全 C 等级状态的年份有 2 个。三是 2002—2014 年 13 个年份的产业安全等级状态呈现倒 U 形波动变化，但总体趋势则是向好的,其中,2010年达到了13年间最好的安全状态,目前正处于稳步回升阶段。

基于竞争力(投入产出效率)的高技术产业相对于全部产业的产业安全研究表明:一是2003—2014年的12年间,高技术产业相对于国民经济全部产业的产业安全综合指数平均值为345.93,产业安全等级为A$^+$,处于很安全偏正面状态。二是2003—2014年12个年份各自的产业安全等级状态相同,都为A$^+$,但产业安全指数呈现波动变化趋势。其间,产业安全指数最低为2011年的260.53分值,最高为2003年的775.33分值。整体而言,呈现一种先下探再回升的U形趋势,这表明,就高技术产业相对于全部产业的平均水平而言,其所具有的优势在逐步减弱之后,近期又有所扩大。三是虽然2003—2014年12年间高技术产业相对于国民经济全部产业的产业安全处于A$^+$等级的很安全状态,但仍然存在有明显的短板和制约因素,如城镇单位就业人员平均工资(指标x_{21})、外商投资企业固定资产投资额(指标x_{51})、出口交货值(指标x_{61})等。

基于竞争力的产业安全进一步分析可知,高技术产业在产出不变的情况下可以减少相当分量的投入,也可以在投入不变的情况下增加相当分量的产出,这意味着其整体生产效率还有很大的提升空间。这就要求高技术企业进一步加强技术创新和制度创新,积极开展国际高技术合作,适度加大研发投入规模,注重技术创新资源配置的有效性和使用的合理化,切实提高高技术企业自身的生产效率。

基于控制力(外资控制程度)的高技术产业总体安全研究表明,虽然2003—2010年高技术产业的外资控制超过50%的门限处于不安全状态,2002年和2011年两个年份外资控制紧紧逼近50%的不安全状态门限,但自2012年以来其外资控制程度均低于50%的门限处于安全状态,且呈现外资控制程度稳步下降和基于控制力的产业安全水平稳步提高的态势。由此,根据前面分析,就高技术产业总体而言,由于其基于控制力视角的产业安全水平处于安全区间,不必启动相关措施对策。

基于控制力(外资控制程度)的高技术产业细分安全研究表明,

其5个细分产业的安全水平呈现明显的分化态势。其中，医药制造业、航空航天器制造业和医疗设备及仪器仪表制造业三个细分产业的外资控制度始终低于50%的门限，处于产业控制视角的安全区间，根据前面分析，不必启动相关措施对策。电子及通信设备制造业，虽然前期高于50%的安全门限处于不安全区间，但后期低于50%的安全门限步入了安全区间，因此也不必启动相关措施对策。不过，电子计算机及办公设备制造业的外资控制度始终远高于50%的安全门限，始终处于不安全区间，应该启动相关措施对策。

二 高技术产业安全发展的对策建议

围绕着基于竞争力（投入产出效率）和控制力（外资控制程度）的产业安全水平测度分析，提出高技术产业的安全发展对策如下。

（一）创建良好的市场环境

要创建良好的市场环境，让真正有价值的研究成果能在市场上获得相应的收益。同时，要大力培育各类中介机构，建立将重大技术推向市场转化为利润的完整商业模式，弥补我国广泛存在的技术突破后的商业缺位，提高企业进行技术创新的积极性，真正从源头上解决我国高技术产业研发成果质量不高和产业发展质量偏低的问题。此外，针对我国高技术产业发展质量偏低的问题，应改变那种偏重以高技术产业产值来衡量地区经济转型的做法，加紧研究和制定科学的指标体系，引导地方政府更加注重高技术产业的发展质量，扭转那种在推动经济转型的过程中，将高技术产业作为政府新的"政绩工程"的现象。

（二）建立技术创新联盟

通过上述分析可知，国内企业间技术引进对我国高技术产业研发产出起到了明显的促进作用，这说明企业间的技术转让与合作确实有助于推动企业间的技术研发与应用。实际上，国内企业间的技术转让由于不存在技术壁垒，企业间可以通过技术转让与合作，真正使企业关键技术的合作研发具有实际效率。由此，在政府引导下，加速企业技术融合、解决制约产业和行业发展的关键共性技术难题，在企业间建立产业技术创新联盟是一条行之有效的途径。但是，实证研究表明，企业间技术转让与合作的经济效益不明显，说明在企业技术创新联盟的后端运营方面还存在巨大的提升空间。这就要求进一步完善商业运营模式，并在行业关键共性技术研发获得突破后，协调不同类型的企业在行业关键共性技术的基础上分工协作，开展更具商业价值的应用技术与实用研发。要保证在同一产业技术创新联盟内，企业间对各自占主导地位的产品技术的定位与研发可以根据本产业的产品价值链进行合理分工，有规划地对产品市场进行战略布局和分割。

（三）提供资金政策支持

政府和金融机构要更多地关注科技型中小企业的发展困境，提供必要的资金保障和政策支持。对于大型研发企业，则需进一步加强官产学、产学研机制的建设，切实发挥协调和监管作用。对开展技术创新活动的企业要进行适当的补贴和减免税收，激励高技术企业更好地从事科技研发、成果转化等技术创新活动。要健全和落实知识产权等相关法律，保护研发人员的切身利益。最后，还要建立更为科学合理的高技术企业创新绩效动态评估体系，有效地监测企业各部门以及人员技术创新水平等。

（四）加强政产学研合作

高技术产业管理，各部门在行政管理上的分割，致使相关信息在政产学研间的流通呈现不同程度的滞缓，再加上空间距离的阻隔，进一步加剧了跨区域信息流通的困难，严重影响了高技术产业创新的速度和效率。所以，应尽快建立全国范围内的高技术产业政产学研多维立体网络信息系统，促进政产学研的紧密合作。

第六章　中国电子信息产业安全实证研究

电子信息产业是中国国民经济重要的支柱产业，具有高就业、高技术含量、高附加值、能（资）源节约、集群化、贡献大、带动性强的特征。基于2005—2014年数据的研究表明，电子信息产业基于竞争力（投入产出效率）的相对于自身的总体产业安全等级为D，处于不太安全状态，总体呈现倒"U"形波动变化趋势，目前处于稳步回升态势；基于竞争力（投入产出效率）的相对于全部产业的总体安全等级为A^+，处于很安全偏正面状态，总体呈现先下降再回升的U形波动变化趋势；基于控制力（外资控制程度）的总体产业安全水平，因外资控制始终超过50%的安全门限而处于不安全状态。

第一节　电子信息产业的基本内涵和产业特征

一　电子信息产业的基本内涵

电子信息产业是信息产业的一部分，是狭义的信息产业[①]，它是现代产业结构中的第四产业，由原来的第二、第三产业中有关电子信息及通信设备制造业、电信及服务业独立出来的企业或单位所组成。

根据《电子信息产业统计工作管理办法》，电子信息产业是指为

[①] 孙慧玲、吴秉勤：《我国电子信息产业结构分析与评价》，《情报科学》2004年第2期；宿辉栋：《有关我国的电子信息产业的探究》，《经营管理者》2010年第1期。

了实现制作、加工、处理、传播或接收信息等功能或目的，利用电子技术和信息技术所从事的与电子信息产品相关的设备生产、硬件制造、系统集成、软件开发以及应用服务等作业过程的集合。① 它是研制和生产电子设备及各种电子元件、器件、仪器和仪表的军民结合型工业。② 电子信息产品包括电子雷达产品、电子通信产品、广播电视产品、计算机产品、家用电子产品、电子测量仪器产品、电子专用产品、电子元器件产品、电子应用产品、电子材料产品以及软件产品。③ 依照国家统计局《国民经济行业分类》（GB/T 4754—2011），电子信息产业在2002年及以前对应的是《中国统计年鉴》中的"电子及通信设备制造业"类别，2003—2011年对应的是"通信设备、计算机及其他电子设备制造业"类别，2012年和2013年对应的是"计算机、通信和其他电子设备制造业"。④ 根据《国民经济行业分类》（GB/T 4754—2011），计算机、通信和其他电子设备制造业包括计算机制造、通信设备制造、广播电视设备制造、雷达及配套设备制造、视听设备制造、电子器件制造、电子元件制造和其他电子设备制造等行业，涉及国民经济产业分类中的8个中类20个小类，具体产业情况见表6-1。

---

① 《电子信息产业统计工作管理办法》[中华人民共和国信息产业部令（第42号）]，http://www.gov.cn/flfg/2007-03/23/content_558637.htm。
② 电子信息产业，http://www.gov.cn/zwgk/2009-04/15/content_1282430.htm。
③ 《电子信息产业统计工作管理办法》[中华人民共和国信息产业部令（第42号）]，http://www.gov.cn/flfg/2007-03/23/content_558637.htm。
④ 比较《国民经济行业分类》（GB/T 4754—2011）和高技术产业分类的目录后发现，通信设备、计算机及电子设备制造业减去电子计算机制造业的部分就是高技术产业中的电子及通信设备制造业类别。通过《中国统计年鉴》（2006—2014）和《中国高技术产业统计年鉴》（2006—2014）的相关数据的整理和计算，2010—2013年，在"主营业务收入"指标下，电子计算机制造业占通信设备、计算机及其他电子设备制造业的百分比分别为30.65%、31.03%、30.76%和30.56%。由此可见，电子计算机制造业占通信设备、计算机及其他电子设备制造业的百分比较大，是通信设备、计算机及其他电子设备制造业中一个举足轻重的子行业。在此认为将包含电子计算机在内的通信设备、计算机及其他电子设备制造业（电子信息产业）作为一个章节来进行研究是具有一定的意义的。

表6-1　电子信息产业涉及的国民经济产业分类与代码（GB/4754—2011）

中类代码	类别名称	说明
391	计算机制造	包括计算机整机制造、计算机零部件制造、计算机外围设备制造和其他计算机制造4个小类产业
392	通信设备制造	包括通信系统设备制造和通信终端设备制造2个小类产业
393	广播电视设备制造	包括广播电视节目制作及发射设备制造、广播电视接收设备及器材制造和应用电视设备及其他广播电视设备制造3个小类产业
394	雷达及配套设备制造	包括雷达及配套设备制造1个小类产业
395	视听设备制造	包括电视机制造、音响设备制造和影视录放设备制造3个小类产业
396	电子器件制造	包括电子真空器件制造、半导体分立器件制造、集成电路制造和光电子器件及其他电子器件制造4个小类产业
397	电子元件制造	包括电子元件及组件制造、印制电路板制造2个小类产业
399	其他电子设备制造	包括其他电子设备制造1个小类产业

资料来源：国家统计局。

二　电子信息产业的特征

（一）高就业

就高就业特征而言，电子信息产业虽然为技术密集型和资本密集型产业，但是，同时具有劳动密集性质，可以提供大量的就业机会。从表6-2可以看出，电子信息产业城镇单位就业人数，2005年为551万人，2012年为1001万人，2014年为1146万人，呈现稳步上升的趋势。电子信息产业城镇单位就业人数占全部城镇单位就业人数的比重，2005年为4.83%，2012年为6.57%，2014年为6.27%，始终保持在6%左右的比重，且呈现出稳定上升的趋势。

第六章 中国电子信息产业安全实证研究 | 147

表6-2 电子信息产业就业人数情况

指标	2014年	2013年	2012年	2011年	2010年	2009年	2008年	2007年	2006年	2005年
全部就业人数（万人）	18278	18108	15236	14413	13052	12573	12193	12024	11713	11404
电子信息产业就业人数（万人）	1146	1071	1001	940	880	755	760	675	626	551
电电子信息产业就业占比（%）	6.27	5.92	6.57	6.52	6.74	6.00	6.23	5.61	5.35	4.83

资料来源：根据《中国电子信息产业统计年鉴》（2005—2014）和《中国统计年鉴》（2006—2015）中相关数据计算得到。

（二）技术含量高，节省能（资）源

技术含量高的特征可以通过研发经费支出情况具体表现出来。从表6-3可知，电子信息产业大中型工业企业研发经费支出，2005年为276.67亿元，2014年增长为1308.99亿元，其占全部产业研发经费支出的比重始终保持在16%以上。从电子信息产业人均研发经费支出来看，2005年为0.5万元，2014年为1.14万元，而全部产业的人均研发费用支出，2005年和2014年分别只有0.11万元和0.4万元，电子信息产业人均研发经费支出始终是全部产业平均水平的2倍以上。

表6-3 电子信息产业大中型工业企业研发经费支出情况

	指标	2014年	2013年	2012年	2011年	2010年	2009年	2008年	2007年	2006年	2005年
总量	电子信息产业（百万元）	130899	117533	100634	84512	68626	54961	48087	40413	34839	27667
	全部产业（亿元）	7320	6744	5992	5031	4015	3210	2681	2112	1630	1250
	电子信息产业占比（%）	17.9	17.4	16.8	16.8	17.1	17.1	17.9	19.1	21.4	22.1

续表

指标		2014年	2013年	2012年	2011年	2010年	2009年	2008年	2007年	2006年	2005年
人均	电子信息产业（万元）	1.14	1.10	1.01	0.90	0.78	0.73	0.63	0.60	0.56	0.50
	全部产业（万元）	0.40	0.37	0.39	0.35	0.31	0.26	0.22	0.18	0.14	0.11
	电子信息产业占比（%）	2.85	2.95	2.56	2.58	2.53	2.85	2.88	3.41	4.00	4.58

资料来源：根据《中国电子信息产业统计年鉴》（2005—2014）和《中国统计年鉴》（2006—2015）中相关数据计算得到。

特别地，电子信息产业还具有低能源消耗的特征。从表6-4可以看出，2005年电子信息产业的能源消耗总量为1474万吨标准煤，2014年为2971万吨标准煤，占全部产业能源消耗总量的比重始终保持在0.7%以下，与其就业人员数量、销售产值、利润总额始终保持在全部产业相应指标总额的6%左右，形成了鲜明的对比。另外，从人均能源消耗量来看，2005年电子信息产业为2.68吨标准煤，2014年为2.59吨标准煤，始终保持在全部产业平均水平的12%以下，进一步表明其能源资源消耗量低的特征。

表6-4　　　　电子信息产业与全部产业能源消耗量比较情况

指标		2014年	2013年	2012年	2011年	2010年	2009年	2008年	2007年	2006年	2005年
总量	电子信息产业（万吨标准煤）	2971	2802	2667	2623	2525	2216	2197	2007	1743	1474
	全部产业（万吨标准煤）	425806	416913	402138	387043	360648	336126	320611	311442	286467	261369
	电子信息产业占比（%）	0.70	0.67	0.66	0.68	0.70	0.66	0.69	0.64	0.61	0.56

续表

	指标	2014年	2013年	2012年	2011年	2010年	2009年	2008年	2007年	2006年	2005年
人均	电子信息产业（吨标准煤）	2.59	2.62	2.66	2.79	2.87	2.94	2.89	2.97	2.78	2.68
	全部产业（吨标准煤）	23.30	23.02	26.39	26.85	27.63	26.73	26.30	25.90	24.46	22.92
	电子信息产业占比（%）	11.13	11.36	10.09	10.39	10.38	10.98	11.00	11.48	11.38	11.68

资料来源：根据《中国电子信息产业统计年鉴》(2005—2014)和《中国统计年鉴》(2006—2015)中相关数据计算得到。

（三）集群化

电子信息产业集群化发展的特征日益突出。2013年，我国重点省市（广东、江苏、上海、天津、福建、北京、辽宁、浙江和山东）电子信息产业的企业个数、工业销售产值、出口交货值和主营业务收入，在全国所占的比重依次为79.6%、80.0%、83.4%、80.2%，远远超过其他省市区，属于电子信息产业高度集中区域（见表6-5）。特别地，以上海为中心的长江三角洲地区，以大连、天津和青岛为中心的环渤海地区和以广州和深圳为中心的珠江三角洲地区，电子信息产业主要经济指标在全国所占的比重均远远超过其他地区。长江三角洲、珠江三角洲、环渤海和东北地区电子信息产业产值超过全国比重的80%，集群化发展趋势逐渐加重。

表6-5　2013年电子信息产业的各省市区域集群发展情况

省份	企业数（个）	比重（%）	工业销售产值（亿元）	比重（%）	出口交货值（亿元）	比重（%）	主营业务收入（亿元）	比重（%）
广东	4949	27.5	26828	28.6	16338	33.7	25898	27.8
江苏	3869	21.5	22687	24.2	12009	24.8	22578	24.2

续表

省份	企业数（个）	比重（%）	工业销售产值（亿元）	比重（%）	出口交货值（亿元）	比重（%）	主营业务收入（亿元）	比重（%）
上海	724	4.0	5861	6.2	4330	8.9	6052	6.5
天津	425	2.4	3320	3.5	15425	3.2	3321	3.6
福建	582	3.2	3272	3.5	18355	3.8	3246	3.5
北京	410	2.3	2354	2.5	10975	2.3	2785	3.0
辽宁	332	1.8	1309	1.4	409	0.8	1306	1.4
浙江	1925	10.7	3640	3.9	1376	2.8	3612	3.9
山东	1118	6.2	5799	6.2	1505	3.1	5905	6.3
总计	17966	100.0	93891	100.0	48519	100.0	93202	100.0

资料来源：《中国电子信息产业统计年鉴（2013）》。

（四）贡献大，带动性强

电子信息产业规模总量大，产业关联度高，在国民经济发展中具有举足轻重的地位，对国民经济发展具有贡献大和带动性强的特征。首先，就外贸出口情况而言，2005—2014年电子信息产业规模以上企业出口交货值从2005年的16164亿元上升到2014年的46165亿元，占全部产业规模以上企业出口交货值的比重，始终保持在38%左右，而2012年则高达39.8%。其次，就全部资产情况而言，2005—2014年电子信息产业规模以上企业拥有的全部资产从2005年的18063亿元上升到2014年的59974亿元，占全部产业规模以上企业全部资产的比重，则始终保持在6%以上。最后，就利润情况而言，2005—2014年电子信息产业规模以上企业实现的利润总额从2005年的892亿元上升到2014年的4283亿元，占全部产业规模以上企业利润总额的比重，从2005年的6.0%稳步攀升至2014年的6.3%（见表6-6）。另外，电子信息产业关联度极广，它的发展将带动一大批相关产业的发展。

第六章 中国电子信息产业安全实证研究 | 151

表6-6 电子信息产业出口交货值、资产总计和利润总额占比情况

指标	行业	2014年	2013年	2012年	2011年	2010年	2009年	2008年	2007年	2006年	2005年
规模以上工业企业出口交货值	电子信息产业（亿元）	46165	44916	42455	37469	34250	27224	29179	26260	21607	16164
	全部产业（亿元）	118314	112824	106610	99612	89910	72052	82498	73393	60560	47741
	电子信息产业占比（%）	39.0	39.8	39.8	37.6	38.1	37.8	35.4	35.8	35.7	33.9
规模以上工业企业资产总计	电子信息产业产业（亿元）	59974	50769	46428	41511	37720	29738	27013	24376	20501	18063
	全部产业（亿元）	956777	850626	768421	675797	592882	493693	431306	353037	291215	244784
	电子信息产业占比（%）	6.3	6.0	6.0	6.1	6.4	6.0	6.3	6.9	7.0	7.4
规模以上工业企业利润总额	电子信息产业产业（亿元）	4283	3308	3194	2827	2873	1756	1543	1446	1138	892
	全部产业（亿元）	68155	62831	61910	61396	53050	34542	30562	27155	19504	14803
	电子信息产业占比（%）	6.3	5.3	5.2	4.6	5.4	5.1	5.0	5.3	5.8	6.0

资料来源：根据《中国统计年鉴》（2006—2015）中相关数据计算得到。

信息技术是当今世界经济社会发展的重要驱动力，电子信息产业是国民经济的战略性、基础性和先导性支柱产业[1]，是推动传统产业

---

[1] 国务院办公厅：《电子信息产业调整和振兴规划》，http://www.gov.cn/zwgk/2009-04/15/content_1282430.htm。

转型升级、提升国家工业化水平和国际产业分工优势的重要动力，也是各国争夺产业发展"控制权"和"话语权"的焦点所在。因此，电子信息产业的产业安全问题，是世界各国特别是像我国这样的电子信息产业"后来者"必须密切关注的重要问题。[①]

第二节 电子信息产业发展成就

改革开放以来，我国电子信息产业发展取得了举世瞩目的成就。

一 产品产量呈现快速增长趋势

从表6-7可以看出，2007年，我国手机、微型计算机、彩色电视机和集成电路等代表性电子信息产品产量分别为54857.9万部、8478万台、12073.4万台、412亿块，2015年则分别增长到181261.4万部、31418.7万台、14475.7万台和1087.2亿块，8年间分别增长了2.3倍、2.7倍、0.2倍和1.6倍，年均增长率分别为18.6%、20.6%、2.6%和14.9%。平均来看，我国电子信息产品数量8年间增长了1.7倍，年均增长14.2%，取得的成就举世瞩目。

表6-7　　　　　代表性电子信息产品产量变化情况

	手机（万部）	微型计算机（万台）	彩色电视机（万台）	集成电路（亿块）
2015年	181261.4	31418.7	14475.7	1087.2
2014年	162719.8	35079.6	14128.9	1015.5
2013年	145561	33661	12776	867
2012年	118154	35411	12823	823
2011年	113257.6	32036.7	12231.4	719.6
2008年	55964	9033.1	13666.6	417
2007年	54857.9	8478	12073.4	412

---

① 国家发展和改革委员会宏观经济研究院课题组：《我国电子信息产业现状与安全问题测度》，《改革》2009年第8期。

续表

	手机（万部）	微型计算机（万台）	彩色电视机（万台）	集成电路（亿块）
8年间增长倍数	3.3	3.7	1.2	2.6
年均增长率（%）	18.6	20.6	2.6	14.9

资料来源：根据《中国电子信息产业统计年鉴》（2007—2008和2011—2015）中相关数据计算得到。

二 固定资产投资呈现快速增长趋势

从表6-8可以看出，我国电子信息产业固定资产投资，2005年为1216亿元，2014年为7973亿元，10年间增加了6757亿元，增长了5.6倍，平均每年增长23.2%。其中，新建固定资产投资从2005年的763亿元增长为2014年的4529亿元，10年间增加了3766亿元，增长了4.9倍，平均每年增长21.9%；扩建固定资产投资从2005年的194亿元增长为2014年的1112亿元，10年间增加了918亿元，增长了4.7倍，平均每年增长21.4%；改建固定资产投资从2005年的107亿元增长为2014年的1560亿元，10年间增加了1453亿元，增长了13.6倍，平均每年增长34.7%。2005年，固定资产投资中的新建、扩建、改建比例为72%、18%、10%，2014年变化为63%、15%、22%，呈现出技术改建固定资产投资比例明显上升的趋势。

表6-8　　电子信息产业固定资产投资情况（不含农户）　　单位：亿元

指标	2014年	2013年	2012年	2011年	2010年	2009年	2008年	2007年	2006年	2005年
总计	7973	7187	5957	5259	3923	2624	2462	2094	1686	1216
新建	4529	4177	3270	3160	2224	1433	1345	1174	930	763
扩建	1112	1044	800	676	538	450	381	293	254	194
改建	1560	1334	1316	758	667	431	420	383	280	107

资料来源：《中国统计年鉴》（2006—2015）。

三 资产数量和主营业务收入呈现快速增长趋势

从表6-9可以看出，我国电子信息产业的资产数量，2005年为

21305 亿元，2014 年为 75302 亿元，10 年间增加了 53997 亿元，增长了 2.5 倍，平均每年增长 15.1%。我国电子信息产业规模以上企业实现的主营业务收入，2005 年为 31010 亿元，2014 年为 102988 亿元，10 年间增加了 71978 亿元，增长了 2.3 倍，平均每年增长 14.3%。

表 6-9　　电子信息产业规模以上企业资产总计和主营业务收入　　单位：亿元

行业	2014 年	2013 年	2012 年	2011 年	2010 年	2009 年	2008 年	2007 年	2006 年	2005 年
资产总计	75302	66215	57839	50211	47107	40358	31411	28923	24334	21305
主营业务收入	102988	93202	84619	74909	63945	51305	51253	45425	38827	31010

资料来源：《中国电子信息产业统计年鉴》(2005—2014)。

四　出口总额和利润总额呈现快速增长趋势

从表 6-10 可以看出，我国电子信息产业的出口交货值，2005 年为 18411 亿元，2014 年为 52019 亿元，10 年间增加了 33608 亿元，增长了 1.8 倍，平均每年增长 12.2%。我国电子信息产业实现的利润总额，2005 年为 1074 亿元，2014 年为 5052 亿元，10 年间增加了 3978 亿元，增长了 3.7 倍，平均每年增长 18.8%。

表 6-10　　电子信息产业出口交货值和利润总额情况　　单位：亿元

指标	2014 年	2013 年	2012 年	2011 年	2010 年	2009 年	2008 年	2007 年	2006 年	2005 年
出口交货值	52019	48519	46781	41280	36661	28932	30652	28100	23104	18411
利润总额	5052	4152	3506	3300	2825	1791	1703	1663	1384	1074

资料来源：《中国电子信息产业统计年鉴》(2005—2014)。

五　产业发展质量呈现不断提高趋势

从表 6-11 可以看出，我国电子信息产业的资产、利润 2005 年分别为 21305 亿元和 1074 亿元，资产利润率为 5.0%。2007 年，分别为 28923 亿元和 1663 亿元，资产利润率为 5.7%。2014 年，分别为 75302 亿元和 5052 亿元，资产利润率为 6.7%。10 年间，电子信息产业的资产利润率从 5.0% 稳步提升到 6.7%，提高了 34%，表明电子信息产业的经营效益和发展质量呈现不断提高的趋势。

表 6 – 11　电子信息产业规模以上工业企业资产利润情况

指标	2014 年	2013 年	2012 年	2011 年	2010 年	2009 年	2008 年	2007 年	2006 年	2005 年
资产总计（亿元）	75302	66215	57839	50211	47107	40358	31411	28923	24334	21305
利润总额（亿元）	5052	4152	3506	3300	2825	1791	1703	1663	1384	1074
资产利润率（%）	6.7	6.3	6.1	6.6	6.0	4.4	5.4	5.7	5.7	5.0

资料来源：根据《中国电子信息产业统计年鉴》（2005—2014）中相关数据计算得到。

六　一批知名企业和品牌迅速成长壮大

改革开放之初，我国电子信息产业刚刚起步，发展水平很低，世界知名的电子信息企业和产品几乎没有。然而，经过40年改革开放，一批世界知名的企业和品牌已经迅速成长壮大，甚至成为世界相关电子信息产业发展的领导者和标准制定者，如联想控股股份有限公司、中国电子信息产业集团有限公司以及海尔集团，等等。

第三节　电子信息产业发展中存在的问题

尽管我国电子信息产业的发展取得了举世瞩目的成就，但是，仍然存在诸多不安全因素，制约了其未来可持续发展。

一　人均固定资产投资数量相对不足

表 6 – 12 比较了电子信息产业人均固定资产投资和国民经济全部产业人均固定资产投资，2005 年两者分别为 2.21 万元、6.58 万元，2012 年分别为 5.95 万元、23.95 万元，2014 年分别为 6.96 万元、27.42 万元。10 年间，电子信息产业人均固定资产投资占全部产业人均固定资产投资的比重，始终没有达到40%的比重。固定资产投资是电子信息产业得以正常经营和运转的基本要素，固定资产投资特别是人均固定资产投资长期远远低于全部产业的平均水平，直接从根基上制约了我国电子信息产业核心竞争力的营造和提升，直接影响了我国

电子信息产业的发展进度,从而导致产业发展出现安全风险。

表 6-12　　　　　电子信息产业人均固定资产投资情况

指标	2014年	2013年	2012年	2011年	2010年	2009年	2008年	2007年	2006年	2005年
电子信息产业人均（万元）	6.96	6.71	5.95	5.59	4.46	3.48	3.24	3.10	2.69	2.21
全部产业人均（万元）	27.42	24.06	23.95	20.98	18.68	15.42	12.20	9.77	7.97	6.58
电子信息产业占比（%）	25.4	27.9	24.9	26.7	23.9	22.5	26.6	31.8	33.8	33.5

资料来源:《中国统计年鉴》(2006—2015)。

二　资产负债率偏高

从表 6-13 可知,2005 年,我国电子信息产业的资产总额、负债总额、资产负债率分别为 21305 亿元、13193 万元和 61.92%。2012 年,这三项指标分别为 57839 亿元、33675 万元和 58.22%。2014 年,这三项指标分别为 75302 亿元、43528 万元和 57.80%。10 年间资产负债率有所下降,但始终在 57% 以上的高位徘徊。另外,从就业人员人均负债情况来看,2005 年电子信息产业规模以上工业企业和全部规模以上工业企业分别为 24 万元和 12 万元,2012 年分别为 33.6 万元和 29 万元,2014 年分别为 38 万元和 30 万元,电子信息产业规模以上工业企业就业人员人均负债水平始终高于平均水平,相对倍数始终保持在 1.3 倍左右。在现代市场经济时代,资金的高效筹集和流通使用对产业企业发展具有重大影响。我国电子信息产业的资产负债率和人均负债水平始终居高不下,反映了其资金运转流通方面还存在诸多问题,对我国电子信息产业的健康发展形成了不安全风险。

表 6-13　　　　　电子信息产业资产负债情况

指标	2014年	2013年	2012年	2011年	2010年	2009年	2008年	2007年	2006年	2005年
资产总计（亿元）	75302	66215	57839	50211	47107	40358	31411	28923	24334	21305

续表

指标	2014年	2013年	2012年	2011年	2010年	2009年	2008年	2007年	2006年	2005年
负债合计（万元）	43528	38316	33675	29143	27657	24127	18942	18008	14760	13193
资产负债率（%）	57.80	57.87	58.22	58.04	58.71	59.78	60.30	62.26	60.66	61.92
电子信息产业企业人均负债（万元）	38.0	35.8	33.6	31.0	31.4	32.0	24.9	26.7	23.6	24.0
全部产业人均负债（万元）	30	28	29	27	26	23	20	17	14	12
电子信息产业人均负债倍数	1.27	1.28	1.15	1.14	1.20	1.41	1.22	1.58	1.65	1.93

资料来源：根据《中国电子信息产业统计年鉴》（2005—2014）和《中国统计年鉴》（2006—2015）中相关数据计算得到。

三 研发经费投入增长放缓

从表6-14可知，我国全部大中型工业企业的研发经费支出，2005年为1250亿元，2012年为5992亿元，2014年为7320亿元，10年间增长了4.9倍，平均每年增长21.8%。相比之下，电子信息产业大中型工业企业的研发经费支出，2005年为277亿元，2012年为1006亿元，2014年为1309亿元，10年间增长了3.7倍，平均每年增长18.8%，均低于我国全部大中型工业企业的平均增长速度。受此影响，电子信息产业大中型工业企业的研发经费支出在总体中所占比重，由2005年的22.1%持续下降到2014年的17.9%。电子信息产业具有的知识和技术密集型、贡献大和带动作用强等典型特征，决定了研发活动在其发展过程中具有举足轻重的作用，研发经费投入直接影响着电子信息产业长期发展的可持续性。电子信息产业研发经费投入增长过缓，抑制了企业研发创新能力的提高和产业研发创新红利的释放，制约了产业的转型升级，从而导致产业发展存在不安全的风险。

表 6-14　　电子信息产业大中型工业企业研发经费支出

指标	2014年	2013年	2012年	2011年	2010年	2009年	2008年	2007年	2006年	2005年
电子信息产业总量（亿元）	1309	1175	1006	845	686	550	481	404	348	277
全部产业总量（亿元）	7320	6744	5992	5031	4015	3210	2681	2112	1630	1250
电子信息产业占比（%）	17.9	17.4	16.8	16.8	17.1	17.1	17.9	19.1	21.4	22.1

资料来源：根据《中国统计年鉴》（2006—2015）中相关数据计算得到。

四　能源消耗总量快速增长

从表 6-15 可知，2005 年，我国能源消耗总量为 261369 万吨标准煤，2012 年为 402138 万吨标准煤，2014 年为 425806 万吨标准煤，10 年间只增长了 0.63 倍，平均每年只增长 5.6%。相比之下，2005 年电子信息产业的能源消耗总量为 1474 万吨标准煤，2012 年为 2667 万吨标准煤，2014 年为 2971 万吨标准煤，10 年间增长了 1.02 倍，平均每年增长 8.10%，均超出我国能源消耗总量的增长变化。在能源供应日趋紧张和我国能源外贸依存度持续高企的背景下，电子信息产业能源消耗快速增长，不利于能源供应紧张局面的缓解，不利于我国能源外贸依存度的合理下降和能源供应安全度的提升，直接制约了我国电子信息产业向环境友好型发展模式转变和安全发展。

表 6-15　　　　电子信息产业能源消费总量　　　单位：万吨标准煤

产业	2014年	2013年	2012年	2011年	2010年	2009年	2008年	2007年	2006年	2005年
电子信息产品产业	2971	2802	2667	2623	2525	2216	2197	2007	1743	1474
全部产业	425806	416913	402138	387043	360648	336126	320611	311442	286467	261369

资料来源：根据《中国统计年鉴》（2006—2015）中相关数据计算得到。

五 中小企业数量多,市场竞争过于激烈

电子信息产业是技术和资本密集型产业,与整体国民经济各产业相比,属于企业适度规模大和产业规模优势明显的产业。从表6-16可知,电子信息产业2005年共有规模以上工业企业8868家,其中,大中型企业2184家,大中型企业占规模以上企业数量的比重只有24.63%,存在企业数量过多、竞争过于激烈的情况。2006年后,大中型企业占规模以上企业数量的比重持续下降,2009年处于22.49%的低位,2011年达到39.18%的水平。此后,呈现逐年下降的趋势,到2014年也只有34.63%的水平。考虑到电子信息产业的技术和资本密集特点,这个比重显然是远远不够的,仍然存在企业数量过多、竞争过于激烈的情况。企业数量过多和竞争过于激烈的情况不利于产业运行效率的提高,是产业发展中的安全隐患。

表6-16　　　　　　　电子信息产业企业数量变动情况

分类指标	2014年	2013年	2012年	2011年	2010年	2009年	2008年	2007年	2006年	2005年
规模以上企业(家)	14034	12669	12328	11364	14838	14284	14347	11220	9709	8868
大中型企业(家)	4860	4676	4662	4452	3716	3212	3207	2857	2508	2184
大中型企业占比(%)	34.63	36.91	37.82	39.18	25.04	22.49	22.35	25.46	25.83	24.63

资料来源:根据《中国统计年鉴》(2006—2015)中相关数据计算得到。

受上述各种因素影响,我国电子信息产业与世界先进水平相比仍然存在较大差距,特别是创新能力薄弱,核心技术和核心关键部件受制于人;基础配套能力发展滞后;产品可靠性低,产业链高端缺位;产业规模小,市场满足率低;产业体系不健全,相关基础设施、服务体系建设明显滞后。这些问题都从不同方面对我国电子信息产业的发展形成了现实或潜在的安全威胁。

第四节 基于竞争力的电子信息产业安全水平测度评估

一 相关指标数据甄选

（一）数据收集和指标分类

基于国家统计局、相关产业协会等渠道，尽可能全面地收集电子信息产业的相关数据，然后进行汇总和投入产出分类，形成电子信息产业的总体数据。限于收集渠道和数据更新速度等原因，收集数据的时间范围为 2005—2014 年，详见表 6-17。

表 6-17 电子信息产业相关投入产出指标数据分类

指标及分类		2014年	2013年	2012年	2011年	2010年	2009年	2008年	2007年	2006年	2005年
x	x_1	x_{11}	1146	1071	1001	940	880	755	760	675	626	551
	x_2	x_{21}	12065	10828	9592	9077	5993	4147	3528	2646	2068	1468
		x_{22}	5193	4638	3936	3500	2151	1430	1158	887	655	458
		x_{23}	751	674	597	456	365	237	208	132	92	78
		x_{24}	5367	4764	4285	4379	2956	2108	1879	1394	1176	829
		x_{25}	754	751	773	741	522	372	283	232	145	104
		x_{26}	9986	8772	7556	6813	2181	2626	1757	1146	831	537
		x_{27}	749	830	882	1005	494	555	625	600	393	327
		x_{28}	12065	1225	1153	1259	671	966	1146	901	844	604
		x_{29}	8012	6749	6664	5895	3346	2621	1943	1477	1353	1038
		x_{210}	589	585	725	856	644	691	843	972	728	538
		x_{211}	66.4	62.3	69.5	64.9	55.8	63.2	55.1	55.8	65.4	70.7
		x_{212}	66.5	58.8	59.3	57.5	48.6	51.8	39.2	36.4	34.1	34.8
	x_3	x_{31}	8012	6750	6665	5895	3346	2622	10634	8862	7179	6171
		x_{32}	75302	66215	57839	50211	47107	40358	31411	28923	24334	21305
		x_{33}	43528	38316	33675	29143	27657	24127	18942	18008	14760	13193

续表

指标及分类		2014年	2013年	2012年	2011年	2010年	2009年	2008年	2007年	2006年	2005年
x	x_4	x_{41}	2674	2717	2481	2294	2340	2368	1994	1677	1474	1292
		x_{42}	91042	82588	72910	66445	56367	45614	43390	39025	33465	27116
	x_5	x_{51}	316	450	525	594	441	557	684	820	595	456
	x_6	x_{61}	52019	48519	46781	41280	36661	28932	30652	28100	23104	18411
	x_7	x_{71}	2848	2802	2667	2623	2525	2216	2197	2007	1743	1474
	x_8	x_{81}	13235	11747	10241	9132	8059	6819	5384	4543	3652	3020
		x_{82}	8168	7190	6299	5479	4792	3993	3034	2617	2253	1947
		x_{83}	12284	11065	9742	8516	7259	6062	4752	4034	3456	2988
		x_{84}	3481	3373	3087	2898	2666	2200	1662	1526	1260	1073
	x_9	x_{91}	130899	117533	100634	84512	68626	54961	48087	40413	34839	27667
	x_{10}	x_{101}	18200	20856	24721	28898	32244	36539	41799	46769	51483	56360
	x_{11}	x_{111}	98.3	97.3	97.8	98.3	98.3	95.7	98.3	97.5	96.6	95.3
		x_{112}	18727	17966	16587	15054	20983	19892	16511	14298	16958	16007
y		y_1	102988	93202	84619	74909	63945	51305	51253	45425	38827	31010
		y_2	103902	93891	85044	75445	63395	50202	49019	43766	36886	29969
		y_3	5052	4152	3506	3300	2825	1791	1703	1663	1384	1074

注：①x、y分别代表投入类指标、产出类指标。x_1、x_2、x_3、x_4、x_5、x_6、x_7、x_8、x_9、x_{10}、x_{11}分别代表投入类指标中的就业类指标、投资类指标、资产类指标、成本类指标、外资类指标、外贸类指标、能源类指标、金融类指标、科技类指标、工资类指标、其他类指标。②x_{11}代表规模以上电子信息产业全部从业人员平均人数（万人），由于2013年与2014年未公布该数据，所以，2013年与2014年的数据由2005—2012年数据估计得到，x_{21}、x_{22}、x_{23}、x_{24}、x_{25}、x_{26}、x_{27}、x_{28}、x_{29}、x_{210}、x_{211}、x_{212}分别代表规模以上电子信息产业本年累计完成投资（亿元）、建筑工程（亿元）、安装工程（亿元）、设备工具购置（亿元）、其他费用（亿元）、内资企业本年累计完成投资（亿元）、港澳台资企业本年累计完成投资（亿元）、外商投资企业本年累计完成投资（亿元）、本年新增固定资产（亿元）、本年固定资产投资利用外资（亿元）、固定资产交付使用率（%）、固定资产投资项目建成投产率（%），x_{31}、x_{32}、x_{33}分别代表年末固定资产原价（亿元）、规模以上电子信息产业工业资产总计（亿元）、规模以上电子信息产业工业负债合计（亿元），x_{41}、x_{42}分别代表规模以上电子信息产业工业产成品存货（亿元）、规模以上电子信息产业主营业务成本（亿元），x_{51}代表外商直接投资固定资产（亿元），x_{61}代表规模以上电子信息产业制造业出口交货值（亿元），x_{71}代表能源消费总量（万吨标准煤），x_{81}、x_{82}、x_{83}、x_{84}分别代表金融机构人民币信贷资金运用（百亿

元)、金融机构人民币资金运用各项贷款情况（百亿元）、货币和准货币（M2）供应量（百亿元）、货币（M1）供应量（百亿元），x_{91}代表企业研发经费内部支出（百万元），x_{101}代表城镇单位就业人员平均工资（元），x_{111}、x_{112}分别代表生产者出厂价格指数（上年=100）、规模以上电子信息产业企业个数。y_1、y_2、y_3分别代表规模以上企业主营业务收入（亿元）、规模以上企业销售产值（亿元）、规模以上企业利润总额（亿元）。③规模以上电子信息产业全部从业人员平均人数指标中，缺少2013年和2014年的数据，根据2005—2012年数据进行了合理推算得到；年末固定资产原价指标中2009年数据为2008年数据加2009年新增固定资产得到，2010—2014年数据计算方法同2009年；工业产成品存货指标下2014年数据根据2005—2013年数据进行合理推算得到；规模以上电子信息产业主营业务成本指标，2005年数据为产品销售成本；本产业能源消耗总量指标2014年数据根据2005—2013年数据进行合理推算得到；规模以上企业主营业务收入指标，2005年数据为产品销售收入。

资料来源：《中国电子信息产业统计年鉴》（2005—2014）和《中国统计年鉴》（2006—2015）中计算机、通信及其他电子设备制造业项下数据。

（二）产出类指标间的相关性分析与处理

基本思想是：消除高相关性，简化产出指标体系。分析可知，3个产出类指标均高度相关，这里选取规模以上电子信息产业企业销售产值指标y_2为产出类指标y的代表进行分析。

（三）投入类指标与产出类指标间及彼此间的相关性分析与处理

基本思想是：消除与产出类指标不相关或低相关的投入类指标，合并投入类指标中的同质高相关指标。基本步骤是：先对投入类指标进行基本分类，然后进行各类投入指标与产出指标间以及彼此间的相关性分析，消除与产出指标不相关或低相关指标，合并与产出指标高相关的同类投入指标。

具体情况如下：就业类指标：1个，与产出指标高度相关，保留进行分析。投资类指标：12个，其中，港澳台资企业本年累计完成投资x_{27}、外商投资企业本年累计完成投资x_{28}、本年固定资产投资利用外资x_{210}和固定资产交付使用率x_{211} 4个指标与产出指标相关性低，予以消除；其余指标均与产出类指标高度相关，彼此之间也均高度相关，选取规模以上电子信息产业本年累计完成投资指标（x_{21}）为本类代表进行分析。资产负债类指标：3个，其中，年末固定资产原价（x_{31}）与产出指标相关性低，予以消除；剩余两个指标均与产出指标高度相关，彼此之间也均高度相关，选取规模以上电子信息产业工业资产总计指标（x_{32}）、规模以上电子信息产业工业负债合计指标（x_{33}），分别代表资产指标和负债指标进行分析。收支成本类指标：2个，均与产出指标高度相关，彼此之间也高度相关，选取规模以上电子信息产业主营业务成本指标（x_{42}）为本类代表进行分析。外资类指标：1个，与产出指标相关性低，予以消除。外贸类指标：1个，与产出指标高度相关，保留进行分析。能源消耗指标：1个，与产出指标高度相关，保留进行分析。金融类指标：4个，均与产出指标高度相关，彼此之间也均高度相关，选取金融机构人民币资金运用各项贷款情况x_{82}代表本类进行分析。科技研发指标：1个，与产出指标高度相关，保留进行分析。工资类指标：1个，与产出指标高度相关，保留进行分析。其他类指标：2个，与产出指标相关性低，予以消除。

（四）指标数据甄选分析结果

消除低相关和合并同质高相关之后的电子信息产业投入产业指标体系分析结果见表6-18。接着，利用该数据进行相对于自身和相对

表6-18　　　消除低相关和合并高相关之后的

电子信息产业投入产出指标体系分析

指标及分类		总体	2014年	2013年	2012年	2011年	2010年	2009年	2008年	2007年	2006年	2005年
x	x_1	x_{11}	841	1146	1071	1001	940	880	755	760	675	626	551
	x_2	x_{21}	6141	12065	10828	9592	9077	5993	4147	3528	2646	2068	1468
	x_3	x_{32}	44301	75302	66215	57839	50211	47107	40358	31411	28923	24334	21305
		x_{33}	26135	43528	38316	33675	29143	27657	24127	18942	18008	14760	13193
	x_4	x_{42}	55796	91042	82588	72910	66445	56367	45614	43390	39025	33465	27116
	x_6	x_{61}	35446	52019	48519	46781	41280	36661	28932	30652	28100	23104	18411
	x_7	x_{71}	2310	2848	2802	2667	2623	2525	2216	2197	2007	1743	1474
	x_8	x_{82}	4578	8168	7190	6299	5479	4792	3997	3034	2617	2253	1947
	x_9	x_{91}	70817	130899	117533	100634	84512	68626	54961	48087	40413	34839	27667
	x_{10}	x_{101}	35787	18200	20856	24721	28898	32244	36539	41799	46769	51483	56360
y		y_2	63152	103902	93891	85044	75445	63395	50202	49019	43766	36886	29969

注：各指标代码的含义同表6-17。

资料来源：《中国电子信息产业统计年鉴》（2005—2014）、《中国统计年鉴》（2006—2015）中计算机、通信及其他电子设备制造业项下数据。

于全部产业的电子信息产业安全水平的测度评估。

二 相对于自身的电子信息产业安全测度评估

首先,运用 DEA 模型中的 CCR 模型的投入产出超效率分析,就电子信息产业 2005—2014 年的相对效率进行测评。由于数据包络分析模型要求决策单元数量应该等于大于所选投入产出指标数之和的 5 倍,具体来说,2005—2014 年共 10 个决策单元年份,进行生产效率分析要求选用的投入产出指标数量之和不超过 2 个。这样,具体分析时将所选的单一产出指标逐一与每一投入指标进行相对生产效率分析,得到各单个投入指标的相对效率分析结果(见表 6-19)。

表 6-19 基于 CCR 模型超效率分析的电子信息产业各单个投入指标的相对效率分析

	x_{11}		x_{21}		x_{32}		x_{33}		x_{42}	
	相对效率	排名	相对效率	排名	相对效率	排名	相对效率	排名	相对效率	排名
总体	0.9379	5	0.5203	7	0.835	9	0.9918	5	0.9084	9
2014 年	0.9827	3	0.4434	9	0.855	8	0.9528	7	0.9473	2
2013 年	1.0585	1	0.4268	11	0.7907	10	0.9781	6	0.8851	11
2012 年	1.0043	2	0.463	8	1.0352	2	0.9954	4	1.1598	1
2011 年	0.9759	4	0.4396	10	0.9515	6	1.0102	3	0.9235	4
2010 年	0.8267	7	0.542	6	0.9506	7	0.9256	8	0.9208	5
2009 年	0.8305	6	0.626	5	0.665	11	0.8402	11	0.8909	10
2008 年	0.7615	9	0.7436	4	1.0036	3	1.0551	1	0.9309	3
2007 年	0.7799	8	0.8637	3	0.9803	5	0.8931	9	0.9099	7
2006 年	0.7057	10	0.9842	2	0.9911	4	1.013	2	0.9118	6
2005 年	0.6415	11	1.1064	1	1.1036	1	0.8581	10	0.9094	8

	x_{61}		x_{71}		x_{82}		x_{91}		x_{101}	
	相对效率	排名	相对效率	排名	相对效率	排名	相对效率	排名	相对效率	排名
总体	1.0192	3	0.7064	5	0.8129	7	0.7777	11	0.323	6
2014 年	1.0792	1	1.1726	1	0.715	11	0.8116	10	1.3598	1
2013 年	1.0322	2	0.9249	3	0.7783	9	0.8182	8	0.7847	2
2012 年	0.9592	5	0.9414	2	0.8472	5	0.844	6	0.6354	3
2011 年	0.9578	6	0.874	4	0.8031	8	0.8171	9	0.4741	4

续表

	x_{61}		x_{71}		x_{82}		x_{91}		x_{101}	
	相对效率	排名	相对效率	排名	相对效率	排名	相对效率	排名	相对效率	排名
2010年	1.0036	4	0.6674	6	0.8301	6	0.8799	5	0.3496	5
2009年	0.9443	7	0.6064	8	0.759	10	0.8276	7	0.2474	7
2008年	0.8008	10	0.5989	10	1.0165	2	0.9341	4	0.214	8
2007年	0.8581	8	0.604	9	1.0029	3	1.0173	2	0.1674	9
2006年	0.8453	9	0.6346	7	1.0455	1	0.9475	3	0.1274	10
2005年	0.7827	11	0.597	11	0.9035	4	1.1097	1	0.0952	11

资料来源：根据表6-18中的相关数据计算得到。

其次，基于AHP赋权分析法基本理念以及判断两指标相对重要程度的判断尺度和评价规则，通过指标两两之间比较得到判断值，形成重要性判断矩阵（见表6-20和表6-21）。

表6-20　　基于各大类有效指标的重要性判断矩阵

	x_1 (x_{11})	x_2 (x_{21})	x_3 ($x_{32}-x_{33}$)	x_4 (x_{42})	x_6 (x_{61})	x_7 (x_{11})	x_8 (x_{82})	x_9 (x_{91})	x_{10} (x_{101})
x_1 (x_{11})	1								
x_2 (x_{21})	1	1							
x_3 ($x_{32}-x_{33}$)	1	1	1						
x_4 (x_{42})	1	1	1	1					
x_6 (x_{61})	1/3	1/3	1/3	1/3	1				
x_7 (x_{71})	1/3	1/3	1/3	1/3	1	1			
x_8 (x_{82})	1	1	1	1	3	3	1		
x_9 (x_{91})	1	1	1	1	3	3	1	1	
x_{10} (x_{101})	1/3	1/3	1/3	1/3	1	1	1/3	1/3	1

表6-21　　第三大类指标下两个具体指标的重要性判断矩阵

	x_{32}	x_{33}
x_{32}	1	
x_{33}	0.3333	1

在此基础上，计算判断矩阵的最大特征根及对应的特征向量，并进行必要的一致性调整，求出已正则化的特征向量值就是要求的各指标权重值（见表6-22），进而加权汇总得到总体的投入产出效率结果即电子信息产业相对效率分析和安全水平测评（见表6-23）。

表6-22　　　　基于 AHP 赋权分析法的各指标权重值

指标	权重	指标	权重	指标	权重	指标	权重	指标	权重
x_{11}	0.15	x_{32}	0.11	x_{42}	0.15	x_{71}	0.05	x_{91}	0.15
x_{21}	0.16	x_{33}	0.04	x_{61}	0.05	x_{82}	0.14	x_{101}	0.05
x_{11}	0.15	x_{32}	0.11	x_{42}	0.15	x_{71}	0.05	x_{91}	0.15

表6-23　　　　基于各单个指标加权综合的电子信息
产业相对效率分析和安全水平测评

年份	相对效率	排名	DEA 有效性	产业安全指数	产业安全等级评估	产业安全等级含义
总体	0.8265	10	非弱 DEA 有效	82.65	D	不太安全
2014年	0.8980	5	非弱 DEA 有效	89.80	D$^+$	不太安全偏正面
2013年	0.8572	7	非弱 DEA 有效	85.72	D$^+$	不太安全偏正面
2012年	0.9273	2	非弱 DEA 有效	92.73	C$^-$	基本安全偏负面
2011年	0.8534	8	非弱 DEA 有效	85.34	D$^+$	不太安全偏正面
2010年	0.8422	9	非弱 DEA 有效	84.22	D	不太安全
2009年	0.7861	11	非弱 DEA 有效	78.61	D	不太安全
2008年	0.8906	6	非弱 DEA 有效	89.06	D$^+$	不太安全偏正面
2007年	0.9114	4	非弱 DEA 有效	91.14	C$^-$	基本安全偏负面
2006年	0.9196	3	非弱 DEA 有效	91.96	C$^-$	基本安全偏负面
2005年	0.9328	1	非弱 DEA 有效	93.28	C$^-$	基本安全偏负面

资料来源：根据表6-19和表6-22中的相关数据整理、计算得到。

基于构建的相对于自身的产业安全测度模型及相应的产业安全区间分级对应体系，可以计算得出各年份基于相对生产效率的产业安全水平，并进行基本的产业安全等级状态评估。

由表6-23可知，2005—2014年电子信息产业总体的投入产出效率水平为0.8265，处于非弱DEA有效的状态。其对应的总体产业安全水平为82.65，产业安全等级评估为D，处于不太安全的状态。

不过，2005—2014年10个年份各自的产业安全程度并不相同，呈现波动变化趋势。根据表6-23和图6-1可知，电子信息产业相对于自身的产业安全程度由2005—2007年最初的C⁻等级和基本安全偏负面状态，先是下降到2008年的D⁺等级和不太安全偏正面状态，进而下降至2009—2010年的D等级和不太安全状态，继而又上升至2012年的C⁻等级和基本安全偏负面状态，在2013—2014年回调至D⁺等级和不太安全偏正面状态。整个过程是波折变化的，而且近年来总体趋势则是逐步向好的。

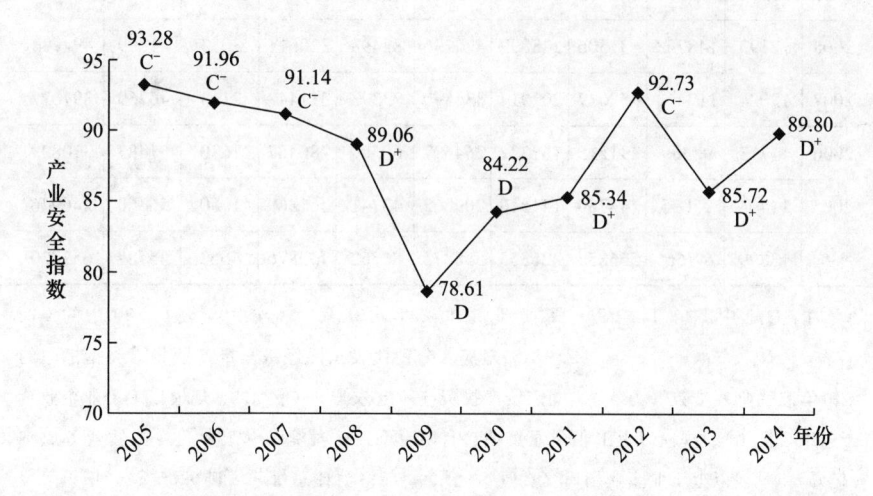

图6-1 2005—2014年电子信息产业相对于自身的产业安全水平波动趋势
资料来源：同表6-23。

三 相对于全部产业的电子信息产业安全测度评估

收集对应的国民经济全部产业相关指标数据（见表6-24）。由此，10个投入指标中，金融机构人民币资金运用各项贷款情况（x_{82}—T_{82}）因无全部产业与电子信息产业的细分，这里略去。运用DEA模型中的CCR模型进行超效率比较，得到基于各单个投入指标2005—2014年各年度电子信息产业和国民经济全部产业相应指标数据及相对效率比较，结果见表6-25至表6-27。

表6-24　　　　　　国民经济全部产业相应指标数据

指标	T_{11}	T_{21}	T_{32}	T_{33}	T_{42}	T_{61}	T_{71}	T_{91}	T_{101}	y
2014	18278	501265	956777	547031	943370	118414	4226000	9254	18200	1092198
2013	18108	435747	850626	491708	877522	112824	416913	8318	20856	1019405
2012	15236	364854	768421	445372	784541	106610	402138	7201	24721	909797
2011	14413	302396	675797	392645	708092	99612	387043	5994	28898	827797
2010	13052	243798	592882	340396	585257	89910	360648	4015	32244	684735
2009	12573	193920	493693	285733	457510	72052	336126	3776	36539	536134
2008	12193	148738	431306	248899	423296	82498	320611	3073	41799	494734
2007	12024	117464	353037	202914	334599	73393	311442	2113	46769	397627
2006	11713	93369	291215	167322	264697	60560	286467	1630	51483	310829
2005	11404	75095	244784	141510	209863	47741	261369	1250	56360	246946
平均	13899	247665	565854	326353	558875	86362	730876	4662	35787	652020

注：①表中T_{11}、T_{21}、T_{32}、T_{33}、T_{42}、T_{61}、T_{71}、T_{91}、T_{101}分别与表6-20中的x_{11}、x_{21}、x_{32}、x_{33}、x_{42}、x_{61}、x_{71}、x_{91}、x_{101}对应，分别代表国民经济全部产业投入类指标中的城镇单位就业人员数（万人）、固定资产投资（不含农户）（亿元）、规模以上工业企业资产总计（亿元）、规模以上工业企业负债合计（亿元）、规模以上工业企业主营业务成本（亿元）、规模以上工业企业出口交货值（亿元）、能源消耗总量（万吨标准煤）、城镇单位就业人员平均工资（元）、研发经费（亿元）。y代表国民经济全部产业规模以上工业企业销售产值（亿元）。②研发经费指标，2005—2010年为大中型工业企业研发经费，2011—2014年为规模以上工业企业研发经费。

资料来源：国家统计局年度统计数据。

第六章 中国电子信息产业安全实证研究 | 169

表 6-25 基于各单个投入指标的电子信息产业和全部产业的相对效率比较

年份	指标 x_{11} 效率测度 电子信息产业	全部产业	相对比值	指标 x_{21} 效率测度 电子信息产业	全部产业	相对比值	指标 x_{32} 效率测度 电子信息产业	全部产业	相对比值
2014	0.9827	0.7833	1.2546	0.4434	0.1573	2.8188	0.8550	0.7526	1.1361
2013	1.0585	0.7932	1.3345	0.4268	0.1816	2.3502	0.7907	0.8296	0.9531
2012	1.0043	0.8536	1.1765	0.4630	0.1963	2.3586	1.0352	0.8512	1.2162
2011	0.9759	0.8948	1.0906	0.4396	0.2349	1.8714	0.9515	0.9598	0.9914
2010	0.8267	0.8538	0.9683	0.5420	0.2518	2.1525	0.9506	0.9453	1.0056
2009	0.8305	0.5771	1.4391	0.6260	0.2061	3.0374	0.6650	0.7392	0.8996
2008	0.7615	0.5265	1.4463	0.7436	0.2377	3.1283	1.0036	0.7486	1.3406
2007	0.7799	0.4744	1.6440	0.8637	0.2675	3.2288	0.9803	0.8126	1.2064
2006	0.7057	0.3498	2.0174	0.9842	0.2417	4.0720	0.9911	0.7076	1.4007
2005	0.6415	0.2727	2.3524	1.1064	0.2281	4.8505	1.1036	0.6389	1.7273
平均	0.8567	0.6379	1.4724	0.6639	0.2203	2.9869	0.9327	0.7985	1.1877

注：表中各指标的全称分别是电子信息产业的相对效率、全部产业的相对效率、电子信息产业与全部产业的效率比。

资料来源：根据表 6-18 和表 6-24 中的数据计算得到。

表 6-26 基于各单个投入指标的电子信息产业和全部产业的相对效率比较

年份	指标 x_{33} 效率测度 电子信息产业	全部产业	相对比值	指标 x_{42} 效率测度 电子信息产业	全部产业	相对比值	指标 x_{61} 效率测度 电子信息产业	全部产业	相对比值
2014	0.9528	0.7581	1.2568	0.9473	0.7970	1.1886	1.0792	0.9338	1.1557
2013	0.9781	0.8227	1.1889	0.8851	0.8566	1.0333	1.0322	0.9833	1.0497
2012	0.9954	0.8458	1.1769	1.1598	0.8706	1.3322	0.9592	0.9422	1.0180
2011	1.0102	0.9514	1.0618	0.9235	0.9566	0.9654	0.9578	1.0170	0.9418
2010	0.9256	0.9482	0.9762	0.9208	1.0394	0.8859	1.0036	0.9573	1.0484
2009	0.8402	0.7355	1.1424	0.8909	0.8329	1.0696	0.9443	0.7778	1.2141
2008	1.0551	0.7471	1.4123	0.9309	0.7965	1.1687	0.8008	0.6011	1.3322

续表

年份	指标 x_{33} 效率测度			指标 x_{42} 效率测度			指标 x_{61} 效率测度		
	电子信息产业	全部产业	相对比值	电子信息产业	全部产业	相对比值	电子信息产业	全部产业	相对比值
2007	0.8931	0.8142	1.0969	0.9099	0.8953	1.0163	0.8581	0.6003	1.4295
2006	1.0130	0.7092	1.4284	0.9118	0.8129	1.1217	0.8453	0.5225	1.6178
2005	0.8581	0.6365	1.3482	0.9094	0.7782	1.1686	0.7827	0.5031	1.5558
平均	0.9522	0.7969	1.2089	0.9389	0.8636	1.0950	0.9263	0.7838	1.2363

注：表中各指标的全称与说明同表 6-25。

资料来源：根据表 6-18 和表 6-24 中的数据计算得到。

表 6-27　　基于各单个投入指标的电子信息产业和全部产业的相对效率比较

年份	指标 x_{71} 效率测度			指标 x_{91} 效率测度			指标 x_{101} 效率测度		
	电子信息产业	全部产业	相对比值	电子信息产业	全部产业	相对比值	电子信息产业	全部产业	相对比值
2014	1.1726	0.1302	9.0061	0.8116	0.8233	0.9858	1.3598	0.7048	1.9293
2013	0.9249	0.1334	6.9333	0.8182	0.9042	0.9049	0.7847	0.7674	1.0225
2012	0.9414	0.1252	7.5192	0.8440	0.9012	0.9365	0.6354	0.7820	0.8125
2011	0.8740	0.1290	6.7752	0.8171	1.0117	0.8077	0.4741	0.9238	0.5132
2010	0.6674	0.1197	5.5756	0.8799	0.9885	0.8901	0.3496	1.0278	0.3401
2009	0.6064	0.0836	7.2536	0.8276	0.7293	1.1348	0.2474	0.8144	0.3038
2008	0.5989	0.0775	7.7277	0.9341	0.7200	1.2974	0.2140	0.8627	0.2481
2007	0.6040	0.0709	8.5190	1.0173	0.7478	1.3604	0.1674	0.9730	0.1720
2006	0.6346	0.0554	11.4549	0.9475	0.6367	1.4881	0.1274	0.9056	0.1407
2005	0.5970	0.0461	12.9501	1.1097	0.5537	2.0042	0.0952	0.8962	0.1062
平均	0.7621	0.0971	8.3715	0.9007	0.8016	1.1810	0.4455	0.8658	0.5589

注：表中各指标的全称与说明同表 6-25。

资料来源：根据表 6-18 和表 6-24 中的数据计算得到。

将表 6-20 中金融机构人民币资金运用各项贷款情况（x_{82}—T_{82}）这一指标的重要性判断值舍去，其他 9 项投入指标彼此之间重要性判断不变，形成新的判断矩阵，得到基于 AHP 赋权分析法的各指标权重测算结果（见表 6-28）。基于表 6-28，将历年电子信息产业相对于国民经济全部产业的各单个投入指标的相对效率进行加权汇总，可得 2005—2014 年各年度电子信息产业相对于国民经济全部产业的产业安全指数，然后基于构建的相对于全部产业的产业安全区间分级对应体系，评估各年度的产业安全等级。产业安全综合指数测评结果见表 6-29。

表 6-28　　　基于 AHP 赋权分析法的各指标权重测算

指标	x_{11}	x_{32}	x_{33}	x_{42}
权重	0.1778	0.1333	0.0445	0.1707
指标	x_{61}	x_{91}	x_{101}	
权重	0.0572	0.1832	0.056	

表 6-29　　　电子信息产业相对于国民经济全部产业的
　　　　　　　产业安全综合指数测评（2005—2014 年）

年份	2014	2013	2012	2011	2010	2009
产业安全指数	202.64	170.80	179.42	150.56	145.80	187.58
产业安全等级评估	A$^+$	A$^-$	A$^-$	A$^-$	B$^+$	A
产业安全等级含义	很安全偏正面	很安全偏负面	很安全偏负面	很安全偏负面	比较安全偏正面	很安全
年份	2008	2007	2006	2005	10 年平均	
产业安全指数	204.28	209.79	258.04	300.45	200.94	
产业安全等级评估	A$^+$	A$^+$	A$^+$	A$^+$	A$^+$	
产业安全等级含义	很安全偏正面	很安全偏正面	很安全偏正面	很安全偏正面	很安全偏正面	

资料来源：根据表 6-25 至表 6-28 中的数据整理、计算得到。

根据表 6-29 可知，2005—2014 年的 10 年间，电子信息产业相对于国民经济全部产业的产业安全综合指数平均值为 200.94，产业安全等级为 A$^+$，处于很安全偏正面状态。不过，2005—2014 年 10 个年份各自的产业安全等级状态并不相同，呈现波动变化趋势。由表 6-29 和图 6-2 可知，电子信息产业相对于国民经济全部产业平均水平的产业安全等级状态，在 2005—2008 年间处于 A^+ 等级和很安全偏正面状态，然后逐步下探至 2010 年的 B^+ 等级和比较安全偏正面状态。此后，2011—2013 年保持 A^- 等级和很安全偏负面状态，2014 年又重新回到 A^+ 等级和很安全偏正面状态。

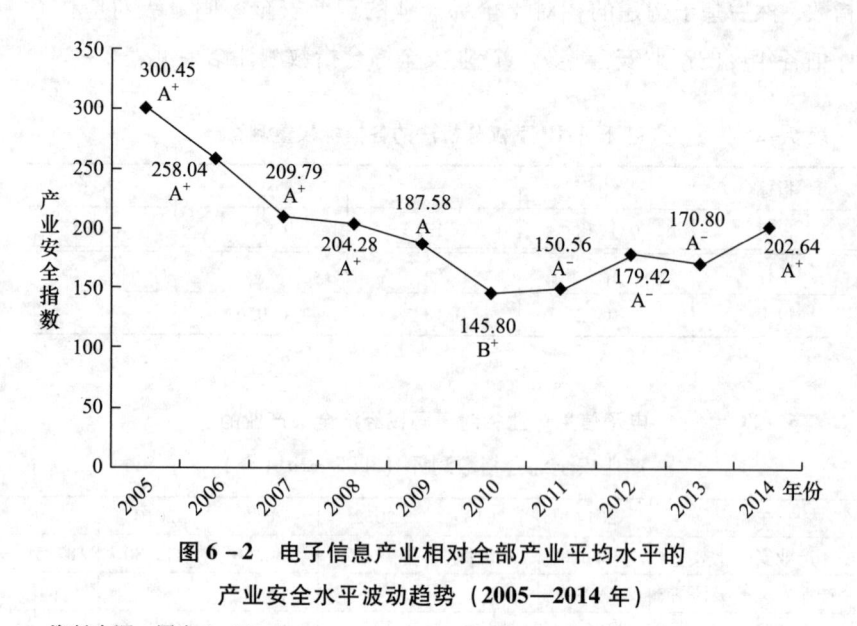

图 6-2　电子信息产业相对全部产业平均水平的产业安全水平波动趋势（2005—2014 年）

资料来源：同表 6-29。

其间，产业安全指数和等级最低为 2010 年的 145.80 分值和比较安全的 B^+ 等级，最高为 2005 年的 300.45 分值和很安全的 A^+ 等级。整体而言，呈现一种先下降再回升的 U 形变化趋势，这表明，电子信息产业相对于全部产业的平均水平而言，所具有的优势在逐步减弱之后，近期又有所提振扩大。

另外，虽然 2005—2014 年 10 年期间电子信息产业相对于国民经济全部产业的产业安全处于 A^+ 等级的很安全偏正面状态，但仍然存在明显的短板和制约因素，如规模以上企业主营业务成本（x_{32}）、城镇单位就业人员平均工资（x_{61}）、企业研发经费支出（x_{91}）等，2014年，这几项短板指标的产业安全指数分别只有 113.61、115.57、98.58。

第五节 基于控制力的电子信息产业安全水平测度评估

如上所述，基于控制力视角的产业安全水平测评，应该基于控制力门限的标准，运用定性判别分析法，重点依据反映外资控股态势的典型指标进行。根据《中国统计年鉴》和《中国电子信息产业统计年鉴》，结合数据可得性，收集2005—2014年企业单位数占比、固定资产占比、主营业务收入占比和利润总额占比4个典型指标数据（见表6-30）。4个指标的权重相等，均为0.25，可得2005—2014年电子信息产业外资控制程度与安全状态判别及变化情况（见表6-31和图6-3）。

表6-30 电子信息产业外资控制4个典型指标数据

年份	企业单位数（个）总量	企业单位数（个）外资量	固定资产（亿元）总量	固定资产（亿元）外资量	主营业务收入(亿元)总量	主营业务收入(亿元)外资量	利润总额（亿元）总量	利润总额（亿元）外资量
2014	14034	5358	13689.97	8446.41	85486.3	57549.91	4282.57	2461.13
2013	12669	5603	12836.46	8557.96	78817.8	56131.57	3308.25	2294.83
2012	12328	5577	11456.68	7357.92	70430.07	51992.19	3194.18	1968.43
2011	11364	57216	9817.51	6686.2	63474.89	48042.7	2827.42	1783.74
2010	14838	74045	11119.45	8630.01	55161.16	42272.36	2873.03	1725.63
2009	14284	75376	8149.94	5866.75	44215.94	34244.44	1756.23	1055.1
2008	14347	6905	7903.03	6212.28	43177.95	35044.35	1542.67	1136.49
2007	11220	5782	6665.07	5395.14	39014.14	32609.68	1445.89	1114.47
2006	9709	4965	5584.61	4345.95	33054.43	27126.14	1137.61	904.75
2005	8868	4637	4902.79	3772.15	26844.02	22423.2	891.69	725.65

资料来源：根据《中国统计年鉴》（2006—2015）相关统计数据进行汇总形成。

表6-31　电子信息产业外资控制程度与安全状态判别　　　单位:%

年份	企业单位数外资占比	固定资产外资占比	主营业务收入外资占比	利润总额外资占比	外资总体控制程度	外资控制权安全门限	控制力视角的安全判断
2014	38.18	61.70	67.32	57.47	56.17	50	不安全
2013	44.23	66.67	71.22	69.37	62.87	50	不安全
2012	45.24	64.22	73.82	61.63	61.23	50	不安全
2011	48.49	68.10	75.69	63.09	63.84	50	不安全
2010	45.12	77.61	76.63	60.06	64.86	50	不安全
2009	47.00	71.99	77.45	60.08	64.13	50	不安全
2008	48.13	78.61	81.16	73.67	70.39	50	不安全
2007	51.53	80.95	83.58	77.08	73.29	50	不安全
2006	51.14	77.82	82.07	79.53	72.64	50	不安全
2005	52.29	76.94	83.53	81.38	73.53	50	不安全

注：本表各类占比数据基于表6-30相关数据统计而得。另外，根据表3-12，4个指标的权重相等，均为0.25 外资控制程度由此进行汇总计算得到。

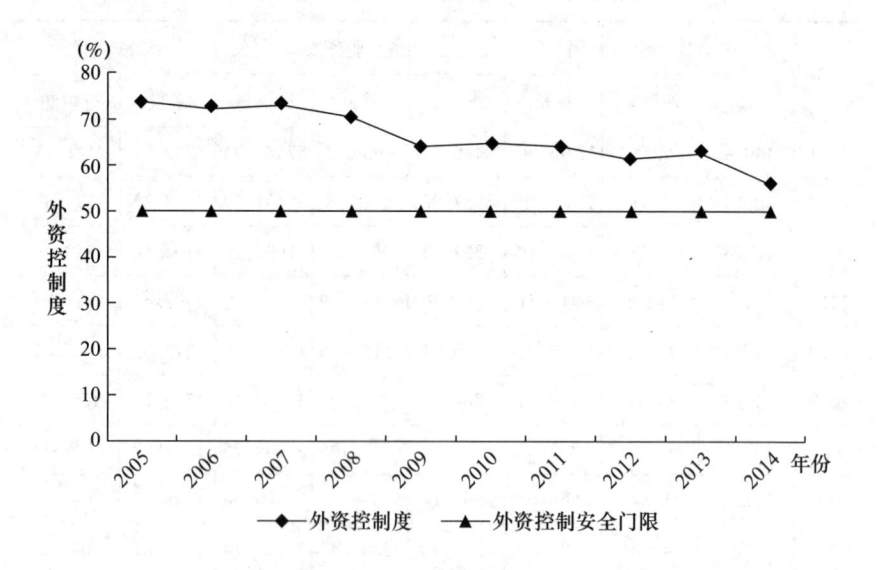

图6-3　电子信息产业外资控制程度与产业安全态势演变示意

由表6-31和图6-3可知，电子信息产业2005—2014年的外资控制程度，先是在 73.53% 的高位，之后逐年波动下降，2014 年下降到 56.17% 的低位。

如前所述，电子信息产业是研制和生产电子设备及各种电子元件、器件、仪器、仪表的工业，是国民经济重要的支柱产业。鉴于电子信息产业的特殊重要地位，可以从产业控制力安全视角将其定位于限制外资并购的产业类型，其外资控制权安全的门限为 50%。

由此可知，2002—2014 年电子信息产业的外资控制全部超过 50% 的门限处于不安全状态。特别地，从动态角度来看，2002—2014 年呈现从前期不安全向近期逐步安全的良性演变，安全性呈现稳步提高的态势，其中，2014 年外资控制度下降到 56.17% 的历史低位，表明基于控制力视角的产业安全达到了历史的最高位。

具体细分，电子信息产业包括通信设备产业、雷达产业、广播电视设备产业、电子计算机产业、家用视听设备产业、电子器件产业、电子元件产业、电子测量仪器产业、电子工业专用设备产业、电子信息机电产业和其他电子信息产业，这些细分产业的外资数据无法获得，所以，对这些产业基于控制力视角的产业安全研究无法进行。

第六节 基本结论与对策建议

一 电子信息产业安全研究的基本结论

基于竞争力（投入产出效率）的电子信息产业相对于自身的产业安全研究表明：一是 2005—2014 年电子信息产业总体的投入产出效率水平为 0.8265，处于非弱 DEA 有效的状态。其对应的总体产业安全水平为 82.65，产业安全等级评估为 D，处于不太安全状态。二是 2005—2014 年 10 个年份各自的产业安全等级状态呈现波动变化趋势，其中不太安全 D 等级状态的年份有 2 个，不太安全偏正面 D^+ 等级状态的年份有 4 个，基本安全偏负面 C^- 等级状态的年份有 4 个。三是 2005—2014 年 10 个年份的产业安全等级状态呈现倒 U 形波动变化趋势，但总体趋势则是向好的，其中 2012 年达到了 10 年间仅次于 2005

年的安全状态，目前正处于稳步回升状态。

基于竞争力（投入产出效率）的电子信息产业相对于全部产业的产业安全研究表明：一是2005—2014年的10年间，电子信息产业相对于国民经济全部产业的产业安全综合指数平均值为200.94，产业安全等级为A+，处于很安全偏正面状态。二是2005—2014年10个年份各自的产业安全等级状态并不相同，呈现波动变化趋势。其间，产业安全指数最低为2010年的145.80分值，最高为2005年的300.45分值。整体而言，呈现一种先下降再回升的U形趋势，这表明，就电子信息产业相对于全部产业的平均水平而言，其所具有的优势在逐步减弱之后，近期又有所提振扩大。三是虽然2005—2014年10年间电子信息产业相对于国民经济全部产业的产业安全处于A+等级的很安全偏正面状态，但仍然存在有明显的短板和制约因素，如规模以上企业主营业务成本（x_{32}）、城镇单位就业人员平均工资（x_{61}）、企业研发经费支出（x_{91}）等。

上述分析表明，电子信息产业可以在保持产出不变的情况下减少相当分量的投入，也可以在投入不变的情况下增加相当分量的产出，这意味着其整体生产效率还有很大提升空间。这就要求电子信息产业在不断增加生产投入时，应密切关注产出的变化，及时有效地调整资源配置，不断提升电子信息产业的竞争力。同时，不断加强科研投入力度，提升人力资源管理和财务管理水平，为电子信息产业的快速发展提供充分的保障。

基于控制力（外资控制程度）的电子信息产业总体安全研究表明，2005—2014年外资控制程度均超过50%的不安全状态门限，但在逐年下降，2014年下降到56.17%。由此可见，就电子信息产业总体而言，由于其基于控制力视角的产业安全水平处于不安全区间，政府和行业协会应该主动采取限制外资进入的政策以降低外资控制程度，提升民族资本所占的比重，使电子信息产业外资控制度回落到安全区间。

二 电子信息产业安全发展的对策建议

围绕着基于竞争力（投入产出效率）和控制力（外资控制程度）

的产业安全水平测度分析,提出电子信息产业安全发展对策建议如下:

(一)促进产业组织结构优化

在当今经济全球化的背景下,不同国家产业之间的竞争核心是各国相关产业规模型大公司和企业集团之间的竞争。2014年,我国电子信息产业共有规模以上企业14034多家,大中型企业4860多家。在这两个庞大数字的背后,真正的大公司和企业集团数量很少。然而,电子信息产业属于资本技术密集型产业,其企业发展需要相对大的适度规模,否则会影响和制约其产业运行的效率,导致其产业组织运行方面的安全风险存在。在目前财力有限、大规模注入资金扩大企业规模比较困难的情况下,电子信息产业应该选择通过资本流动和企业兼并重组,有效地解决电子信息企业布局过散、数量过多的问题,使其从分散的中小企业向大型企业和特大企业集团集中演进,从低效的弱势中小企业向具有优势的龙头规模型企业集中,力争在兼并重组中培育和发展壮大一批具有相当竞争力的世界级电子信息大公司、大集团。

(二)调整产业地理布局

伴随着国际金融危机的影响,我国东部沿海地区电子信息产业成本比较优势日渐弱化,应当抓住电子产业调整和振兴规划以及全球电子信息产业第四次重大产业转移的机遇,尽快考虑如何充分利用中西部地区土地资源、原材料、劳动力等优势,把东部地区的资金、技术和管理优势与之合理结合,加强地域合作。具体来说,要从国家层面促进以下两条转移线路:一是沿长江向中西部地区,经过安徽皖江、江西沿江、武汉和长沙,直达成渝经济圈。二是沿京广线连接南北方与中部的运输干线,特别是河南郑州、湖北武汉和湖南长沙、衡阳和韶关。[1] 通过以线带面,引导东部沿海地区与中西部地区电子信息业的转移、合作与共同发展,实现全方位产业转移和繁荣。同时,东部

---

[1] 马晓燕:《我国电子信息产业利用外资风险及应对》,《中国经贸导刊》2011年第19期。

沿海地区需要尽快向中高端转型升级。

（三）加快全球化经营步伐

改革开放之初，我国走的是一条以"引进来"为主的发展道路。改革开放40年来，我国国民经济整体实力有了巨大的提高，已经具备了"走出去"开展全球化经营的条件。而我国市场经济的不断完善和正式加入世界贸易组织体系，也提供了"走出去"开展全球化经营的环境。但是，到目前为止，电子信息产业还缺乏真正意义上国际化经营成功的企业。企业要适当进行战略调整，在保持国内市场规模的同时，积极开拓国际市场，由"一条腿走路"转为"国内、国际齐步走"，提高抗风险能力。企业应在总结多年来"走出去"的经验教训基础上，在国际形势变化中把握发展机遇，调整国际化模式，创新对外投资和合作方式，形成经济全球化条件下参与国际经济合作和竞争新优势。目前，周边地区在吸引外资政策上出台了很多优惠政策措施，其市场潜力和人力资源优势明显，国内优势企业应该"走出去"，到周边国家和地区发展加工贸易，以促进产业结构调整和贸易顺差压力。要倡导联合"走出去"的模式，如电子与电信的合作、产品制造与软件开发的合作、生产销售与信息服务的合作等，形成多样化的国际化战略方式。[①]

（四）营造良好的投融资环境

落实金融促进经济发展的有关政策措施，加大对电子信息产业的信贷支持。引导地方政府加大投入，有效地发挥信用担保体系功能，支持金融机构为中小电子信息企业提供更多融资服务。依托产业基地、企业孵化器等产业集聚区，扩大电子信息中小企业集合发债试点。对符合条件的电子信息企业引进先进技术和产品更新换代的外汇资金需求，通过进出口银行提供优惠利率进口信贷方式给予支持。积极发展风险创业投资，大力支持海外归国人才在国内创业发展。加强产业基地公共基础设施和支撑服务体系建设，优化产业集聚区发展环

---

① 国家发展和改革委员会宏观经济研究院课题组：《我国电子信息产业现状与安全问题测度》，《改革》2009年第8期。

境。发挥海关特殊监管区域的政策和功能优势，加大打击走私力度，促进电子信息产品研发、维修、配送及服务外包业务的发展。

（五）培育自主研发能力

首先，在技术研发层面，加大电子信息产品制造企业知识产权战略和标准战略，提高重点创新型企业自主创新水平。[1] 产业核心技术是电子信息产业的驱动核心，是产业技术能力与方向的标识。我国电子信息产业技术创新能力的提高要在巩固现有成果的基础上，不断消化吸收国内外先进技术成果，以突破产业核心技术为导向，实现我国在信息技术产业的"弯道超车"。[2] 加大对基础研究和产品技术研发投入，在研发、对外投资保险等方面给予相应的政策支持，重点培育扶持一批具有代表性的、有能力参加国际竞争的龙头企业，并能够以集团化的态势对外"走出去"，抵御外国跨国公司对中国电子信息产业的垄断；同时，应充分发挥我国高校和科研院所的基础性科研创新优势，加强科研院所与电子信息企业的有机结合，实现双向交流和多层次合作，构建科技进步面向经济建设、经济建设依靠科技进步的机制。

其次，在产权结构、治理结构等层面，加大改革力度，使之形成能够支撑自主创新的制度保障。积极学习国内外先进的管理经验，大力吸引和培养优秀的技术和管理人才，建立具有自主创新能力的人力资源保障体系。

（六）推动电子信息产业攀升价值链高位

由于电子信息产业在拉动经济增长、调整产业结构、转变发展方式和保障国家信息安全等方面具有十分重要的作用，其竞争水平已经成为衡量一个国家或地区综合竞争力的重要尺度。[3] 外商通过大规模

---

[1] 陈文君：《电子信息产品制造业自主创新战略研究——以四川省为例》，《企业经济》2011年第2期。

[2] 许爱萍：《美国提高电子信息产业技术创新能力的经验及借鉴》，《中国科技论坛》2014年第3期。

[3] 张鸿、代玉虎、张权：《区域电子信息产业竞争力评价研究》，《统计与信息论坛》2014年第3期。

投资和建立研发中心构建了较高的技术壁垒，我国企业由于没有掌握关键技术和自有品牌，进入这些行业只能处在产业价值链的最低端，从而影响了产业国际竞争力的提高和产业未来的可持续发展。① 我们应该借鉴我国台湾地区的经验，首先在全球电子信息产业链中的一环或几环中建立优势（目前的生产制造环节），现阶段充分重视非核心技术领域技术水平的提高，然后利用优势形成过程中积累的经验，逐步向产业链两端尤其是上游环节发展。

（七）市场推动和政策引导双轮驱动

推动电子信息产业的良性发展，还必须发挥市场机制的决定性作用，打破地方保护、产业垄断，维护市场竞争的有序性、高效性，使电子信息企业主要地依靠技术创新而不是其他因素获取竞争的优势。可以通过强化国家宏观调控职能，通过引导性和鼓励性财税政策推动技术创新，同时，切实加强知识产权保护力度，使电子信息企业成为创新活动真正的获益者。

（八）完善产业安全法律制度

经济全球化的迅速推进和允许外资并购上市公司法律的出台，使外资并购在我国进入一个新的发展阶段。外资在给中国带来资金、技术和管理的同时，通过示范和竞争也给我们带来了向市场经济转型的推动力。只要我们引导得当，外资完全可以成为我国经济增长方式转变的积极因素。② 要想合理利用外资，使外资充分发挥效用，真正带动产业的发展，提高我国电子信息产业的控制力和竞争力，就要以防范垄断并购和恶意并购，保持并提高我国在重要行业和关键领域的控制力为长久目的，完善关于外资并购的法律法规，引导并规范外资并购的健康发展，推动产业安全法的建立。同时，要滚动修订外商投资

---

① 宋娟：《FDI 对我国电子信息产品制造业市场结构的影响分析》，《特区经济》2012 年第 4 期。

② 刘彦鑫：《理性看待外资并购与我国产业安全》，《黑龙江对外经贸》2007 年第 10 期。

和国内鼓励投资的产业目录。① 鉴于电子信息产业的重要性,应该直接以法律形式,明确该产业为限制外资并购产业,明确该产业的外资并购门限。另外,建立审查外资并购的专门机构如外国投资委员会,基于产业控制力安全视角的外资控股权比例下限确定,并负责执行落实。

---

① 马晓燕:《我国电子信息产业利用外资风险及应对》,《中国经贸导刊》2011年第19期。

第七章 中国汽车产业安全实证研究

汽车产业是中国的主导产业，对中国国民经济发展具有重要影响。基于2000—2014年数据的研究表明，汽车产业基于竞争力（投入产出效率）的相对于自身的总体安全等级为 D^-，处于不太安全偏负面状态，但呈现稳步向好的趋势；基于竞争力（投入产出效率）的相对于全部产业的总体安全等级为 D^+，处于不太安全偏正面状态，整体呈现不规则的波动变化趋势；基于控制力（外资控制程度）的总体产业安全水平，因外资控制均未超过50%的安全门限而处于安全状态。7个具体产业呈现分化态势，其中，车用发动机产业相比于其他产业外资控制度较高，尤其是2007年之后多逼近50%的安全门限，值得高度重视。

第一节 汽车产业的基本内涵和产业特征

一 汽车产业的基本内涵

依照国家统计局2011年发布的《国民经济行业分类》（GB/T47554—2011），汽车制造产业包括汽车整车制造，改装汽车制造，低速载货汽车制造，电车制造，汽车车身、挂车制造，汽车零部件及配件制造6个产业（见表7-1）。由中国汽车技术研究中心和中国汽车工业协会编制的《中国汽车工业年鉴》（2001—2015）将汽车产业分为汽车整车、改装汽车、摩托车、车用发动机、汽车与摩托车配件5个产业。由于本书关于汽车产业的数据均来自《中国汽车工业年鉴》（2001—2015），因此，本书关于汽车产业的分类与其相同。

表7-1　　　汽车制造产业涉及的国民经济产业分类与代码（GB/T4754—2011）

大类代码	类别名称	说明
361	汽车整车制造	指由动力装置驱动，具有四个以上车轮的非轨道、无架线的车辆，并主要用于载送人员和（或）货物，牵引输送人员和（或）货物的车辆制造，还包括汽车发动机制造
362	改装汽车制造	指利用外购汽车底盘，改装各类汽车的制造
363	低速载货汽车制造	指最高时速限制在规定范围内的农用三轮或四轮等载货汽车的制造
364	电车制造	指以电作为动力、以屏板或可控硅方式控制的城市内交通工具和专用交通工具制造
365	汽车车身、挂车制造	指其设计和技术特性需由汽车牵引，才能正常行驶的一种无动力的道路车辆制造
366	汽车零部件及配件制造	指机动车辆及其车身的各种零配件制造

资料来源：国家统计局。

二　汽车产业的特征

（一）强力拉动就业

汽车产业链条长，整车上游的零部件产业，下游的汽车销售、汽车金融服务业带动就业岗位数量巨大。从表7-2汽车产业年末从业人员数量可以看出，汽车产业就业人数，2005年为167万人，2010年为220万人，2014年为351万人，呈现稳步上升趋势。2005年，汽车产业就业人数占全部城镇单位就业人数的比重为1.5%，2010年为1.7%，2014年为1.9%，始终保持在1.5%以上，呈现出稳定上升趋势。

表7-2　　　　　　　　汽车产业年末从业人员数量

指标	2014年	2013年	2012年	2011年	2010年	2009年	2008年	2007年	2006年	2005年
全部产业就业人数（万人）	18278	18108	15236	14413	13052	12573	12193	12024	11713	11404
汽车产业就业人数（万人）	351	340	251	242	220	217	209	204	186	167
汽车产业就业占比（%）	1.9	1.9	1.6	1.7	1.7	1.7	1.7	1.7	1.6	1.5

资料来源：《中国汽车工业年鉴（2015）》。

(二) 技术密集

2014年，我国汽车产业专利公开总量96482件，与2013年公开总量83609件相比增长了15.4%，"十二五"时期前四年我国汽车产业专利公开总量年均增速为24%。①从汽车产品的技术特点看，每辆汽车都是当代高新技术的结晶。汽车产业是应用机器人、数控机床、自动生产线最大的产业，现代轿车也运用了大量的新材料、新工艺、新设备和电子技术。同时，汽车是现代企业科学管理的先驱，是大批量、高效率、专业化、标准化产业的代表。

技术含量高的特征可以通过研发经费支出情况表现出来。由表7-3可知，汽车产业大中型工业企业研发经费支出，2005年为159亿元，2014年增长为744亿万元，其占全部产业研发经费支出的比重，始终保持在10%以上。

表7-3　　汽车产业大中型工业企业研发经费支出情况

指标	2014年	2013年	2012年	2011年	2010年	2009年	2008年	2007年	2006年	2005年
汽车产业（亿元）	744	700	555	515	468	443	376	289	231	159
全部产业（亿元）	7320	6744	5992	5031	4015	3210	2681	2112	1630	1250
汽车产业占比（%）	10.16	10.38	9.26	10.24	11.66	13.80	14.02	13.68	14.17	12.72

资料来源：《中国汽车工业年鉴》（2006—2015）。

(三) 耗能较低

汽车产业的高技术含量特征还带来了低能耗的特征。从表7-4可以看出，汽车产业能源消耗总量2005年为20百万吨标准煤，2010年为37百万吨标准煤，2014年为32百万吨标准煤，其占全部产业能源消耗总量的比重始终保持在1.2%以下，与其利润总额始终保持在全部产业相应指标总额的4%左右，形成了鲜明的对比。另外，从人均能源消耗量来看，汽车产业2004年为12.24吨标准煤，2014年为9.10吨标准煤，始终保持在全部产业平均水平的62%以下，且呈下降趋势，进一步表明其能源资源消耗量低的特征。

---

① 《中国汽车工业年鉴（2015）》。

表7-4　　　　　　　汽车产业能源消耗量比较情况

	指标	2014年	2013年	2012年	2011年	2010年	2009年	2008年	2007年	2006年	2005年
总量	汽车产业（百万吨标煤）	32	31	28	40	37	30	27	25	22	20
	全部产业（百万吨标煤）	4258	4169	3617	3480	3249	3066	2914	2805	2587	2360
	汽车产业占比（%）	0.75	0.74	0.76	1.15	1.15	0.99	0.94	0.88	0.87	0.87
人均	汽车产业（吨标准煤）	9.10	9.03	11.01	16.53	17.02	14.00	13.05	12.09	12.12	12.24
	全部产业（吨标准煤）	23.30	23.02	26.39	26.85	27.63	26.73	26.30	25.90	24.46	22.92
	汽车产业占比（%）	39.06	39.23	41.72	61.56	61.60	52.38	49.62	46.68	49.55	53.40

资料来源：《中国统计年鉴》（2006—2015）。

（四）经济带动性强

汽车产业规模总量大、产业关联度高，在国民经济发展中具有举足轻重的地位，对国民经济发展具有带动性强的特征。主要表现为以下三个方面：第一，就外贸出口情况而言，2005—2014年，汽车产业规模以上企业出口交货值从5百亿元上升到22百亿元，占全部产业规模以上企业出口交货值的比重，始终保持在2%左右。第二，就全部资产情况而言，2005—2014年，汽车产业规模以上企业拥有的全部资产从100百亿元上升到309百亿元，占全部产业规模以上企业资产的比重，则从4.1%下降至3.2%。第三，就利润情况而言，2005—2014年，汽车产业规模以上企业实现的利润总额从4百亿元上升到28百亿元，占全部产业规模以上企业利润总额的比重保持在4%左右。具体情况见表7-5。

表7-5　　汽车产业出口产品交货值（当年价）、资产以及利润总额和占比情况

指标	行业	2014年	2013年	2012年	2011年	2010年	2009年	2008年	2007年	2006年	2005年
规模以上工业企业出口产品交货值	汽车产业（百亿元）	22	21	17	17	24	17	18	17	12	5
	全部产业（百亿元）	1184	1128	1066	996	899	721	825	734	606	477
	汽车产业占比（%）	1.9	1.9	1.6	1.7	2.7	2.4	2.2	2.3	2.0	1.0
规模以上工业企业资产总计	汽车产业（百亿元）	309	288	265	247	322	248	151	142	119	100
	全部产业（百亿元）	9568	8506	7684	6758	5929	4937	4313	3530	2912	2448
	汽车产业占比（%）	3.2	3.4	3.5	3.7	5.4	5.0	3.5	4.0	4.1	4.1
规模以上工业企业利润总额	汽车产业（百亿元）	28	27	32	28	40	24	9	10	7	4
	全部产业（百亿元）	682	628	619	614	531	345	306	272	195	148
	汽车产业占比（%）	4.1	4.3	5.2	4.6	7.5	7.0	2.9	3.7	3.6	2.7

资料来源：《中国汽车工业年鉴》（2006—2015）。

（五）产业关联度高

汽车产业的发展既要与相关的原材料、零部件工业等上游产业发展相协调，也要与汽车消费和使用的下游相关产业的发展相适应，同时还要与国民经济的不同发展阶段相适应。面对不同的国民经济发展阶段，汽车产业所针对的消费对象与服务领域也各不相同。强大的产业关联度，不仅推动了一个国家汽车产业的发展，同时也带动了其他产业的发展，如可以直接带动钢铁、橡胶、玻璃、化学、电子等一系列相关产业的发展，同时对石化、道路建设、汽车修理、旅游等产业具有间接的带动效应。

汽车产业是我国的支柱产业。加入世界贸易组织后，我国汽车工业的生产效率和产出量获得了长足发展。在发展数量的同时，我国汽车产业也在不断实现升级和跨越式发展。我国的汽车企业应在全球价值链视角下将资源和要素集中到自己最擅长的领域，以培育和保持核心竞争力，尤其要注意在全球汽车产业体系中寻求合适的发展优势，并沿着全球汽车产业价值链向利润更高或技术更复杂的资本和高技能密集型环节攀升。

第二节 汽车产业发展成就

改革开放以来，我国汽车产业发展取得了举世瞩目的成就。

一 产品产量呈现快速增长趋势

从表7-6可以看出，汽车、轿车、汽车发动机等汽车产业代表性产品产量，2005年分别为570.5万辆、277.0万辆、525.5万台；2014年分别增长到2372万辆、1248.3万辆、2108.2万台，10年间分别增长了3.2倍、3.5倍、3.0倍，年均增长率分别为15.3%、16.2%、14.9%。从表7-6还可以看出，汽车产业中，客车、载货汽车、摩托车整车产品产量也呈增长趋势，2005年分别为128.2万辆、149.5万辆、1690.9万辆；2014年则分别为158.7万辆、312.9万辆、2691.7万辆，10年时间分别增长了0.2倍、1.1倍、0.6倍。简单平均，我国汽车产业产品数量10年时间增长了1.9倍，年均增长10.2%，可谓是增长迅速。

表7-6　　　　　汽车产业代表性产品产量变化情况

产品	2014年	2011年	2008年	2005年	10年增长倍数	年均增长率（%）
汽车（万辆）	2372	1841.6	930.6	570.5	3.2	15.3
轿车（万辆）	1248.3	1012.7	503.8	277.0	3.5	16.2
客车（万辆）	158.7	227.2	178.0	128.2	0.2	2.2
载货汽车（万辆）	312.9	324.7	235.0	149.5	1.1	7.7
摩托车整车（万辆）	2691.7	2735.5	2768.9	1690.9	0.6	4.8
汽车发动机（万台）	2108.2	1671.9	901.5	525.5	3.0	14.9

资料来源：《中国统计年鉴》（2006—2015）。

二 固定资产投资呈现快速增长趋势

从表 7-7 可以看出，我国汽车产业全年累计完成固定资产投资，2005 年为 734 亿元，2014 年为 1554 亿元，10 年间增加了 820 亿元，增长了 1.12 倍。其中，内资企业固定资产投资从 2005 年的 481 亿元增长为 2014 年的 1150 亿元，10 年间增长了 1.39 倍；港澳台资企业固定资产投资从 2005 年的 16 亿元增长为 2014 年的 39 亿元，10 年间增长了 1.44 倍；外商投资企业固定资产投资从 2005 年的 237 亿元增长为 2014 年的 365 亿元。2005 年，固定资产投资中的内资、港澳台投资、外商投资比重为 66%、2%、32%，2014 年变化为 74%、3%、23%，呈现出内资固定资产投资比重上升的趋势。

表 7-7　　　　汽车产业全年累计完成固定资产投资　　　　单位：亿元

指标	2014年	2013年	2012年	2011年	2010年	2009年	2008年	2007年	2006年	2005年
总计	1554	1456	1509	1399	1278	922	772	868	781	734
内资企业	1150	1078	1102	1022	962	682	599	594	461	481
港澳台资企业	39	36	38	35	32	23	11	14	17	16
外商投资企业	365	342	369	342	284	217	162	260	303	237

资料来源：《中国汽车工业年鉴》（2006—2015）。

三 资产总计和主营业务收入呈现快速增长趋势

从表 7-8 可以看出，我国汽车产业资产总计和营业收入情况，固定资产总计，2005 年为 10026 亿元，2014 年为 30858 亿元，10 年间增加了 20832 亿元，增长了 2.1 倍。我国汽车产业规模以上企业实现的主营业务收入，2005 年为 10108 亿元，2014 年为 39942 亿元，10 年间增加了 29834 亿元，增长了近 3 倍。

表 7-8　　　　　汽车产业资产总计和营业收入　　　　　单位：亿元

行业	2014年	2013年	2012年	2011年	2010年	2009年	2008年	2007年	2006年	2005年
年末资产总计	30858	28786	26541	24691	32218	24837	15107	14177	11857	10026
营业收入	39942	37155	36373	33617	30763	23818	18767	17201	13819	10108

资料来源：《中国汽车工业年鉴》（2006—2015）。

四 出口总额和利润总额呈现快速增长趋势

从表7-9可以看出，我国汽车产业出口交货值，2005年为523亿元，2014年为2193亿元，10年间增加了1670亿元，增长了2.2倍，平均每年增长15.4%。我国汽车产业实现的利润总额，2005年为430亿元，2014年为2845亿元。10年间增加了2415亿元，增长了4.6倍，平均每年增长20.8%。

表7-9　　汽车产业出口产品交货值（当年价）和利润总额　　单位：亿元

指标	2014年	2013年	2012年	2011年	2010年	2009年	2008年	2007年	2006年	2005年
出口交货值	2193	2063	1711	1678	2385	1667	1810	1695	1235	523
利润总额	2845	2717	3167	2842	3963	2400	924	1027	738	430

资料来源：《中国汽车工业年鉴》（2006—2015）。

五 产业发展质量呈现不断提高趋势

从表7-10可以看出，我国汽车产业2005年的资产、利润分别为10026亿元、430亿元，资产利润率为4.3%。2010年，资产、利润两项指标分别为32218亿元、3963亿元，资产利润率为12.3%。2014年，资产、利润两项指标分别为30858亿元、2845亿元，资产利润率为9.2%。10年间，汽车产业资产利润率大体呈增长趋势，从4.3%提升到9.2%，增长速度提高了1倍多，表明我国汽车产业的经营效益和发展质量呈不断提高的趋势。

表7-10　　　　　汽车产业资产和利润情况　　　　　单位：亿元

指标	2014年	2013年	2012年	2011年	2010年	2009年	2008年	2007年	2006年	2005年
资产总计	30858	28786	26541	24691	32218	24837	15107	14177	11857	10026
利润总额	2845	2717	3167	2842	3963	2400	924	1027	738	430
资产利润率（%）	9.2	9.4	11.9	11.5	12.3	9.7	6.1	7.2	6.2	4.3

资料来源：《中国汽车工业年鉴》（2006—2015）。

第三节 汽车产业发展中存在的问题

尽管我国汽车产业发展取得了举世瞩目的成就,但仍然存在诸多不安全因素,制约了其未来的可持续发展。

一 人均固定资产投资较低

从表7-11可知,汽车产业人均固定资产投资和国民经济全部产业人均固定资产投资相比,2005年两者分别为4.40万元、6.59万元,2010年分别为5.80万元、18.68万元,2014年分别为4.43万元、27.42万元。10年间,汽车产业人均固定资产投资占全部工业人均固定资产投资的比重,从2005年、2006年的66.8%、52.8%下降到2013年、2014年的17.8%、16.2%。人均固定资产投资长期远远低于全部产业的平均水平,直接从根本上制约了我国汽车产业核心竞争力的营造和提升,直接影响着我国汽车产业长远发展,从而导致产业发展出现安全风险。

表7-11 汽车产业人均固定资产投资和国民经济全部产业人均固定资产投资情况

指标	2014年	2013年	2012年	2011年	2010年	2009年	2008年	2007年	2006年	2005年
汽车产业人均(万元)	4.43	4.28	6.02	5.79	5.80	4.26	3.69	4.25	4.21	4.40
全部产业人均(万元)	27.42	24.06	23.95	20.98	18.68	15.42	12.20	9.77	7.97	6.59
汽车产业占比(%)	16.2	17.8	25.1	27.6	31.0	27.6	30.2	43.5	52.8	66.8

资料来源:《中国汽车工业年鉴》(2006—2015)。

二 资产负债率较高

从表7-12可知,我国汽车产业的资产总额、负债总额和资产负债率三项指标，2005年分别为10026亿元、5909亿元和58.9%。2010年，这三项指标分别为32218亿元、19171亿元和59.5%。2014年，这三项指标分别为30858亿元、19036亿元和61.7%。10年间资产负债率始终保持在57%以上的高位，并有小幅增长。另外，从就业人员人均负债情况来看，汽车产业规模以上工业企业和国民经济全部规模以上工业企业的这个指标2005年分别为60万元、12万元，2010年分别为146万元、26万元，2014年分别为88万元、30万元，汽车产业规模以上工业企业就业人员人均负债水平始终高于平均水平，相对倍数始终保持在2—5倍。在现代市场经济时代，资金的高效筹集和流通使用对企业发展具有重大影响。我国汽车产业的资产负债率和人均负债水平始终居高不下，反映了其资金运转流通方面还存在诸多问题，是我国汽车产业的健康发展的不安全因素。

表7-12　　　　　汽车产业企业资产和负债情况

指标	2014年	2013年	2012年	2011年	2010年	2009年	2008年	2007年	2006年	2005年
资产总计（亿元）	30858	28786	26541	24691	32218	24837	15107	14177	11857	10026
负债合计（亿元）	19036	17691	15674	14434	19171	14455	8925	8231	6929	5909
资产负债率（%）	61.7	61.5	59.1	58.5	59.5	58.2	59.1	58.1	58.4	58.9
汽车产业企业人均负债（万元）	88	85	106	102	146	115	72	69	64	60
全部企业人均负债（万元）	30	28	29	27	26	23	20	17	14	12
汽车产业企业人均负债率（%）	2.93	3.04	3.66	3.78	5.62	5.00	3.60	4.06	4.57	5.00

资料来源：《中国汽车工业年鉴》(2006—2015)。

三　产业组织结构散乱

汽车产业是技术密集型和资本密集型产业，与整体国民经济各产业相比，属于企业适度规模大和产业规模优势明显的产业。从表7-13汽车产业企业数量变动情况可知，汽车产业2005年共有规模以上工业企业2637家，其中，大中型企业1156家，大中型企业占规模以上企业数量的比重为44%，存在企业数量过多、规模过小、生产分散的情况。此后，大中型企业占规模以上企业数量的比重始终保持在45%左右。企业数量过多、规模过小、生产分散成为我国汽车产业发展的顽疾，非常不利于我国汽车产业发展。

表7-13　　　　　　　　汽车产业企业数量变动情况

分类指标	2014年	2013年	2012年	2011年	2010年	2009年	2008年	2007年	2006年	2005年
规模以上企业（家）	3427	3384	3327	3367	3353	3413	2629	2646	2751	2637
大中型企业（家）	1951	1446	1509	1528	1410	1432	1333	1428	1407	1156
大中型占比（%）	51	45	45	41	42	42	51	54	51	44

资料来源：《中国汽车工业年鉴》（2006—2015）。

四　企业研发经费不足

从表7-14汽车产业企业研发经济支出情况可知，我国全部大中型工业企业的研发经费支出，2005年为1250亿元，2010年为4015亿元，2014年为7320亿元，10年间增长了4.9倍，平均每年增长19.3%。相比之下，汽车产业研发经费支出，2005年为168亿元，2010年为499亿元，2014年为794亿元，10年间只增长了3.7倍，平均年增长率为16.8%，均低于全部大中型工业企业的平均增长速度。受此影响，汽车产业研发经费支出在总体中所占比重，由2005年的13.42%持续下降到2014年的10.85%。

表 7-14　　　　　汽车产业企业研发经费支出　　　　　单位：亿元

指标	2014年	2013年	2012年	2011年	2010年	2009年	2008年	2007年	2006年	2005年
汽车产业企业总量	794	728	591	548	499	461	389	309	245	168
全部企业总量	7320	6744	5992	5031	4015	3210	2681	2112	1630	1250
汽车企业占比（%）	10.85	10.79	9.87	10.89	12.42	14.35	14.50	14.62	15.02	13.42

资料来源：《中国汽车工业年鉴》(2006—2015)。

同时，我国汽车企业研发投入强度与跨国公司存在较大差距。全球研发投入最靠前的26家整车企业，研发经费投入占销售比重平均达到4%左右，而我国入围的3家企业中，比亚迪研发经费占比最高，仅为2.9%，东风和上海汽车则分别为2.3%和1%。研发经费投入相对不足导致国内汽车企业原创技术和产品严重缺乏，在市场竞争中长期处于跟随发展的劣势地位。

五　自主汽车品牌市场份额低

中国汽车工业协会发布的2014年汽车业销售数据显示，2014年，中国汽车销量达到2349.19万辆，同比增长6.86%。受基数较高和宏观经济下行等因素影响，增速大幅放缓，仅约为2013年的一半。其中，自主品牌用车共销售757.33万辆，同比增长4.10%，仅占乘用车销售总量的38.44%，占有率比上年同期下降2.14个百分点。与此形成对比的是，合资品牌的汽车增速明显。德系、日系、美系、韩系和法系乘用车分别销售394.09万辆、309.52万辆、252.55万辆、176.61万辆和72.70万辆，分别占乘用车销售总量的20%、15.71%、12.82%、8.96%和3.69%。与上年同期相比，除了日系乘用车销量增速略低，其他外国品牌增速均超过10%。中国汽车工业协会分析，导致自主品牌市场份额下降的因素包括：合资品牌生产的外国品牌汽车在新车推出数量和推出速度上加快、中小型车推出力度在加大，以及产品价格下降等。[1]

---

[1]《中国汽车工业年鉴（2015）》。

194 产业安全研究——理论、方法与实证

受上述各种因素影响,我国汽车产业与世界先进水平相比,仍然存在较大差距,特别是缺乏自主研发能力、零部件生产技术落后、配套服务体系不健全等,这些都从不同方面对我国汽车产业安全形成了现实或潜在的威胁。

第四节 基于竞争力的汽车产业安全水平测度评估

一 相关指标数据甄选

（一）数据收集和指标分类

本文数据均来自中国国家统计局官网及《中国汽车工业年鉴》。限于收集渠道和数据更新速度等原因,收集数据的时间范围为2000—2014年,汽车产业相关投入产出指标数据与分类情况见表7-15和表7-16。

表7-15 汽车产业相关投入产出指标数据与分类

指标及分类		2014年	2013年	2012年	2011年	2010年	2009年	2008年
x_1	x_{11}	351	340	251	242	220	217	209
x_2	x_{21}	56360	51483	46769	41799	36539	32244	28898
x_3	x_{31}	1554	1456	1509	1399	1278	922	772
	x_{32}	1150	1078	1102	1022	962	682	599
	x_{33}	39	36	38	35	32	23	11
	x_{34}	365	342	369	342	284	217	162
x	x_{41}	19219	17845	16466	15446	19947	14109	8324
x_4	x_{42}	7115	6706	5024	4656	6772	5873	3712
	x_{43}	30858	28786	26541	24691	32218	24837	15107
	x_{44}	19036	17691	15674	14434	19171	14455	8925
x_5	x_{51}	32631	31558	29865	27679	35737	26332	15919
x_6	x_{61}	404	378	407	377	316	239	173
x_7	x_{71}	2193	2063	1711	1678	2385	1667	1810
x_8	x_{81}	3189	3069	2761	3996	3749	3032	2733

续表

指标及分类			2014年	2013年	2012年	2011年	2010年	2009年	2008年
x	x_9	x_{91}	13235	11747	10241	9132	8059	6819	5384
		x_{92}	8168	7190	6299	5479	4792	3997	3034
		x_{93}	12284	11065	9742	8516	7259	6062	4752
		x_{94}	3481	3373	3087	2898	2666	2200	1662
	x_{10}	x_{101}	794	728	591	548	499	461	389
	x_{11}	x_{111}	3427	3384	3327	3367	3353	3413	2629
y		y_1	39942	37155	36373	33617	30763	23818	18767
		y_2	2729	2673	2813	2634	2564	1817	2219
		y_3	41263	38420	35383	32793	42470	31079	18728
		y_4	2845	2717	3167	2842	3963	2400	924

注：①x、y 分别代表投入类指标、产出类指标。x_1、x_2、x_3、x_4、x_5、x_6、x_7、x_8、x_9、x_{10}、x_{11} 分别代表投入类指标中的就业类指标、工资类指标、投资类指标、资产类指标、成本类指标、外资类指标、外贸类指标、能源类指标、金融类指标、科技类指标、其他类指标。②x_{11} 代表汽车产业从业人数（万人），x_{21} 代表城镇单位就业人员平均工资（元），x_{31}、x_{32}、x_{33}、x_{34} 分别代表汽车工业完成固定资产投资额（亿元）、汽车工业内资企业全年累计完成固定资产投资额（万元）、汽车工业港澳台资企业全年累计完成固定资产投资额（万元）、汽车工业外商投资企业全年累计完成固定资产投资额（万元），x_{41}、x_{42}、x_{43}、x_{44}、x_{45} 分别代表汽车工业流动资产合计（万元）、汽车工业固定资产净值（万元）、汽车工业年末资产总计（万元）、汽车工业年末负债合计（万元），x_{51} 代表汽车工业主营业务成本（万元），x_{61} 代表汽车工业外资企业全年累计完成固定资产投资额（万元），x_{71} 代表汽车工业企业出口交货值（亿元），x_{81} 代表汽车制造业能源消耗总量（万吨标准煤），x_{91}、x_{92}、x_{93}、x_{94} 分别代表金融机构人民币信贷资金运用（百亿元）、金融机构人民币资金运用各项贷款情况（百亿元）、货币和准货币（M2）供应量（百亿元）、货币（M1）供应量（百亿元），x_{101} 代表汽车工业企业研发经费支出（亿元），x_{111} 代表汽车工业历年全国企业数（不含配套相关行业企业数）。y_1、y_2、y_3、y_4 分别代表汽车工业企业主营业务收入（亿元）、汽车工业企业营业利润（万元）、汽车工业企业销售产值（万元）、汽车工业企业利润总额（万元）。

资料来源：《中国汽车工业年鉴》（2001—2015）和《中国统计年鉴》（2001—2015）。

表 7-16　　　　　汽车产业相关投入产出指标数据与分类

指标及分类		2007年	2006年	2005年	2004年	2003年	2002年	2001年	2000年
x	x_1	x_{11}	204	186	167	169	161	157	151	178
	x_2	x_{21}	24721	20856	18200	15920	13969	12373	10834	9333
	x_3	x_{31}	868	781	734	641	499	283	194	179
		x_{32}	594	461	481	494	376	226	133	118
		x_{33}	14	17	16	9	9	8	4	6
		x_{34}	260	303	237	138	114	49	57	54
	x_4	x_{41}	8065	6639	5526	5248	4608	3754	3138	2840
		x_{42}	3626	3043	2446	2193	2011	1900	1782	1724
		x_{43}	14177	11857	10026	9271	8037	6713	5852	5597
		x_{44}	8231	6929	5909	5411	4624	3973	3568	3469
	x_5	x_{51}	14472	11527	8544	7505	6519	47004	3341	2827
	x_6	x_{61}	274	319	253	147	123	57	61	61
	x_7	x_{71}	1695	1235	523	421	281	233	148	127
	x_8	x_{81}	2468	2248	2043	2197	1810	1816	1653	1502
	x_9	x_{91}	4543	3652	3020	2619	2253	1840	1535	1333
		x_{92}	2617	2253	1947	1774	1590	1313	1123	994
		x_{93}	4034	3456	2988	2541	2212	1850	1583	1346
		x_{94}	1526	1260	1073	960	841	709	599	531
	x_{10}	x_{101}	309	245	168	130	107	86	59	68
	x_{11}	x_{111}	2646	2751	2637	2536	2443	2436	2401	2326
y	y_1		17201	13819	10108	9134	8144	5948	4254	3560
	y_2		2134	1837	1233	1126	1121	882	569	460
	y_3		17066	13747	10241	9306	8205	6082	4339	3575
	y_4		1027	738	430	576	557	374	205	138

注：各指标代码的含义具体见表 7-15。

资料来源：同表 7-15。

（二）产出类指标间的相关性分析与处理

基本思想是：消除高相关性，简化产出指标体系。分析可知，4 个产出类指标中"企业销售产值（万元）"与其余 3 个指标的相关度最高，所以，这里选取"企业销售产值（万元）"指标 y_3 为产出类指标 y 的代表进行分析。

（三）投入类指标与产出类指标间及彼此间的相关性分析与处理

基本思想是：消除与产出类指标不相关或低相关的投入类指标，合并投入类指标中的同质高相关指标。基本步骤是：先对投入类指标进行基本分类，然后进行各类投入指标与产出指标间以及彼此间的相关性分析，消除与产出指标不相关或低相关指标，合并与产出指标高相关的同类投入指标。

具体情况如下：就业类指标：1个，与产出指标高度相关，保留进行分析。工资类指标：1个，与产出指标高度相关，保留进行分析。投资类指标：4个，其中，汽车工业完成固定资产投资额指标（x_{31}）、汽车工业内资企业全年累计完成固定资产投资额指标（x_{32}）、汽车工业港澳台资企业全年累计完成固定资产投资额指标（x_{33}）与产出类指标均高度相关，彼此之间也均高度相关，选取汽车工业完成固定资产投资额指标（x_{31}）为本类代表进行分析。资产负债类指标：4个，均与产出指标高度相关，彼此之间也均高度相关，选取汽车工业年末资产总计指标（x_{43}）、汽车工业年末负债合计指标（x_{44}）分别代表资产指标和负债指标进行分析。收支成本类指标：1个，与产出指标相关性低，予以消除。外资类指标：1个，与产出指标高度相关，选取"汽车工业外资企业全年累计完成固定资产投资额指标（x_{62}）为本类代表进行分析。外贸类指标：1个，与产出指标高度相关，保留进行分析。能源消耗指标：1个，与产出指标高度相关，保留进行分析。金融类指标：4个，均与产出指标高度相关，彼此之间也均高度相关，选取金融机构人民币信贷资金运用指标（x_{92}）和货币 M1 供应量指标（x_{94}）代表本类进行分析。科技研发指标：1个，与产出指标高度相关，保留进行分析。其他类指标：1个，与产出指标高度相关，保留进行分析。

（四）指标数据甄选分析结果

消除低相关和合并同质高相关之后的汽车产业投入产出指标体系见表7-17。接着，利用该数据进行相对于自身和相对于全部产业的汽车产业安全水平的测度评估。

表 7 – 17　　消除低相关和合并高相关之后的汽车产业投入产出指标体系

年份	x										y
	x_1	x_2	x_3	x_4	x_6	x_7	x_8	x_9	x_{10}	x_{11}	
	x_{11}	x_{21}	x_{32}	x_{43}	x_{44}	x_{61}	x_{71}	x_{81}	x_{91}	x_{94}	x_{101}	x_{111}	y_3
2014	351	56360	1554	30858	19036	404	2193	3189	13235	3481	794	3427	41263
2013	340	51483	1456	28786	17691	378	2063	3069	11747	3373	728	3384	38420
2012	251	46769	1509	26541	15674	407	1711	2761	10241	3087	591	3327	35383
2011	242	41799	1399	24691	14434	377	1678	3996	9132	2898	548	3367	32793
2010	220	36539	1278	32218	19171	316	2385	3749	8059	2666	499	3353	42470
2009	217	32244	922	24837	14455	239	1667	3032	6819	2200	461	3413	31079
2008	209	28898	772	15107	8925	173	1810	2733	5384	1662	389	2629	18728
2007	204	24721	868	14177	8231	274	1695	2468	4543	1526	309	2646	17066
2006	186	20856	781	11857	6929	319	1235	2248	3652	1260	245	2751	13747
2005	167	18200	734	10026	5909	253	523	2043	3020	1073	168	2637	10241
2004	169	15920	641	9271	5411	147	421	2197	2619	960	130	2536	9306
2003	161	13969	499	8037	4624	123	281	1810	2253	841	107	2443	8205
2002	157	12373	283	6713	3973	57	233	1816	1840	709	86	2436	6082
2001	151	10834	194	5852	3568	61	148	1653	1535	599	59	2401	4339
2000	178	9333	179	5597	3469	61	127	1502	1333	531	68	2326	3575
平均	213	28020	632	16971	10100	239	1211	2551	5694	1791	345	2872	20846

注：各指标代码的含义具体见表 7 – 15。

资料来源：同表 7 – 15。

二　相对于自身的汽车产业安全测度评估

首先，运用 DEA 模型中的 CCR 模型投入产出超效率分析，就汽车产业 2000—2014 年的相对效率进行测评。由于数据包络分析模型要求决策单元数量应该等于或大于所选投入产出指标数之和的 5 倍，具体来说，2000—2014 年共 15 个决策单元年份，进行生产效率分析要求选用的投入产出指标数量之和不超过 3 个。这样，具体分析时将所选的单一产出指标逐一与每一投入指标进行相对生产效率分析，得到汽车产业各单个投入指标的相对效率分析结果（见表 7 – 18）。

表7-18 基于CCR模型超效率分析的汽车产业各单个投入指标的相对效率分析

年份	x_{11} 相对效率	排名	x_{21} 相对效率	排名	x_{32} 相对效率	排名	x_{43} 相对效率	排名	x_{44} 相对效率	排名	x_{61} 相对效率	排名
总体	0.5892	7	0.6453	7	0.6499	10	0.9186	7	0.8519	10	0.6575	8
2014	0.6921	4	0.7062	5	0.7988	3	0.9868	3	0.9525	5	0.75	5
2013	0.6653	6	0.7467	3	0.7434	4	0.9981	2	0.9282	6	0.7217	6
2012	0.8271	2	0.6842	6	0.6852	7	1.1384	1	0.971	4	0.5947	9
2011	0.6863	5	0.7182	4	0.6868	6	0.9801	4	1.0715	1	0.6872	7
2010	1.3329	1	1.3084	1	0.9598	2	0.9095	8	0.9871	3	1.0335	2
2009	0.8081	3	0.8815	2	1.1308	1	0.8949	9	0.9876	2	1.1016	1
2008	0.5275	8	0.5903	8	0.6807	8	0.9297	6	0.9247	7	0.8194	4
2007	0.4619	9	0.5434	12	0.6197	12	0.9418	5	0.9111	8	0.4618	13
2006	0.4024	10	0.5879	9	0.7028	5	0.8743	10	0.8743	9	0.3382	15
2005	0.3392	11	0.4977	13	0.4478	15	0.7873	12	0.7297	13	0.3175	16
2004	0.3164	12	0.5854	10	0.4288	16	0.8163	11	0.7623	12	0.5118	12
2003	0.3066	13	0.5473	11	0.4662	14	0.775	13	0.7947	11	0.5226	11
2002	0.2089	14	0.436	14	0.613	13	0.6949	14	0.6569	14	0.8453	3
2001	0.1573	15	0.3642	15	0.6803	9	0.5178	15	0.5392	15	0.5609	10
2000	0.1109	16	0.3615	16	0.6485	11	0.4734	16	0.4734	16	0.46	14

年份	x_{71} 相对效率	排名	x_{81} 相对效率	排名	x_{91} 相对效率	排名	x_{94} 相对效率	排名	x_{101} 相对效率	排名	x_{111} 相对效率	排名
总体	0.4781	13	0.6491	6	0.7334	5	0.7752	5	0.7602	7	0.6072	7
2014	0.5764	10	0.9502	3	0.6168	13	0.7955	4	0.6485	15	0.9904	2
2013	0.5801	9	1.1649	1	0.6166	14	0.7172	10	0.6771	12	0.9501	4
2012	0.6076	7	0.9627	2	0.6953	10	0.7244	9	0.747	9	0.9753	3
2011	0.6302	6	0.6332	7	0.7153	7	0.7598	6	0.7367	10	0.7491	6
2010	0.517	12	0.9027	4	1.18	1	1.213	1	1.131	1	1.0797	1
2009	0.5995	8	0.8019	5	0.9639	2	0.9535	2	0.7962	6	0.7558	5
2008	0.3289	15	0.5474	8	0.6942	11	0.8234	3	0.6496	14	0.5962	8
2007	0.3718	14	0.5158	9	0.7424	4	0.7484	7	0.6729	13	0.5341	9

续表

年份	x_{71} 相对效率	排名	x_{81} 相对效率	排名	x_{91} 相对效率	排名	x_{94} 相对效率	排名	x_{101} 相对效率	排名	x_{111} 相对效率	排名
2006	0.3078	16	0.5101	10	0.7209	6	0.7321	8	0.6922	11	0.4205	10
2005	0.5497	11	0.4156	11	0.6754	12	0.6357	13	0.7499	8	0.3287	11
2004	0.7016	5	0.3172	13	0.7077	8	0.6584	11	0.8495	5	0.3083	12
2003	1.043	2	0.3571	12	0.7706	3	0.6498	12	0.9181	3	0.2606	13
2002	0.7697	4	0.2635	14	0.6991	9	0.5756	14	0.9311	2	0.2097	14
2001	1.0528	1	0.1933	15	0.5448	16	0.4734	15	0.8961	4	0.1449	15
2000	0.9024	3	0.1746	16	0.5481	15	0.4201	16	0.5863	16	0.1278	16

资料来源：由表7-17计算、整理得到。

其次，基于AHP赋权分析法基本理念以及判断两指标相对重要程度的判断尺度和评价规则，通过指标两两之间比较得到判断值，形成基于各大类有效指标的重要性判断矩阵（见表7-19和表7-20）。

表7-19　　　　基于各大类有效指标的重要性判断矩阵

	x_1 (x_{11})	x_2 (x_{21})	x_3 (x_{32})	x_4 (x_{43-44})	x_6 (x_{61})	x_7 (x_{71})	x_8 (x_{81})	x_9 (x_{91-94})	x_{10} (x_{101})	x_{11} (x_{111})
x_1 (x_{11})	1									
x_2 (x_{21})	1/3	1								
x_3 (x_{32})	1	3	1							
x_4 (x_{43-44})	1	3	1	1						
x_6 (x_{61})	1/3	1	1/3	1/3	1					
x_7 (x_{71})	1/3	1	1/3	1/3	1	1				
x_8 (x_{81})	1/3	1	1/3	1/3	1	1	1			
x_9 (x_{91-94})	1	3	1	1	3	3	3	1		
x_{10} (x_{101})	1	3	1	1	3	3	3	1	1	
x_{11} (x_{111})	1	3	1	1	3	3	3	1	1	1

表 7-20　第四大类和第九大类指标下各自细分指标的重要性判断矩阵

	x_{43}	x_{44}		x_{91}	x_{94}
x_{43}	1		x_{91}	1	
x_{44}	1/3	1	x_{94}	1	1

在此基础上，计算判断矩阵的最大特征根及对应的特征向量，并进行必要的一致性调整，求出已正则化的特征向量值就是要求的基于 AHP 赋权分析法的各指标权重值（见表 7-21）。进而汇总得到总体的投入产出效率即基于各单个指标加权综合的汽车产业相对效率分析和安全水平测评（见表 7-22）。

表 7-21　基于 AHP 赋权分析法的各指标权重值

指标	权重	指标	权重	指标	权重	指标	权重
x_{11}	0.1492	x_{43}	0.1115	x_{71}	0.0487	x_{94}	0.0244
x_{21}	0.0493	x_{44}	0.0345	x_{81}	0.0491	x_{101}	0.1463
x_{32}	0.1392	x_{61}	0.1459	x_{91}	0.0247	x_{111}	0.1479

资料来源：由表 7-18 和表 7-19 整理、计算得到。

表 7-22　基于各单个指标加权综合的汽车产业相对效率分析和安全水平测评

年份	相对效率	排名	DEA 有效性	产业安全指数	产业安全等级评估	产业安全等级含义
2014	0.85231	4	非弱 DEA 有效	85.23	D^+	不太安全偏正面
2013	0.84592	5	非弱 DEA 有效	84.59	D	不太安全
2012	0.86495	3	非弱 DEA 有效	86.50	D^+	不太安全偏正面
2011	0.79648	6	非弱 DEA 有效	79.65	D	不太安全
2010	1.13663	1	DEA 有效	113.63	B^-	比较安全偏负面
2009	0.95992	2	非弱 DEA 有效	95.99	C	基本安全
2008	0.72102	8	非弱 DEA 有效	72.10	D^-	不太安全偏负面
2007	0.64326	9	非弱 DEA 有效	64.33	E^+	不安全偏正面

续表

年份	相对效率	排名	DEA 有效性	产业安全指数	产业安全等级评估	产业安全等级含义
2006	0.60301	12	非弱 DEA 有效	60.30	E$^+$	不安全偏正面
2005	0.53446	14	非弱 DEA 有效	53.45	E	不安全
2004	0.58091	13	非弱 DEA 有效	58.09	E	不安全
2003	0.60378	11	非弱 DEA 有效	60.38	E$^+$	不安全偏正面
2002	0.61044	10	非弱 DEA 有效	61.04	E$^+$	不安全偏正面
2001	0.53259	15	非弱 DEA 有效	53.26	E	不安全
2000	0.44186	16	非弱 DEA 有效	44.19	E$^-$	不安全偏负面
总体	0.73114	7	非弱 DEA 有效	73.11	D$^-$	不太安全偏负面

资料来源：根据表7-18和表7-21计算、整理得到。

基于构建的相对于自身的产业安全测度模型及相应的产业安全区间分级对应体系，可以计算得出各年份基于相对生产效率的产业安全水平，并进行基本的产业安全等级状态评估，具体见表7-22。

由表7-22可知，2000—2014年汽车产业总体的投入产出效率水平为0.73114，处于非弱DEA有效的状态。其对应的总体产业安全水平为73.11，产业安全等级评估为D$^-$，处于不太安全偏负面状态。

不过，2000—2014年15个年份各自的产业安全程度并不相同，呈现波动变化趋势。根据表7-22和图7-1可知，汽车产业相对于自身的产业安全程度由2000—2001年最初的E$^-$等级和不安全偏负面或E等级的不安全状态，先是上升到2002—2007年的E等级和不安全状态或E$^+$和不安全偏正面状态，进而上升至2008年的D$^-$等级和不太安全偏负面状态，继而又上升至2010年的B$^-$等级和比较安全偏负面状态。在2011年回调至D等级和不太安全状态后，2012年和2014年又上升至D$^+$等级和不太安全偏正面状态。虽然整个过程是波折变化的，但总体趋势则是稳步向好的，而且2010年达到了15年间最好的安全状态。

第七章 中国汽车产业安全实证研究 | 203

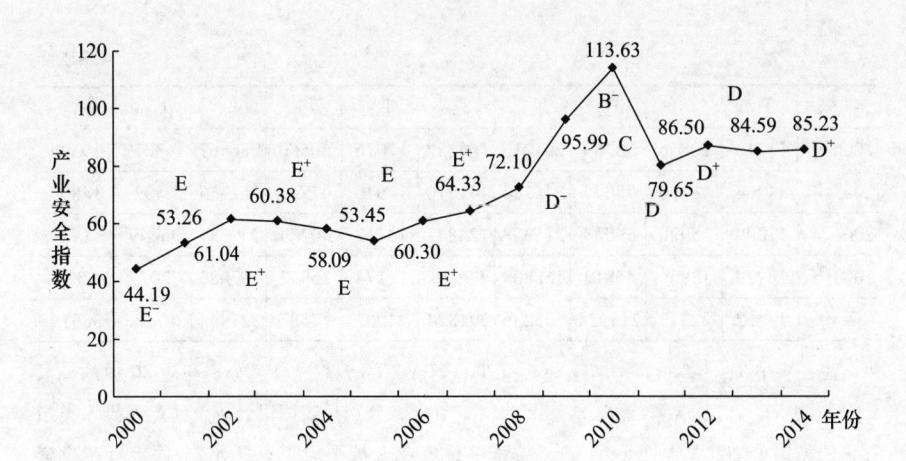

图 7-1 2000—2014 年汽车产业相对于自身的产业安全水平波动趋势

资料来源：同表 7-22。

三 相对于全部产业的汽车产业安全测度评估

收集对应的国民经济全部产业相应指标数据（见表 7-23）。特别地，12 个投入指标中，金融机构人民币信贷资金运用情况（x_{91}—T_{91}）、货币（M1）供应量（x_{94}—T_{94}）无全部产业与汽车产业的细分，这里略去。由此，运用 DEA 模型中的 CCR 模型进行超效率比较，得到基于各单个投入指标 2003—2014 年各年度汽车产业和国民经济全部产业的相对效率比较（见表 7-24 至表 7-26）。

表 7-23　　　　　国民经济全部产业相应指标数据收集

指标	T_{11}	T_{21}	T_{32}	T_{43}	T_{44}	T_{61}	T_{71}	T_{81}	T_{101}	y
2014 年	18278	56360	501265	956777	547031	37977	118414	425806	731969	68155
2013 年	18108	51483	435747	870751	505694	35176	112824	416913	674406	68379
2012 年	15236	46769	364854	768421	445372	32610	106610	402138	599232	61910
2011 年	14413	41799	302396	675797	392645	29931	99612	387043	503070	61396
2010 年	13052	36539	243798	592882	340396	27059	89910	360648	401540	53050
2009 年	12573	32244	193920	493693	285733	25000	72052	336126	321023	34542
2008 年	12193	28898	148738	431306	248899	23241	82498	320611	268131	30562
2007 年	12024	24721	117464	353037	202914	21088	73393	311442	211246	27155

续表

指标	T_{11}	T_{21}	T_{32}	T_{43}	T_{44}	T_{61}	T_{71}	T_{81}	T_{101}	y
2006年	11713	20856	93369	291215	167322	17076	60560	286467	163019	19504
2005年	11404	18200	75095	244784	141510	14640	47741	261369	125029	14803
2004年	11099	15920	59028	215358	124847	13112	40484	230281	95449	11929
2003年	10970	13969	45812	168808	99528	11174	26942	197083	72077	8337
平均	13422	32313	215124	505236	291824	24007	77587	327994	347183	38310

注：表中 T_{11}、T_{22}、T_{35}、T_{44}、T_{45}、T_{53}、T_{62}、T_{71}、T_{81}、T_{101} 分别与表20中的 x_{11}、x_{22}、x_{35}、x_{44}、x_{45}、x_{53}、x_{62}、x_{71}、x_{81}、x_{101} 对应，分别代表国民经济全部产业投入类指标中的城镇单位就业人员（万人）、城镇单位就业人员平均工资（元）、固定资产投资（不含农户）（亿元）、规模以上企业资产总计（亿元）、规模以上企业负债合计（亿元）、规模以上企业主营业务成本（亿元）、外商投资企业投资总额（亿美元）、规模以上企业出口交货值（亿元）、能源消耗总量（万吨标准煤）、企业研发经费支出（百万元）。y代表国民经济全部产业规模以上企业利润总额（亿元）。

资料来源：国家统计局年度统计数据。

最后，根据因指标变化而基于AHP赋权分析法的各指标权重测算见表7-27，将历年汽车产业相对于国民经济全部产业的各单个投入指标安全指数进行加权汇总，可得到2003—2014年各年度汽车产业相对于国民经济全部产业综合的产业安全指数，然后基于构建的相对于全部产业的产业安全区间分级对应体系，进行基本的产业安全等级评估，综合指数测评（2003—2014年）的具体情况见表7-28。

表7-24　　　　　　基于各单个投入指标的汽车产业和
全部产业的相对效率比较

年份	指标x_{11}效率测度			指标x_{21}效率测度			指标x_{32}效率测度		
	汽车产业	全部产业	相对比值	汽车产业	全部产业	相对比值	汽车产业	全部产业	相对比值
2014	0.6921	1.0850	0.6379	0.7062	1.0675	0.6615	0.7988	0.6458	1.2369
2013	0.6653	0.9189	0.7240	0.7467	1.0138	0.7365	0.7434	0.7157	1.0387
2012	0.8271	0.9381	0.8817	0.6842	1.0447	0.6549	0.6852	0.7611	0.9003
2011	0.6863	0.8901	0.7710	0.7182	1.0070	0.7132	0.6868	0.8227	0.8348
2010	1.3329	1.0131	1.3157	1.3084	1.0428	1.2547	0.9598	0.8803	1.0903
2009	0.8081	0.6952	1.1624	0.8815	0.9062	0.9727	1.1308	0.8114	1.3936

续表

年份	指标 x_{11} 效率测度			指标 x_{21} 效率测度			指标 x_{32} 效率测度		
	汽车产业	全部产业	相对比值	汽车产业	全部产业	相对比值	汽车产业	全部产业	相对比值
2008	0.5275	0.6779	0.7781	0.5903	0.9282	0.6360	0.6807	0.9762	0.6973
2007	0.4619	0.5949	0.7764	0.5434	0.8704	0.6243	0.6197	1.0107	0.6131
2006	0.4024	0.4666	0.8624	0.5879	0.8764	0.6708	0.7028	1.0312	0.6815
2005	0.3392	0.3333	1.0177	0.4977	0.7287	0.6830	0.4478	1.0151	0.4411
2004	0.3164	0.3495	0.9053	0.5854	0.6673	0.8773	0.4288	1.1196	0.3830
2003	0.3066	0.2126	1.4421	0.5473	0.5576	0.9815	0.4662	0.8994	0.5183
平均	0.5892	0.8341	0.7064	0.6453	0.8606	0.7498	0.6499	0.7996	0.8128

注：表中各指标的全称分别是汽车产业的相对效率、全部产业的相对效率、汽车产业与全部产业的效率比。

资料来源：根据表 7-17 和表 7-23 计算、整理得到。

表 7-25　　基于各单个投入指标的汽车产业和全部产业的相对效率比较

年份	指标 x_{43} 效率测度			指标 x_{44} 效率测度			指标 x_{61} 效率测度		
	汽车产业	全部产业	相对比值	汽车产业	全部产业	相对比值	汽车产业	全部产业	相对比值
2014	0.9868	0.9345	1.0560	0.9525	0.9382	1.0152	0.75	1.0350	0.7246
2013	0.9981	0.9446	1.0566	0.9282	0.9667	0.9602	0.7217	1.1276	0.6400
2012	1.1384	1.0719	1.0620	0.971	0.9343	1.0393	0.5947	0.9587	0.6203
2011	0.9801	0.9516	1.0299	1.0715	1.0124	1.0584	0.6872	0.8586	0.8004
2010	0.9095	0.9904	0.9183	0.9871	0.9734	1.0141	1.0335	0.9224	1.1204
2009	0.8949	0.9108	0.9825	0.9876	0.8972	1.1008	1.1016	0.7695	1.4316
2008	0.9297	1.0798	0.8610	0.9247	1.0755	0.8598	0.8194	0.7295	1.1232
2007	0.9418	1.0241	0.9196	0.9111	0.9632	0.9459	0.4618	0.6848	0.6744
2006	0.8743	0.9087	0.9621	0.8743	0.8804	0.9931	0.3382	0.6052	0.5588
2005	0.7873	0.9006	0.8742	0.7297	0.8377	0.8711	0.3175	0.6042	0.5255
2004	0.8163	0.7825	1.0432	0.7623	0.8277	0.9210	0.5118	0.5019	1.0197
2003	0.775	0.7562	1.0249	0.7947	0.6700	1.1861	0.5226	0.4152	1.2587
平均	0.9186	0.9849	0.9327	0.8519	0.9364	0.9098	0.6575	0.7952	0.8268

注：同表 7-24。

资料来源：同表 7-24。

表7-26　　　　　基于各单个投入指标汽车产业和全部产业的相对效率比较

年份	指标 x_{71} 效率测度 汽车产业	全部产业	相对比值	指标 x_{81} 效率测度 汽车产业	全部产业	相对比值	指标 x_{101} 效率测度 汽车产业	全部产业	相对比值
2014	0.5764	1.0116	0.5698	0.9502	0.9829	0.9667	0.6485	0.7751	0.8367
2013	0.5801	1.1240	0.5161	1.1649	1.1490	1.0138	0.6771	0.7799	0.8682
2012	0.6076	0.8695	0.6988	0.9627	0.8977	1.0724	0.747	0.7775	0.9608
2011	0.6302	0.9253	0.6811	0.6332	0.8114	0.7804	0.7367	0.8203	0.8981
2010	0.517	0.8353	0.6189	0.9027	0.6853	1.3172	1.131	0.8526	1.3265
2009	0.5995	0.8089	0.7411	0.8019	0.6512	1.2314	0.7962	0.8036	0.9908
2008	0.3289	0.6031	0.5453	0.5474	0.5971	0.9168	0.6496	0.9458	0.6868
2007	0.3718	0.5942	0.6257	0.5158	0.5409	0.9536	0.6729	0.9074	0.7416
2006	0.3078	0.5516	0.5580	0.5101	0.4445	1.1476	0.6922	0.8594	0.8054
2005	0.5497	0.5626	0.9771	0.4156	0.3754	1.1071	0.7499	0.9508	0.7887
2004	0.7016	0.5410	1.2969	0.3172	0.3244	0.9778	0.8495	1.1412	0.7444
2003	1.043	0.5766	1.8089	0.3571	0.2771	1.2887	0.9181	0.9870	0.9302
平均	0.4781	0.8155	0.5863	0.6491	0.6642	0.9773	0.7602	0.8291	0.9169

注：同表7-24。

资料来源：同表7-24。

表7-27　　　　基于AHP赋权分析法的各指标权重测算

指标	x_{11}	x_{21}	x_{32}	x_{43}	x_{44}
权重	0.2008	0.0663	0.1999	0.1522	0.0477
指标	x_{61}	x_{71}	x_{81}	x_{101}	
权重	0.064	0.067	0.0683	0.1887	

表7-28　　　　汽车产业相对于国民经济全部产业的产业安全综合指数测评（2003—2014年）

年份	2014	2013	2012	2011	2010	2009	2008
产业安全指数	93.68	91.71	95.27	89.59	120.69	119.09	81.05
产业安全等级评估	C$^-$	C$^-$	C	D$^+$	B$^-$	B$^-$	D
产业安全等级含义	基本安全偏负面	基本安全偏负面	基本安全	不太安全偏正面	比较安全偏负面	比较安全偏负面	不太安全
年份	2007	2006	2005	2004	2003	12年平均	
产业安全指数	79.51	85.12	83.60	87.86	113.61	87.13	

续表

年份	2007	2006	2005	2004	2003	12年平均
产业安全等级评估	D	D⁺	D	D⁺	B⁻	D⁺
产业安全等级含义	不太安全	不太安全偏正面	不太安全	不太安全偏正面	比较安全偏负面	不太安全偏正面

资料来源：根据表7-24至表7-27计算、整理得到。

根据表7-28和图7-2可知，2003—2014年12年间，汽车产业相对于国民经济全部产业的产业安全综合指数平均值为87.13，产业安全等级为D⁺，处于不太安全偏正面状态。不过，2003—2014年12个年份各自的产业安全等级状态并不相同，呈现波动变化趋势。根据表7-28和图7-2可知，汽车产业相对于国民经济全部产业平均水平的产业安全等级状态，由2003年的B⁻等级和比较安全偏负面状态，先是急速下降至2004年的D⁺等级和不太安全偏正面状态，2005—2008年则在D⁺等级和D等级之间徘徊。2009年和2010年突增至B⁻等级和比较安全偏负面状态，2011年又突降至D⁺等级和不太安全偏正面状态。2012年，又小幅回升至C等级和基本安全状态，2013—2014年则均为C⁻等级和基本安全偏负面状态。

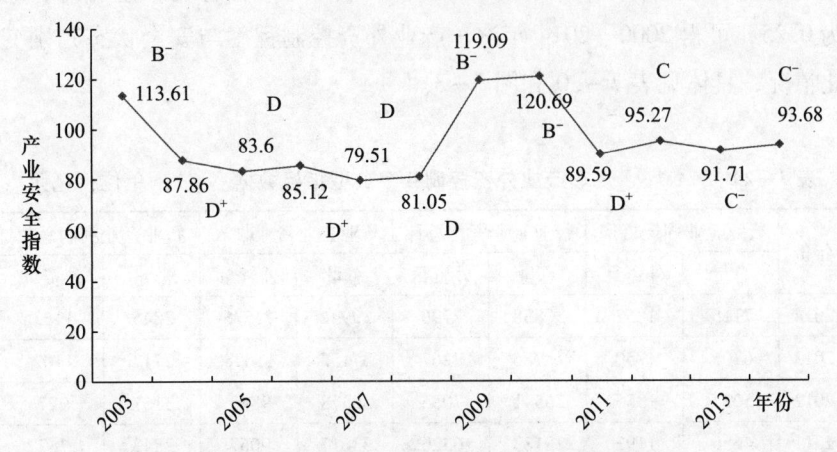

图7-2 汽车产业相对全部产业平均水平的产业安全水平波动趋势（2003—2004年）

资料来源：同表7-28。

其间，产业安全指数和等级最低为2007年的79.51分值和不太安全的D等级，最高为2010年的120.69分值和比较安全偏负面的B^-等级。整体而言，除去安全指数比较高的2003年、2009年和2010年，再除去比较低的2007年，其余年份的安全指数均在83—96之间波动，即汽车产业多数时间在不太安全和基本安全之间波动。

第五节 基于控制力的汽车产业安全水平测度评估

如上所述，基于控制力视角的产业安全水平测评，应该基于控制力门限的标准，运用定性判别分析法，重点依据反映外资控股外在态势的产业中外资企业固定资产占比、总资产占比以及反映外资控股内在态势的产业中外资企业营业利润占比、利润总额占比共4个典型指标进行。由于汽车产业外资企业营业利润数据不可获得，本书选择外资企业营业收入占比代替外资企业营业利润占比来进行相关分析。根据国家统计局数据库以及《中国汽车工业年鉴》，可以收集2000—2014年汽车产业外资控制4个典型指标数据，具体见表7-29。4个指标的权重相等，均为0.25，可得2000—2014年汽车产业外资控制程度与安全状态判别变化情况，具体见表7-30和图7-3。

表7-29　　汽车产业外资控制4个典型指标数据　　单位：亿元

年份	行业企业固定资产		行业企业资产总计		行业企业营业收入		行业企业利润总额	
	总量	外资量	总量	外资量	总量	外资量	总量	外资量
2014	7115	1857	30858	7790	39942	12576	2845	1153
2013	6706	1750	28786	7267	37155	11698	2717	1102
2012	5024	1355	26541	7086	36373	9883	3167	927
2011	4656	1193	23183	6326	33617	9067	2842	767
2010	4168	1160	21192	6037	30763	10735	3963	1170
2009	4191	1094	18452	4658	23818	7499	2400	684

续表

年份	行业企业固定资产		行业企业资产总计		行业企业营业收入		行业企业利润总额	
	总量	外资量	总量	外资量	总量	外资量	总量	外资量
2008	3712	1129	15107	3618	18767	5579	924	371
2007	3626	1140	14177	4085	17201	6652	1027	547
2006	3043	972	11857	3381	13819	5741	738	424
2005	2446	706	10026	2628	10108	3958	430	280
2004	2011	507	9271	1972	9134	2614	576	297
2003	1837	463	8037	1830	8144	2440	557	338
2002	1900	469	6713	1427	5948	1567	374	188
2001	1782	476	5852	1348	4254	1319	205	145
2000	1724	409	5597	1165	3560	1076	138	99

资料来源：《中国汽车工业年鉴》（2001—2015）。

表7-30　　　　汽车产业外资控制程度与安全状态判别　　　　单位：%

年份	固定资产外资占比	总资产外资占比	营业收入外资占比	利润总额外资占比	外资总体控制程度	外资控制权安全门限	控制力视角的安全判断
2014	26.09	25.24	31.48	40.54	30.84	50	安全
2013	26.09	25.24	31.48	40.54	30.84	50	安全
2012	26.97	26.70	27.17	29.28	27.53	50	安全
2011	25.62	27.29	26.97	26.97	26.71	50	安全
2010	27.83	28.49	34.90	29.51	30.18	50	安全
2009	26.09	25.24	31.48	28.51	27.83	50	安全
2008	30.40	23.95	29.73	40.19	31.07	50	安全
2007	31.45	28.81	38.67	53.24	38.04	50	安全
2006	31.95	28.51	41.54	57.45	39.86	50	安全
2005	28.87	26.21	39.15	65.07	39.83	50	安全
2004	25.19	21.27	28.61	51.58	31.66	50	安全
2003	25.20	22.77	29.96	60.69	34.65	50	安全
2002	24.71	21.25	26.34	50.30	30.65	50	安全
2001	26.70	23.04	31.00	70.75	37.87	50	安全
2000	23.75	20.82	30.22	72.02	36.70	50	安全

注：本表各类占比数据基于表7-29相关数据统计而得。另外，根据表3-12，4个指标的权重相等，均为0.25，外资控制程度由此进行汇总计算得到。

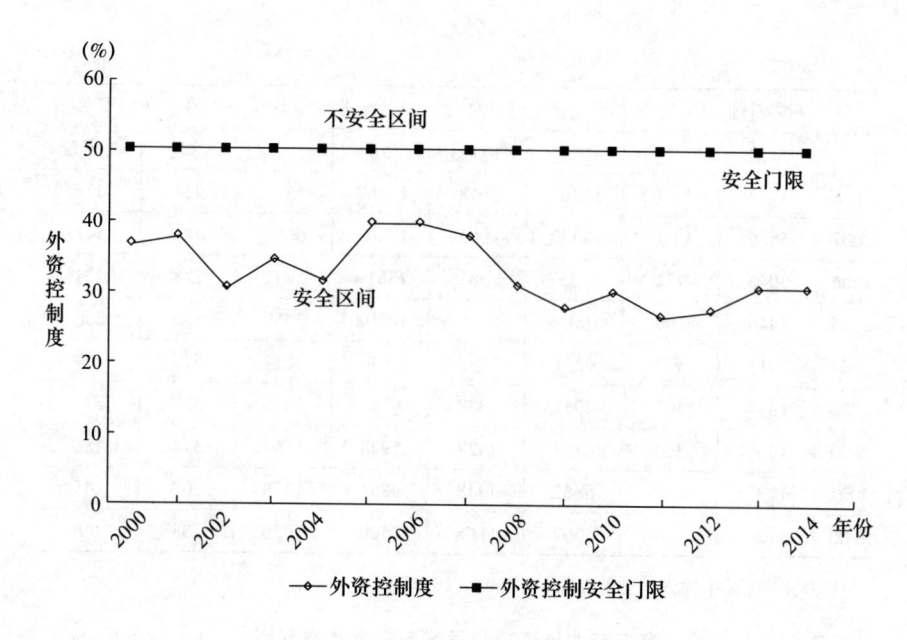

图 7-3 汽车产业外资控制程度与产业安全态势演变示意

资料来源：同表 7-30。

从表 7-30 和图 7-3 可知，汽车产业 2000—2014 年的外资控制程度，基本上在 35% 上下波动，最高位为 2006 年的 39.86%，最低位为 2011 年的 26.71%，近两年均为 30.84%。

如前所述，汽车产业是我国的支柱产业，在国民经济发展中起着重要作用。鉴于汽车产业的特殊重要地位，可以将汽车产业从产业控制力安全视角定位于限制外资并购的产业类型，其外资控制权安全的门限为 50%。

由此可知，2000—2014 年汽车产业的外资控制度均未超过 50% 的门限，处于安全状态。不过，2005 年、2006 年、2007 年 3 个年份外资控制较高，分别为 39.83%、39.86% 和 38.04%。从动态角度来看，2000—2014 年外资控制度总体上呈现下降的演变态势，安全性呈现稳步提高的态势。其中，2011 年外资控制度下降到 26.71% 的历史低位，表明基于控制力视角的产业安全达到了历史的最高位。

特别地，汽车产业包括汽车整车产业、改装汽车产业、摩托车产业、车用发动机产业和汽车摩托车配件产业 5 个具体产业，彼此基于控制力视角的产业安全程度并不相同。

由表 7-31 至表 7-35 和图 7-4 可知：①汽车产业的 5 个具体产业中，改装汽车产业的外资控制度始终远低于 50% 的门限，处于产业控制力视角的安全区间。②汽车整车产业和汽车摩托车配件产业的外资控制度也均低于 50% 的门限，处于产业控制力视角的安全区间，但高于改装汽车产业，且分别有一个年份的外资控制度接近 50%。③摩托车产业比较特殊，该产业的外资控制度自始至终远低于 50% 的安全门限，但 2010 年突增至 94.02%，值得高度重视。④车用发动机产业相比其他产业外资控制度较高，2005 年、2006 年和 2008 年处于不安全区间，其余年份，尤其是 2007 年之后，多数逼近 50% 的门限，值得高度重视。

表 7-31　　汽车产业之汽车整车产业外资控制程度加权汇总　　单位：%

年份	固定资产外资占比	总资产外资占比	营业收入外资占比	利润总额外资占比	外资总体控制程度	外资控制权安全门限	控制力视角的安全判断
2014	26.42	25.05	33.80	39.83	31.27	50	安全
2013	26.42	25.05	33.80	39.83	31.28	50	安全
2012	42.75	38.85	37.51	36.89	39.00	50	安全
2011	43.35	39.40	37.71	37.41	39.47	50	安全
2010	30.04	28.41	37.22	44.82	35.12	50	安全
2009	26.42	25.05	33.80	39.83	31.28	50	安全
2008	28.58	22.11	30.07	35.81	29.14	50	安全
2007	3.03	29.01	39.85	48.23	30.03	50	安全
2006	31.03	28.56	42.09	57.46	39.79	50	安全
2005	27.29	25.42	40.00	75.30	42.00	50	安全
2004	21.54	19.93	29.49	51.60	30.64	50	安全
2003	21.77	22.61	30.59	61.46	34.11	50	安全
2002	22.16	21.07	26.22	45.27	28.68	50	安全
2001	26.66	24.88	36.60	69.81	39.49	50	安全
2000	24.60	23.65	37.88	82.81	42.24	50	安全

资料来源：《中国汽车工业年鉴》（2000—2015）。表 7-32 至表 7-35 资料来源均相同，不再单独注明。

表 7-32　汽车产业之改装汽车产业外资控制程度加权汇总　　单位：%

年份	固定资产外资占比	总资产外资占比	营业利润外资占比	利润总额外资占比	外资总体控制程度	外资控制权安全门限	控制力视角的安全判断
2014	4.83	6.84	5.34	3.19	5.05	50	安全
2013	4.83	6.84	5.34	3.19	5.05	50	安全
2012	27.97	22.61	5.73	6.05	15.59	50	安全
2011	29.14	23.54	5.74	6.28	16.17	50	安全
2010	8.78	6.20	8.78	7.50	7.82	50	安全
2009	4.83	6.84	5.34	3.19	5.05	50	安全
2008	7.56	8.64	7.99	11.19	8.84	50	安全
2007	11.54	15.93	17.84	31.85	19.29	50	安全
2006	15.31	15.03	18.96	31.26	20.14	50	安全
2005	11.46	8.79	6.15	-11.13	3.82	50	安全
2004	7.28	8.48	8.62	22.24	11.66	50	安全
2003	5.39	5.77	4.30	4.83	5.07	50	安全
2002	3.17	4.26	3.41	11.19	5.51	50	安全
2001	6.36	8.58	5.17	-36.16	-4.01	50	安全
2000	7.45	9.45	12.61	61.47	22.74	50	安全

表 7-33　汽车产业之摩托车产业外资控制程度加权汇总　　单位：%

年份	固定资产外资占比	总资产外资占比	营业收入外资占比	利润总额外资占比	外资总体控制程度	外资控制权安全门限	控制力视角的安全判断
2014	19.17	22.90	25.90	45.66	28.41	50	安全
2013	19.17	22.90	25.90	45.66	28.41	50	安全
2012	13.72	19.37	19.24	47.27	24.90	50	安全
2011	13.72	19.38	19.25	47.28	24.91	50	安全
2010	18.23	17.42	17.64	322.80	94.02	50	不安全
2009	19.17	22.90	25.90	45.66	28.41	50	安全
2008	8.48	6.81	6.38	1.87	5.89	50	安全
2007	9.30	7.50	5.43	3.61	6.46	50	安全
2006	20.12	18.82	19.34	45.19	25.87	50	安全
2005	17.84	15.75	18.52	26.06	19.55	50	安全
2004	11.98	9.72	11.89	1.83	8.85	50	安全
2003	12.08	8.89	10.43	-20.13	2.82	50	安全
2002	21.03	14.07	19.25	-24.82	7.38	50	安全
2001	12.99	7.74	9.28	8.40	9.60	50	安全
2000	10.22	9.28	13.72	19.12	13.09	50	安全

表7-34　　　　　　　　汽车产业之车用发动机产业
　　　　　　　　外资控制程度加权汇总　　　　　　　单位:%

年份	固定资产外资占比	总资产外资占比	营业收入外资占比	利润总额外资占比	外资总体控制程度	外资控制权安全门限	控制力视角的安全判断
2014	51.72	38.78	39.92	57.42	46.96	50	安全
2013	51.72	38.78	39.92	57.42	46.96	50	安全
2012	41.07	41.07	40.20	41.07	40.85	50	安全
2011	41.99	41.99	41.99	41.99	41.99	50	安全
2010	49.52	37.73	37.19	51.02	43.87	50	安全
2009	51.72	38.78	39.92	57.42	46.96	50	安全
2008	57.91	41.20	41.80	68.09	52.25	50	不安全
2007	51.52	39.02	40.16	55.54	46.56	50	安全
2006	50.04	39.27	40.59	73.71	50.90	50	不安全
2005	49.22	42.00	44.62	80.75	54.15	50	不安全
2004	29.17	27.86	26.04	48.80	32.97	50	安全
2003	29.83	27.06	29.31	63.46	37.41	50	安全
2002	27.29	17.51	19.23	33.30	24.33	50	安全
2001	53.08	33.49	22.05	-654.25	-136.41	50	安全
2000	53.50	35.79	23.00	-34.18	19.53	50	安全

表7-35　　　　　汽车产业之汽车摩托车配件产业外资
　　　　　　　控制程度加权汇总　　　　　　　单位:%

年份	固定资产外资占比	总资产外资占比	营业收入外资占比	利润总额外资占比	外资总体控制程度	外资控制权安全门限	控制力视角的安全判断
2014	25.59	27.76	31.17	45.91	32.61	50	安全
2013	25.59	27.76	31.17	45.91	32.61	50	安全
2012	43.32	38.85	32.76	29.45	36.10	50	安全
2011	43.49	38.53	34.03	33.66	37.43	50	安全
2010	29.70	31.27	35.56	49.03	36.39	50	安全

续表

年份	固定资产外资占比	总资产外资占比	营业收入外资占比	利润总额外资占比	外资总体控制程度	外资控制权安全门限	控制力视角的安全判断
2009	26.23	28.23	31.73	46.10	33.07	50	安全
2008	35.41	29.80	36.72	49.72	37.91	50	安全
2007	44.84	40.07	47.81	64.37	49.27	50	安全
2006	43.04	40.19	49.88	58.84	47.99	50	安全
2005	42.62	41.64	49.92	58.27	48.11	50	安全
2004	31.59	30.07	39.24	58.54	39.86	50	安全
2003	32.39	32.00	44.60	67.11	44.03	50	安全
2002	31.54	30.38	41.05	66.07	42.26	50	安全
2001	31.73	28.41	39.78	67.67	41.90	50	安全
2000	29.79	23.18	29.64	60.00	35.65	50	安全

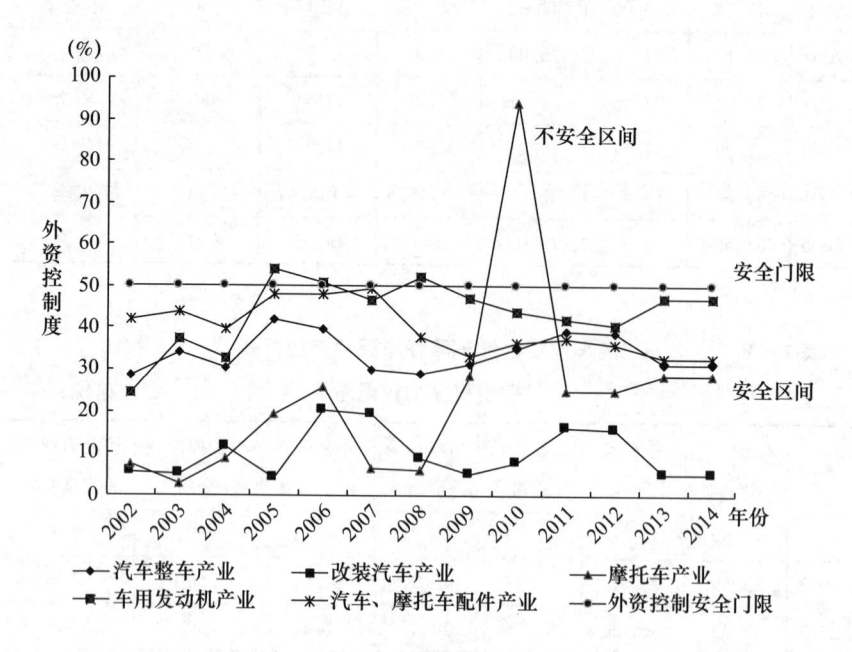

图 7-4 五大细分汽车产业外资控制程度与产业安全态势演变示意

资料来源：同表 7-31 至表 7-35。

第六节 基本结论与对策建议

一 汽车产业安全研究的基本结论

基于竞争力（投入产出效率）的汽车产业相对于自身的产业安全研究表明：一是2000—2014年，汽车产业总体的投入产出效率水平为0.73114，处于非弱DEA有效的状态。其对应的总体产业安全水平为73.11，产业安全等级评估为D^-，处于不太安全偏负面状态。二是2000—2014年15个年份各自的产业安全等级状态呈现波动变化趋势，其中，不安全偏负面的E^-等级状态的年份有1个，不安全E等级状态的年份有3个，不安全偏正面E^+等级状态的年份有4个，不太安全偏负面D^-等级状态的年份有1个，不太安全D等级状态的年份2个，不太安全偏正面D^+等级状态的年份2个，基本安全C等级状态的年份1个。三是2000—2014年15个年份的产业安全等级状态是波动变化的，但总体趋势则是稳步向好的，而且2010年达到了15年间最好的安全状态。

基于竞争力（投入产出效率）的汽车产业相对于全部产业的产业安全研究表明：一是2003—2014年的12年间，汽车产业相对于国民经济全部产业的产业安全综合指数平均值为87.13，产业安全等级为D^+，处于不太安全偏正面状态。二是2003—2014年12个年份各自的产业安全等级状态并不相同，呈现波动变化趋势。其间，产业安全指数和等级最低为2007年的79.51分值和不太安全的D等级，最高为2010年的120.69分值和比较安全的B^-等级。整体而言，除去安全指数比较高的2003年、2009年和2010年，再除去比较低的2007年，其余年份的安全指数均在83—96之间波动，即汽车产业多数时间在不太安全和基本安全之间波动。

基于竞争力的汽车产业安全进一步分析可知，汽车产业在产出不变的情况下可以减少相当分量的投入，也可以在投入不变的情况下增加相当分量的产出，这说明其整体生产效率还有很大的提升空间。同时，这也意味着汽车产业一味依靠规模扩张的发展模式应得以转变，应该加大研发投入力度以促进技术进步，从根本上提高汽车企业自身的生产效率。

基于控制力（外资控制程度）的汽车产业总体安全研究表明，2000—2014年间虽然有2005年、2006年、2007年3个年份外资控制较高，但是，自2008年以来其外资控制程度均远低于50%的门限处于安全状态，且呈现外资控制程度稳步下降和基于控制力的产业安全水平稳步提高的态势。由此可见，就汽车产业总体而言，由于其基于控制力视角的产业安全水平处于安全区间，不必启动相关措施对策。

基于控制力（外资控制程度）的汽车产业安全细分研究表明，其5个具体产业的安全水平呈现明显的分化态势。其中，改装汽车产业的外资控制度始终远低于50%的门限，处于产业控制力视角的安全区间，不必启动相关措施对策。汽车整车产业和汽车摩托车配件产业的外资控制度也均低于50%的门限，处于产业控制力视角的安全区间，虽然分别有一个年份的外资控制度接近50%，但暂时不必启动相关措施对策。车用发动机产业相比其他产业外资控制度较高，2005年、2006年和2008年处于不安全区间，其余年份尤其是2007年之后，多数逼近50%的门限，因此可以适当启动相关措施对策。

二 汽车产业安全发展的对策建议

围绕着基于竞争力（投入产出效率）和控制力（外资控制程度）的产业安全水平测度分析，汽车产业应该从战略高度采取系列针对性的安全发展对策。

（一）优化产业组织结构

根据产业组织理论，不同产业各自有其最适宜的市场结构。所谓适宜，是指既可防止垄断，又可避免过度竞争。特别地，反垄断所反对和禁止的并不是企业规模的大小，而是其行为是否符合公平竞争的原则，是否有利于资源优化配置和国民经济的有效运行。由此，要培育有效竞争的市场环境，鼓励国内企业开展竞争，从而占领更大的国内市场份额，获得先发优势。同时，还要建立和完善《反垄断法》，维护公正的市场竞争秩序。最后，要吸引不同国家、不同企业的投资，形成竞争或寡头竞争的格局，减少跨国公司实施策略性行为的可能性。促进跨国公司向东道国转让先进技术，从而缩小东道国企业同跨国公司之间的技术差距。

（二）促进产业集群化发展

汽车产业集群化发展对汽车产业竞争力的提升具有非常重要的意义，这已成为业界及学术界的共识，我国汽车产业集群化发展已初具雏形，大致分布在东北、京津、中部（湖北和安徽）、西南（重庆）、珠江三角洲、长江三角洲六个地区。研究表明，影响汽车产业集群化发展的因素，按其重要程度，分别为企业规模、税收、人力资本投入、固定资产投资和市场需求。因此，对各区域而言，发展汽车产业应根据自身情况，准确评估区域内汽车产业集群化水平，并结合外部环境与条件采取相应的对策。另外，我国汽车产业集群化发展还存在集群的核心企业带动能力不足、零部件产业规模偏小、汽车服务业发展滞后、集群内部联系不密切及集群化发展环境不佳等问题。因此，推动汽车产业集群化发展还应增强主导企业的带动能力，提升零部件产业发展水平，加快汽车服务业发展，形成集群内企业联系网络，并继续强化政府的调控功能。

（三）加大研发投入

技术创新始终是困扰汽车产业发展的难题，能否在自主创新能力上有所突破，关系到我国汽车产业的长远发展。第一，加强技术研发中心的建设。未来几年，要新建一批国家级和省级研发中心，使一部分企业拥有自己的研发机构。第二，加大研发资金投入力度。第三，完善自主创新机制。通过加强产学研紧密结合、建立自主创新公共服务平台等方式，构建高效自主创新体系。第四，改进创新人才战略。坚持"引进技术、培养人才"的传统思路，同时开拓"引进人才、培育技术"的新思路，为汽车产业发展储备必要的各类人才。

（四）建设国际知名品牌

我国汽车产销总量已连续多年位居世界第一，然而，我国汽车品牌与国际品牌差距很大。下一步，应着力提高自主品牌的美誉度，而不是在"微笑曲线"的底端继续制造"劣质低价"产品，这样，才能抢占国际消费者心中的高端定位,从而在"微笑曲线"的两个端点获取最高的附加价值,赚取丰厚的品牌溢价。此外,我国汽车在国内市场进行品牌营销时,应善于利用消费者的爱国热情。在国际市场上,政府应联合跨国公司和产业集群等关键群体,共同致力于提升本国汽车品牌形象。

(五)发展节能新能源汽车产业

石油资源日益减少,油价的快速上涨,以及汽车尾气排放对社会环境造成的严重污染,对全球汽车工业可持续发展带来了巨大挑战。新能源汽车的普及与发展,对提高汽车产业自身的竞争力,对环境保护、能源战略以及社会经济的可持续发展都具有重大意义。由此,要加大研发投入,加快技术创新,积极推动新能源汽车的发展进步。具体措施包括:发挥行业协会的作用,提高技术创新网络的合作密度;扩大产业链上企业的合作范围,加深创新网络的合作深度;加强传统汽车生产企业与科研机构的合作,提升创新主体间的合作效率等。

参考文献

［1］ Andersen, P., Petersen, N. C., "A Procedure for Ranking Efficient Units in Data Envelopment Analysis", *Management Science*, 1993, Vol. 39, No. 10.

［2］ Burnell, *Economic Nationalism in the Third World*, Sussex, Wheatsheaf Book Ltd., 1986.

［3］ Pearson, F. S., Payaslian, S., *International Political Economy: Conflict and Cooperation in the Global System*, The Mcgraw – Hill Companies, Inc., 1999.

［4］ Raúl Prebisch, "The Economic Development of Latin America and Its Principal Problems", *Economic Bulletin for Latin America*, 1962, Vol. 7, No. 1.

［5］ B. K. 先恰戈夫：《经济安全——生产、财政、银行》，中国税务出版社 2003 年版。

［6］ 鲍韵、吴昌南：《我国大豆产业安全预警系统构建》，《江西社会科学》2013 年第 4 期。

［7］ 卜伟、谢敏华、蔡慧芬：《基于产业控制力分析的我国装备制造业产业安全问题研究》，《中央财经大学学报》2011 年第 3 期。

［8］ 陈爱贞：《全球竞争下中国装备制造业升级制约与突破——基于价值链与产业链双重视角分析》，经济科学出版社 2012 年版。

［9］ 陈洪涛、潘素昆：《外商直接投资对中国产业安全的影响研究——基于溢出效应视角》，《中国管理科学》2012 年第 S1 期。

［10］ 陈文君：《电子信息产品制造业自主创新战略研究——以四川省为例》，《企业经济》2011 年第 2 期。

[11] 崔剑峰:《汽车市场变化趋势及应对措施》,《经济纵横》2013年第2期。

[12] 董银果、梁根、尚慧琴:《加入WTO以来中国农业产业安全分析》,《西北农林科技大学学报》(社会科学版)2015年第2期。

[13] 段一群、李东:《进出口影响装备制造业产业安全的实证分析》,《经济经纬》2008年第5期。

[14] 段一群:《国内装备制造业产业安全评价指标与实证测度》,《科技管理研究》2012年第12期。

[15] 段一群:《中国装备制造业产业安全评价与实现机制研究》,科学出版社2013年版。

[16] 樊秀峰、苏玉珠:《产业安全视角：中西零售业政策比较》,《西北大学学报》(哲学社会科学版)2013年第5期。

[17] 范晓男、戴明华、鲍晓娜:《跨国并购对辽宁省装备制造业产业安全的影响研究》,《科技管理研究》2011年第6期。

[18] 封伟毅、李建华、赵树宽:《技术创新对高技术产业竞争力的影响——基于中国1995—2010年数据的实证分析》,《中国软科学》2012年第9期。

[19] 冯梅:《中国装备制造产业竞争力提升：基于创新集群网络视角》,《社会科学》2009年第12期。

[20] 付保宗:《汽车产业竞争力状况及主要影响因素分析》,《宏观经济管理》2012年第5期。

[21] 付保宗:《中国装备制造业产业安全形势及对策》,《经济与管理》2009年第5期。

[22] 高伟凯、徐力行:《外资并购下发达国家产业安全防范体系的比较研究——对我国装备制造产业安全防范的启示》,《国际贸易问题》2008年第1期。

[23] 工业和信息化部:《高端装备制造业"十二五"发展规划》,2012年5月7日。

[24] 谷林洲、邵云飞:《复杂网络视角下中国新能源汽车产业的技

术创新网络及其优化策略》,《技术经济》2016年第1期。

[25] 国家发展和改革委员会宏观经济研究院课题组:《我国电子信息产业现状与安全问题测度》,《改革》2009年第8期。

[26] 国务院:《电子信息业调整和振兴规划》,2009年4月15日。

[27] 国务院:《工业转型升级规划(2011—2015年)》,2011年12月30日。

[28] 国务院:《关于加快培育和发展战略性新兴产业的决定》,2010年10月18日。

[29] 国务院:《国民经济和社会发展第十二个五年规划纲要》,2011年3月16日。

[30] 国务院:《装备制造业调整和振兴规划》,2009年5月12日。

[31] 韩港:《经济新常态下我国稀土产业安全研究》,《经济问题》2016年第9期。

[32] 何维达、杜鹏娇:《战略性新兴产业安全评价指标体系研究》,《管理现代化》2013年第4期。

[33] 何维达、何昌:《当前中国三大产业安全的初步估算》,《中国工业经济》2002年第2期。

[34] 何维达、何丹、朱丽萌:《加入世界贸易组织后我国农业产业安全估算及对策》,《经济与管理研究》2007年第2期。

[35] 何维达、贾立杰、吴玉萍:《基于DEA模型的中国纺织产业安全评价与分析》,《统计与决策》2008年第13期。

[36] 何维达、李冬梅:《我国产业安全理论研究综述》,《经济纵横》2006年第8期。

[37] 何维达、宋胜洲:《开放市场下的产业安全与政府规制》,江西人民出版社2003年版。

[38] 何维达:《中国"入世"后产业安全与政府规制研究》,《经济学动态》2001年第11期。

[39] 何禹霆:《中国装备制造业的产业组织模式:基于COCP范式的研究》,经济管理出版社2006年版。

[40] 黄建军:《中国的产业安全问题》,《财经科学》2001年第

6期。

[41] 黄志勇、王玉宝：《FDI与我国产业安全的辩证分析》，《世界经济研究》2004年第6期。

[42] 经济安全论坛：《中国国家经济安全态势——观察与研究报告》（2001—2002），经济科学出版社2002年版。

[43] 景玉琴：《产业安全概念探析》，《当代经济研究》2004年第3期。

[44] 景玉琴：《产业安全评价指标体系研究》，《经济学家》2006年第2期。

[45] 景玉琴：《开放、保护与产业安全》，《财经问题研究》2005年第5期。

[46] 李冬梅、刘春泓、王竹玲：《基于灰色关联分析的粮食产业安全评价与比较》，《科技管理研究》2012年第12期。

[47] 李富：《中国制造业产业安全研究——基于生产性服务业发展视角》，《技术经济与管理研究》2015年第2期。

[48] 李孟刚：《产业安全理论研究》（第三版），经济科学出版社2012年版。

[49] 李孟刚：《产业安全理论研究》，《管理现代化》2006年第3期。

[50] 李孟刚：《中国产业安全报告》（2010—2011），社会科学文献出版社2011年版。

[51] 李孟刚：《中国产业安全问题研究》，社会科学文献出版社2013年版。

[52] 李绍东、唐晓华：《市场集中度与大企业竞争力实证分析——基于中国装备制造产业的经验证据》，《山东大学学报》（哲学社会科学版）2013年第6期。

[53] 李斯特：《政治经济学的国民体系》，商务印书馆1961年版。

[54] 李晓伟、臧树伟：《我国高技术产业区域发展对策研究》，《科技进步与对策》2012年第24期。

[55] 刘彦鑫：《理性看待外资并购与我国产业安全》，《黑龙江对外

经贸》2007年第10期。

[56] 马晓燕：《我国电子信息产业利用外资风险及应对》，《中国经贸导刊》2011年第19期。

[57] 马歇尔：《经济学原理》，商务印书馆1965年版。

[58] 迈克尔·波特：《国家竞争优势》，中信出版社2012年版。

[59] 乔均：《国产家用汽车品牌感知质量实证研究》，《南京社会科学》2013年第8期。

[60] 萨米尔·阿明：《不平等的发展：论外围资本主义的社会形态》，商务印书馆1990年版。

[61] 史欣向、李善民、王满四、李昶：《"新常态"下的产业安全评价体系重构与实证研究——以中国高技术产业为例》，《中国软科学》2015年第7期。

[62] 宋娟：《FDI对我国电子信息产品制造业市场结构的影响分析》，《特区经济》2012年第4期。

[63] 苏睿先：《基于可持续发展理念的区域产业安全评估——以天津滨海新区为例》，《经济地理》2012年第10期。

[64] 孙宇：《"一带一路"战略与我国产业安全：机理、因素与路径》，《国际贸易》2016年第8期。

[65] 谭飞燕、张力、李孟刚：《低碳经济视角下我国产业安全指标体系构建》，《统计与决策》2016年第16期。

[66] 谭蓉娟、翟青：《珠江三角洲装备制造业产业安全测度——基于自主创新视角的实证研究》，《国际经贸探索》2011年第3期。

[67] 唐启义：《DPS数据处理系统——实验设计、统计分析及数据挖掘》（第2版），科学出版社2010年版。

[68] 田玉红：《中国高技术产业发展形势及对策分析》，《财经问题研究》2010年第6期。

[69] 童志军：《利用外资和国家产业安全——美、日、韩、墨四国的政策及借鉴》，《中国软科学》1997年第2期。

[70] 托马斯·孟：《英国得自对外贸易的财富》，商务印书馆2009年版。

[71] 王腊芳、文雯、赖明勇：《中国铁矿石产业面临的安全威胁及其产业安全度的测算》，《财经理论与实践》2010年第5期。

[72] 王苏生、黄建宏、李晓丹：《我国装备制造业产业安全分析——以产业控制理论为基础》，《西南交通大学学报》2008年第1期。

[73] 王苏生、孔昭昆、黄建宏等：《跨国公司并购对我国装备制造业产业安全影响的研究》，《中国软科学》2008年第7期。

[74] 王晓蓉：《外资流入与产业安全》，《中国投资与建设》1996年第2期。

[75] 王耀中、陈洁：《外商直接投资对中国商贸服务业产业安全的影响——基于面板联立方程模型》，《经济经纬》2013年第4期。

[76] 王允贵：《产业安全问题与政策建议》，《开放导报》1997年第1期。

[77] 吴爱玲、韩增林、彭飞等：《基于集对分析的中国海洋产业安全评价研究》，《资源开发与市场》2016年第11期。

[78] 夏兴园、王瑛：《国际投资自由化对我国产业安全的影响》，《中南财经大学学报》2001年第2期。

[79] 向一波、郑春芳：《中国装备制造业产业安全的含义及对策研究》，《兰州学刊》2013年第3期。

[80] 肖仁桥、钱丽、陈忠卫：《中国高技术产业创新效率及其影响因素研究》，《管理科学》2012年第5期。

[81] 徐达：《基于面板数据的汽车产业集群发展影响变量检验》，《求索》2012年第5期。

[82] 许爱萍：《美国提高电子信息产业技术创新能力的经验及借鉴》，《中国科技论坛》2014年第3期。

[83] 许铭：《浅析韩国维护产业安全的成败与得失》，《亚太经济》2005年第5期。

[84] 亚当·斯密：《国富论》，商务印书馆2014年版。

[85] 杨高举、黄先海：《内部动力与后发国家分工地位升级——来自

中国高技术产业的证据》,《中国社会科学》2013 年第 2 期。

[86] 杨公朴、王玉、朱舟:《中国汽车产业安全性研究》,《财经研究》2000 年第 1 期。

[87] 杨国亮:《新时期产业安全评价指标体系构建研究》,《马克思主义研究》2010 年第 6 期。

[88] 杨一翁、孙国辉、纪雪洪:《消费者视角下的综合品牌效应研究——基于汽车品牌的数据》,《中央财经大学学报》2015 年第 11 期。

[89] 于新东:《产业保护和产业安全的理论分析》,《上海经济研究》1999 年第 11 期。

[90] 张碧琼:《国际资本扩张与经济安全》,《中国经贸导刊》2003 年第 6 期。

[91] 张鸿、代玉虎、张权:《区域电子信息产业竞争力评价研究》,《统计与信息论坛》2014 年第 3 期。

[92] 张苾黎:《促进我国高技术产业区域发展的对策研究》,《时代金融》2016 年第 18 期

[93] 张威:《中国装备制造产业的产业集聚》,《中国工业经济》2002 年第 3 期。

[94] 张维迎:《回归亚当·斯密,告别凯恩斯》,《当代财经》2011 年第 1 期。

[95] 张维迎:《市场的逻辑与中国的变革》,《探索与争鸣》2011 年第 2 期。

[96] 张维迎:《我治学为人的楷模——茅于轼先生》,《中国市场》2010 年第 16 期。

[97] 赵世洪:《国民产业安全若干理论问题研究》,《中央财经大学学报》1998 年第 5 期。

[98] 赵惟:《国家经济安全与产业安全研究综述》,《首都经济贸易大学学报》2005 年第 3 期。

[99] 赵志豪:《产业集群发展研究:基于网络视角》,上海财经大学出版社 2012 年版。

[100] 赵志耘、杨朝峰：《转型时期中国高技术产业创新能力实证研究》，《中国软科学》2013年第1期。

[101] 仲伟周、刘聪粉、郭彬：《我国零售产业安全的区域差异性研究——基于外资冲击的视角》，《北京工商大学学报》（社会科学版）2014年第1期。

[102] 朱冰冰：《浅谈高技术产业的定义及界定方法》，《科协论坛》（半月刊）2013年第4期。

[103] 朱建民、魏大鹏：《我国产业安全评价指标体系的再构建与实证研究》，《科研管理》2013年第7期。

[104] 朱建民、魏大鹏：《我国装备制造业产业安全评价体系构建与实证研究》，《亚太经济》2012年第2期。

[105] 祖国、李诚固、王颖：《我国汽车产业集群式发展个案研究》，《经济纵横》2012年第5期。